가짜 민족주의, 진짜 민족주의

전우현 지음

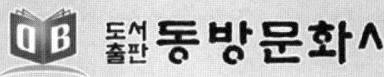

추천사

　건국과 산업화 그리고 민주화를 성공적으로 이루어 온 대한민국이 오늘날 선진화와 통일의 문턱에서 길을 잃고 헤매고 있다. 이는 이 땅에 선진화를 가로막는 반(反) 선진화의식이 과다하고 일부 반(反)선진화세력 반(反)통일세력까지 있기 때문이다. 소수지만 반선진화세력은 좌파적인 자학적 역사관을 가지고 대한민국의 역사적 정통성을 부정하고 우리의 역사를 정의가 실패하고 기회주의가 득세한 역사라고 깎아내리고 있다. 21세기 나라발전의 원리인 민간의 자유와 창의, 그리고 시장의 자율을 거부하고 획일적인 '국가주도의 평등주의'를 내세워, 기업의 투자의욕을 위축시키고 교육을 하향 평준화시키고 있다. 철저한 지방분권은 통한 자생적인 지역간 '발전균형'은 추진하지 않고 '균형발전'이라는 이름으로 정부와 기업을 지방에 강제 이전하는 비효율과 불공정, 낭비와 불편을 양산하고 있다. 성장을 외면한 각종의 과도한 포퓰리즘적 분배우선 복지우선 평등우선 정책은 결국 성장을 막고 실업과 빈곤, 그리고 불평등만 양산하고 있다. 통일과 안보까지도 민족통일의 대의를 버리고 국내정치에 정파적으로 이용해 왔고, 햇볕정책이라는 미명하에 결과적으로는 북한의 핵개발을 돕는 반(反)통일적 일까지 해 오고 있다. 그 결과 북한정권을 개혁개방으로 이끌기 보다는 고모부인 2인자마저 야만적으로 처형하는 반(反)문명적 정권으로 치닫게 만들었다.

　우리가 선진국가로 가려면 선진윤리와 선진철학이 있어야 한다. 이런 점에서 저자가 내세우는 선진화된(성숙한) 민족주의와 자유민주주의 결합모형은 하나의 철학적 윤리적 준거가 될 수 있을 것이다. 삶과 일의 관계에 대한 올바른 국민철학과 사회윤리를 세우려면 왜 일해야 하는지 어찌해야 행복해질 수 있는지 쉽게 국민들이 이해할 수 있는 기준이 있어야 한다. 이 점을 저자는 부록에서 쉬운 예로 설명하고 있다. 저자의 주장대로 노동과 행복, 부(富)와 개인 간 상호협조 원리를 우리 모두가 이해한다면 국민통합은 훨씬 쉬워지고 건강한 직업윤리가 정립될 것을 기대할 수 있을 것이다.

지난 60년간 우리사회에서는 나라사랑의 마음이 적어진 것이 나라의 발전과 민족의 통일 추진력을 약화시키는 결과로 나타났다고 본다. 저자가 주장하는 자유민주주의 흥륭을 통한 진짜 민족주의는 우리 지식인, 지도층의 나라 사랑의 마음을 고양시키는 원리가 될 수 있을 것이다. 자유주의, 자유민주주의라는 당위, 세계적 흐름을 받아들이면서도 한반도에 특수한 정서에 착안하여 민족주의를 뜨거운 가슴으로 받아들여야 한다는 주장은 매우 좋은 아이디어다. 만약 해방 직후, 60년대 또는 늦어도 80년대에 우파 지식인들이 이 점을 이해하고 대중을 설득하며 스스로 윤리적으로 무장했다면 대한민국을 부정하는 국회의원, 정당이 나타나지 않았을지 모른다. 또, 대한민국을 사상적으로 괴롭히는 역사가 선동가들이 일반국민들을 혼란으로 몰고 갈 수 없었을 것이다.

우리사회에서 가난과 소외에 시달리는 어려운 서민과 정의감이 있는 대학생들이 극좌파적 사상에 쉽게 동조하게 만든 것은 계급주의와 결합한 '가짜 민족주의'였다. 이를 논증한 이 책의 주장은 일반 국민들이 생각을 정리하는 데 큰 도움이 될 것이다. 좌파 포퓰리즘이 가짜 민족주의인 것은 이들은 민족을 하나로 묶기 보다는 계급과 계층으로 나누고, 강남과 강북으로, 그리고 경상도와 전라도로, 남과 북으로 끝임없이 나누고 분열시키고 대립시키기 때문이다. 이래서는 진정한 민족주의가 아니다. 저자는 이 점을 지적하고 진정한 민족주의가 되려면 국민을 계층으로 나누지 말고 지역으로 쪼개지 말고 세대로 분열시켜서는 안 된다고 주장한다. 그 대신 민족주의, 민족의식이라는 큰 공동체 속에 통합과 연대, 사랑과 존중, 자유와 책임 등의 가치가 나와야 한다고 주장한다. 그리고 다른 한편 자유주의, 자유민주주의가 범하기 쉬운 극단적 이기주의, 오만과 부패 등을 민족의식 내지 공동체의식이라는 방부제로 세척하자고 주장하고 있다.

필자의 주장대로 한다면 건전한 자유주의, 자유민주주의가 확립되어 선진통일의 훌륭한 기초가 수립될 것이다. 이 정당성의 터전 위에서 기업의 규제개혁을 이루어 풍요로운 자유주의의 열매를 맺게 할 수도 있다. 법치주의를 바탕으로 우리의 세계적인 기업이 나라 안에 공장을 많이 짓게 하여 외국인에게 일자리를 빼앗기지 않을 것이다. 이 힘으로 노인복지, 청년복지, 영유아복지도 할 수 있을 것이다.

저자인 전우현 한양대 교수는 주장하기를 민족주의가 인종주의나 차별주의, 배타주의, 고립주의, 다문화 가정 무시의 오류에 빠지지 않아야 한다고 한다. 이 주장은 민족주의의 함정을 잘 지적하고 이 함정을 넘어 선진국으로 도약해야 함을 역설한 것이다. 성숙된 민족주의, 국제협력주의를 도모해야 한다는 논리는 설득력이 있다. 저자가 자신의 사상을 일반인들에게 쉽게 설명하기 위해 재미있는 그림을 더한 것은 독자들에게 신선한 흥미를 불러일으킬 것으로 본다.

저자의 노력으로 우리나라가 하루빨리 대한민국을 부정(否定)하는 사고의 늪에서 벗어나기를 바란다. 그리고 보수파 내지 우파도 가슴 뜨겁게 이웃과 나라에 대한 사랑, 민족운명에 대한 역사의식으로 무장되기를 바란다. 이 길만이 대한민국의 선진화와 한반도의 통일을 이루어 주변 4강의 위협을 극복, 우리 한민족 8천만이 21세기 크게 웅비하게 하는 길이다. 우리 사회의 혼란과 갈등은 근본적으로 사상과 가치의 혼돈에서 왔다. 저자는 북한과 남한 내의 좌파, 좌익의 민족주의가 '가짜 민족주의'임을 논증하고 진정한 민족주의는 자유민주주의의 길에서 만나야 함을 잘 설명하고 있다. 그리고 후학과 동료 지식인들에게 부국강병에 힘써 대한민국 국민, 나아가 8천만 한민족을 구원해야 함을 역설하고 있다.

우리나라는 물질만능, 퇴폐적 소비문화에서 벗어나야만 건전한 자유주의, 자유민주주의로 갈 수 있고 통일역량을 키울 수 있다. 나만 잘 살면 된다는 의식 가지고는 선진화도 통일도 어렵다. 필자는 이를 '가짜 민족주의, 진짜 민족주의'로 설명하고 있다. 전우현 교수는 자신의 30년간의 고민과 사상적 궤적을 정리하여 이 책을 세상에 바치고 있다. 이 책이 한국사회를 사상과 가치의 혼돈으로부터 벗어나게 하는데 일조하기를 희망한다. 또, 우리 사회가 통합되고 국민이 하나로 뭉쳐 남북통일과 선진화를 이루어 나가는데 의미 있는 기여가 되기를 기대한다.

2014년 갑오년 1월
한반도선진화재단 이사장
박세일 (서울대 명예교수)

격려사

민족주의와 자유민주주의

이번에 나오는 <가짜 민족주의, 진짜 민족주의>를 읽으면 글 속에 깔린, 나의 사랑하는 제자인 저자 전우현 교수의 한국 민족주의·자유민주주의 신봉자로서의 속마음을 가늠할 수 있어 즐겁고 흐뭇하고 자랑스럽다. 일제의 식민지 탄압과 착취의 체제로부터 물려받은 구조적 빈곤과 분단의 핸디캡 속에서 어렵게 자유민주주의에 바탕을 둔 대한민국을 수립한지 만 2년도 되기 전에 자유체제를 전복·적화통일을 노려 일으킨 6·25전쟁의 살상과 파괴의 폐허 및 빈곤 속에서 시작해 겨우 반세기 만에 산업화와 세계10위권에 드는 경제강국을 건설하고 권위주의의 시련을 거쳤음에도 불구하고 드디어 민주화에도 성공해 여러 나라가 부러워하고 우리 스스로도 자랑스러워하는 오늘에 이르렀다. 그러나 북한의 제2인자이자 김정은의 고모부인 장성택 전격처형이 보여주는 바와 같은, 핵과 유도탄으로 무장한 급변가능성을 안은 북한을 머리에 이고 있는데다가, 북한을 봐주고 있는 급성장하는 세계강국 중국, 거대한 러시아, 우경화·군사대국화로 치닫는 일본, 그리고 세계강국 미국으로 둘러싸인 우리의 지정학적 위치 속에서 대한민국에서 국내적으로 전개되고 있는 우물 안 속 같은 우리 스스로의 오늘의 모습을 살펴보고 그리고 우리의 미래를 전망해 보면 저자처럼 우리도 마치 일제 강점기 애국지사의 우국충정 같은 마음을 우리나라에 대하여 지니지 않을 수 없게 한다.

경제성장의 둔화, 장차 우리를 먹여 살릴 먹거리에 대한 걱정, 젊은이들의 일자리 찾기의 어려움, 사회복지확대요구와 관련된 갈등, 지역 및 세대 간 갈등을 뛰어 넘는 보수와 진보간의 갈등에 따른 한국사회의 심화된 양극화,

체제경쟁에서 패한지 오래되고 백성들을 아사로까지 내몰고 있는 수용소군도 3대세습의 시대착오적 북한정권을 아직도 따르고 혹은 그 지령까지 받아 합법적 정당구성과 국회진출로 교두보를 확보하고 우리의 자유민주체제의 전복까지 노리는 정신 나간 친북·종북세력들의 준동, 북한정권의 붕괴 등으로 어느 날 도둑같이 찾아올 통일의 기회와 그 포착·관리의 급박한 필요성 등 나라의 운명을 가르는 이러한 민족적·시대사적 대 도전 앞에 공동선을 향한 멸사봉공의 정치적 리더십의 발휘 대신 마치 적전 분열하듯 계파적·당리당략적 이해에 따른 정쟁으로 일관하느라 일하지 아니하는 정치권에 대한 실망과 분노와 초조함은 전직 국무총리로 하여금 국회해산의 필요성을 거론하기에 이르도록 만들고 있다. 이를 어쩔 것인가?

법학자인 저자는 자기가 전공하는 학문 전문영역의 상아탑에 머물면서 안위를 누리는데 머물지 아니하고 이러한 민족적·시대사적 아픔과 도전 및 우리나라가 직면한 여러 문제점들에 대한 진지한 진단과 처방을 시도하는 데에도 나아가고 있다. 법학자가 민족적·시대사적 아픔과 도전 및 우리나라가 직면한 여러 문제점들에 관해 지성적 관심과 열정을 가지고 발언하고 혹은 행동으로도 나아가는 것은 오히려 당연하다. 법·법제도는 정의, 이상, 이성, 합리성 및 체계적 사유를 본질적 내용으로 하고 있다. 법·법제도는 우리나라가 표방하는 자유민주주의 및 시장경제체제의 기초를 형성하고 있다. 그러므로 준법정신, 그리고 그 위에서 작동하는 법치주의가 전제되지 아니하고는 어떠한 나라도 선진 자유민주주의, 선진 시장경제체제로 나아갈 수 없다. 기초가 튼튼하지 아니하고는 튼튼한 건물을 지을 수 없음은 당연하다. 준법정신·법치주의가 확립되지 아니하고는 자유민주주의나 시장경제체제에서 필수적으로 요구되는 사회적·법적 안정성과 예측가능성은 생겨나지 아니하기 때문이다. 자유민주주의에 필수적으로 요구되는 민주시민의식의 중요 요소가 준법정신이다. 부정부패는 준법정신·법치주의와 반비례의 관계에 선다. 편파주의, 정실주의, 파벌주의, 족벌주의 등을 포함하는 인맥현상은 부정부패와 대단히 친하다. 부정부패가 만연한 사회가 선진 자유민주주의, 선진 시장경제의 사회가 될 수 없음은 당연하다. 그보다도 법치주의와 원리 원칙이 지켜지는 사회가 되지 아니하고는 그리고 만연한 부정부패의 문제가 해결되지 아니하고는 4대 강국에 둘러싸인 위치에서 헤쳐나가야 할 세계적 경쟁체제에서 시장경제를 가진 자유민주국가로서의 우리와 우리 자손의 생존과 번영 자체가 어려울 것이다.

법을 인지하여도 이해관계가 걸리거나 명분이 주어지면 법을 가볍게 보고 쉽사리 위법, 불법, 탈법 또는 법 회피로 나아가는 법문화를 우리사회는 보여주고 있다. 준법의 논리가 선물로 포장된 뇌물이나 인맥에 따른 청탁이나 좌파논리 또는 민족주의논리에 취약하다는 점들이 그러한 예 가운데 하나이다. 좌파논리, 특히 친북·종북 세력의 논리에서는 민족주의논리를 마치 자기들의 전유물처럼 활용하고 있음을 관찰할 수 있다. "우리끼리," "우리 민족끼리," "친일파" 논리가 그러한 대표적 예이다. 친일파 논의는 자기만이 민족주의에 서 있는 것으로 보여주는 민족주의 논의의 다른 면이 아닌가? 북한의 김일성만이 일제와 무장투쟁을 한 진정한 민족주의자로 포장하여 선전·선동하는 것이 또한 그러한 대표적 예이다. 좀 더 시야를 넓히면 좌파든 우파든 어느 나라에서나 자기의 정치적 정당성을 주장하기 위해 민족주의를 크게 활용하지 아니한 독재자는 이 세상에 없었고 지금도 없다고 말할 수 있다. 독일의 히틀러가 그러했고 스라브 민족주의를 거론한 스탈린도 그러했다.

그러한 의미에서 강력한 감성적 호소력을 가지는 민족주의는 이를 활용하는 개인, 집단, 정권에 따라 독재강화와 자유 등 인권탄압에 사용되는 대단히 위험한 무기일 수 있다. 동시에 민족주의는 자유민주주의체제의 강화에도 유익한 도구일 수 있다. 민족주의는 자유와 평등을 포함하는 인간의 존엄과 가치의 존중과 인류공영·세계평화에 대한 기여의지의 도덕성을 지니면서 다양한 의견과 이해관계를 뛰어넘어 공동선을 향한 소통과 타협을 통한 민주공화국으로서의 우리의 정치공동체 형성·발전에도 이바지하는 대단히 유력한 도구일 수 있는 것이다. 우리 헌법 제1조2항의 "대한민국의 주권은 국민에게 있고, 모든 권력은 국민으로부터 나온다"는 자유민주주의에 바탕을 둔 우리나라 민족주의의 대표적 주장이자 표현(national sovereignty)이다. 여기서 국민은 nation(또는 national sovereignty의 주체)이고 nation은 민족주의로 표기되는 nationalism의 어간이 아닌가? 이와 대비해보면 북한 헌법에서 주권의 주체는 노동자·농민 등 근로인민에게 있다고 하고 있다. 근로인민(통합진보당의 "일하는 사람"이 주인)에 끼지 못하는 사람은 주권의 주체로서의 지위에 끼지 못한다. 그러면서 민족주의를 독점하듯 사용하고 있는 것이다.

저자는 대한민국의 법학자로서의 정의감과 사명감에서 고민에 찬 나라사랑을 우리나라 사회에 대한 예리한 분석과 제언과 희망의 메시지로 표현하고 있다.

2014년 1월 17일
崔大權 (서울대학교 법과대학 명예교수)

차례

추천사 …………………………………………………………… 3
격려사 …………………………………………………………… 7
서문 ……………………………………………………………… 13

제1부 한민족은 민족주의 신념으로 뭉쳐야 ………………… 21

  1. 우리 민족이 살아나려면 단단히 마음 먹어야 ………………… 24
  2. 한민족의 위기는 선진적 민족주의로 풀어야 ………………… 30
  3. 한민족이 발전하려면 동족끼리 싸우지 말아야 ……………… 34
  4. 민족분열의 씨앗은 동족을 적으로 겨누는 이념(계급혁명사상) …… 38
  5. 외로움·소외감을 느끼는 것은 좋지 않아 …………………… 43
  6. 외로움을 이기고 국민통합을 이루는 치료제는 사랑 ………… 47
  7. 사랑하는 사람은 도덕적인 사람 ………………………………… 51
  8. 엘리트의 전문성만으로는 포용도, 국민통합도 부족 ………… 55
  9. 개인도 존중받고 사회도 사는 민족주의 ……………………… 61
 10. 한민족 민족주의는 믿음직하고 튼튼한 사랑 ………………… 65
 11. 민족주의는 보통사람이 베푸는 최고의 사랑 ………………… 68
 12. 한민족 민족주의는 현실적 생존욕구에서 나오는 것 ………… 73
 13. 우리 역사와 헌법에는 민족주의의 피가 흘러 ………………… 77
 14. 국민통합을 하려면 민족주의가 꼭 있어야 …………………… 83
 15. 지역주의는 작은 정치고리가 원인, 민족주의가 치료제 …… 88
 16. 민족주의는 종교간 관용, 세대간 이해에도 필요 …………… 93
 17. 민족주의는 좌파(左派)의 전매특허가 아니다 ……………… 98
 18. 북한의 "우~리 민족끼리"는 가짜 민족주의 ………………… 103
 19. 우파는 민족주의를 멀리하거나 경계할 필요 없어 ………… 107
 20. 민족주의는 어떤 이념과도 잘 결합해 ……………………… 111
 21. 자유민주주의와 만나야 진짜 민족주의 ……………………… 115
 22. 지적인 좌파 민족주의에 빠지는 것은 이제 그만둘 때 …… 119
 23. 다문화가정을 감싸는 민족주의여야 ………………………… 123
 24. 배타적 민족주의를 넘어서야 성숙한 민족주의 …………… 128

제2부 한민족 민족주의의 꽃은 자유민주주의 ····· 135

1. 가난에서 벗어난 나라를 만들어야 ····· 137
2. 북한, 중국, 일본에 얕보이지 않는 강한 군대를 만들어야 ····· 142
3. 신앙의 자유가 있는 나라를 만들어야 ····· 149
4. 어려운 이웃이 없게 해야, 그러나 복지 포퓰리즘은 망국의 지름길 ····· 154
5. 보편적 복지하려다 중산층 다 죽는다 ····· 159
6. 세계로 힘을 뻗어나가야 우리 민족이 살아나 ····· 165
7. 이 모든 것을 위해서는 자유민주주의 틀이 필요해 ····· 170
8. 봉건사회, 전체주의로부터 해방시키는 자유주의 ····· 174
9. 자유롭게 경쟁하는 환경에서 일자리와 풍요가 만들어져 ····· 178
10. 자유민주주의는 반드시 지킬 가치가 있다 ····· 184
11. 자유민주주의가 무산계급 독재의 인민민주주의보다 더 도덕적 ····· 191
12. 남한과 북한, 어느 쪽이 더 도덕적인가? ····· 197
13. 근현대사전공 학자는 대한민국을 긍정해야 ····· 202
14. 해방직후 북한체제의 일사불란한 준비, 남한정국의 혼란 ····· 210
15. 자유민주주의의 홀씨, 반도의 남단에 겨우 뿌려져 ····· 216
16. 이념없는 투명정치인? 결국 개인욕망이라는 새 이념에 빠지리니 ····· 222
17. 이념을 싫어한다고? 대한민국은 자유 이념에서 탄생한 나라인데도? ····· 225
18. 일부 특권층의 오만과 사치는 자유민주주의의 적(敵) ····· 230
19. 영혼 없는 우파는 좌파의 먹이가 되어 좌파의 힘만 키워 ····· 235
20. 자유 이념만이 평등도 가능하게 해 ····· 241
21. 자유주의의 장점, 민족주의의 장점과 합쳐야 ····· 246
22. 지식인이여, 어서 깨어나야 ····· 251
23. 시지프스 고통과 지식인의 책임 ····· 255
24. 지식인과 좌파운동 ····· 260
25. 지식인은 앞장서 경제를 일으키고 자유민주주의를 지켜야 ····· 265

부록 - 희망의 실마리 ····· 270

序文

　우리나라는 자고 일어나면 격변이 일어난다. 엊그제 북한의 김정은은 2인자이고 고모부인 장성택을 만인이 보는 앞에서 끌어내어 잔혹한 방법으로 처형했다. 잔혹한 정도가 나찌의 히틀러, 캄보디아 킬링필드의 폴포트, 조선의 연산군을 훨씬 뛰어넘는다. 이런 폭악무도한 테러 집단이 바로 우리 머리 위에 핵무기를 들이대고 있다. 더 통탄할 것은 이 핵무기를 만들게 돈을 댄 것은 남한 정권이었다는 것이다. 또, 지금도 북한의 폭정을 찬양하는 사람들이 대한민국에 있다. 대한민국의 정통성을 깎아내리고 은근히 북한의 소련군정, 토지개혁이 미군정, 이승만의 개혁보다 더 잘된 것이라고 학생들을 가르치는 민중사관이 있다. 이것은 결코 정상이 아니다. 어떻게든 바로 잡아야 한다. 이 광풍의 근원은 공산주의 등 좌파 계급투쟁주의이다. 그런데 이 좌파 계급투쟁주의가 마치 민족주의인양 위장을 한 게 더 위험하다. 북한의 김일성이 민족주의의 위장포를 뒤집어쓰지 않았던들 저처럼 위험하고 무도한 정권은 벌써 무너졌다. 우리 민족은 이미 통일을 이루고 연소득 3만 달러에 진입하는 선진 한국을 이루었을 것이다.

　필자는 공산주의자 등 좌파 계급투쟁주의자가 부르짖는 민족주의는 가짜 민족주의이고, 우리 대한민국이 추구해야 할 민족주의가 진짜 민족주의라고 보고 이 글을 쓴다. 또, 대한민국의 민족주의는 북한처럼 감정적인 "우~~리 민족주의"라고만 외치고 외국과 타민족에 적대할 것이 아니라 자유민주주의로 나아가는 것이 되어야 한다. 시장경제를 추구하고 기업을 융성하게 하여 우리 민족을 가난에서 구원해야 한다. 세계에 우뚝 솟아나게 하는 국제협력주의여야 한다. 이것이 선진 민족주의이고 필자가 주장하는 진짜 민족주의이다.

필자는 무지하게 깊은 산골에서 태어나고 자랐다. 초등학교는 분교였던 학교다. 한 학년에 한 반 뿐이었다. 우리 동네에 20호 정도 살았는데 고교 1학년 때까지 전기가 안들어왔다. 시내는 30리를 가야 하고 마을에는 매점이 없었다. 초등 친구들 중에는 형편상 중학교를 못 간 사람도 꽤 있다. 그래서 구로공단에, 마산의 수출공단에 취업했다. 그냥 농삿군이 된 친구도 물론 있다. 물론 나도 엄청 가난과 핍박으로 어린 시절을 보냈다. 그 곳에서 고교까지 다닌 후 서울로 기어올라와 대학을 다녔다. 자연스레 사회에 대한 불만을 가진 채 운동권에 흡수되었었다. 386세대의 첫 테이프를 끊은 세대다.

그런데 사실은 우리 가정사가 불행했기에 사회에 대한 불만을 가졌다고 함이 더 옳다. 어린 시절부터 아버지는 술주정을 했다. 하루에 소주 2병을 까셨다. 아버지는 우리더러 학교 다닐 필요 없다고 했다. 나는 아버지가 너무 싫었다. 나중에 어른이 되면 세상의 술을 모두 없애겠노라고도 했다. 그런데 나중에 알았다. 그 아버지가 좌익이 벌인 전쟁놀음, 6. 25 전쟁의 희생자였다는 것을. 좌익의 계급이념과 그로 인한 전쟁의 상처가 멀쩡하고 착하던 우리 아버지를, 우리 집안을 망가놓았음을 나중에 알게 된 것이다. 가정의 비밀을 성인이 되고나서도 한참 후에서나 알게된 내가 얼마나 바보스러웠는지 모른다. 대학 때 철없이 운동권에 흡수되어 반국가적인 이념으로 십 년 살았던 것을 절절이 후회했다.

지금도 운동권 친구, 선배 몇몇은 가끔 만난다. 스무 살 때 맺은 인연을 저버릴 수 없는 탓이다. 그런데 그 사람들도 많이 변했다. 대학 때 철없이 떠들던 사회변혁 어쩌구 하던 생각은 당연히 변해야 한다. 한 민족의 지도자가, 그리고 국가의 지도자가 이념적으로 잘못 판단하면 5천 만 국민에게, 8천 만 민족에게 얼마나 깊은 상처를, 삶의 굴곡을 남기는지를 몸으로, 망가진 가정사로, 그리고 깊이 패인 마음의 상처로 알았다. 잘못된 이념은 가정을 파괴하고 사회를 분열시키며 국가의 존재의의를 의심하게 한다. 청소년들에게 불행의 원인이 사회에 있다고 믿게 하는 순간 그 나라는 장래가 없다. 그 민족은 통일할 수 없고 중국과 일본 등 강대국에 맞서는 힘을 기를 수 없다. 이를 나만 깨달을 것이 아니라 후배들에게 전하고 싶었다.

지금 우리는 하나의 국민으로, 같은 민족으로 단합하지 못하고 있다. 우리 대한민국의 국민을 통합하고 한 민족으로 단결하기 위해서 민족주의는 중요한 정서이다. 민족주의라는 건전하고도 공공을 생각하는 소통통로로 통합을 이루어내야 한다. 외국과 월드컵 축구, 올림픽 경기를 할 때, 외환위기를 겪을 때 우리는 민족주의의 정신으로 일치단결했었다. 남북통일의 당위성도 민족주의의 관점에서 결코 의심하지 않는다.

또 다른 한편으로 우리는 자유민주주의의 나침반이 필요하다. 그 이유는 동족의 피를 요구하는 계급투쟁 사상을 막아내야 하기 때문이다. 그리고 한민족을 먹여살리는 미래로 발전해야 한다. 그런데, 이대로 나가면 대한민국은 곧 무너질 것이라고 생각된다. 해방 이후나 지금에나 좌익, 좌파는 민족주의 정서를 가지고 항상 대한민국을 공격하는 호재로 삼는다. 그리하여 많은 젊은이를 이런 방향으로 가르치고 있다. "대한민국은 정의가 패배하고 기회주의가 득세한 나라"라니? 이처럼 대한민국을 미워하는 사람이 사랑하는 사람보다 많다면 무너지는 것이 시간문제 아니겠는가? 대한민국이 무너지면 한민족 8천만 명이 기댈 언덕이 없어진다. 좋든 싫든 대한민국이라는 언덕이 있어왔기에 우리 한민족은 자존을 유지하고 생존을 보장받아 왔다. 이제 그 언덕이 무너지려 한다. 우리의 민족관, 국가관이 불확실하게 된 결과이다. 정치, 경제, 사회, 문화, 종교, 교육 등 모든 분야가 미래에 어찌 될지 불안하기만 하다. 필자는 이 불안, 절망, 분열을 자유민주주의화된 민족주의로 이겨낼 수 있다고 믿는다. 이것으로 극악한 인권침해의 북한에서 신음하는 동포를 구원할 수 있다. 핵무기를 가진 북한을 제어하는 힘은 바로 민족주의의 도덕성으로 무장된 자유민주주의에서 나온다. 해방 이후 한민족을 괴롭혀온 민족분열, 전쟁의 고통과 민족 에너지의 쇠퇴를 극복할 정신적 자원(精神的 資源)이 여기에 있다.

생각건대, 우파진영(자유민주 진영)은 민족담론(民族談論)을 현재 주도·장악하지 못하여 자유민주주의, 시장경제질서라는 인간본성에 지극히 합치하는 가치관마저 공고히 지켜내지 못하는 결과를 빚고 있다.

그리고 곧 있을 남북통일의 준비작업도 진전시키지 못하고 있다고 생각된다. 국어, 영어, 수학 성적 잘 올려서 선생님한테 칭찬 듣는 정도의 지식인 엘리트는 우리 사회의 지도자 요건으로는 턱없이 부족하다. 이들이 성장하여 교수, 판사, 변호사, 의사 등 전문가가 되었다고 할지라도 그것만으로는 우리 국가나 사회의 지도자로 인정받을 수 없다.

내가 아는 어떤 교수는 7여 년 전 내게 말했다. "나는 대한민국이 망해도 상관없다. 만약 공산주의로 된다면 그에 맞추어서 살면 되지"라고. 이 사람은 명문대학을 나오고 행정고시도 합격한 초엘리트이다. 이 말을 들은 순간 피가 거꾸로 흘렀다. 이런 사람은 우리나라에 설 자리가 없어야 한다. 나는 그에게 불같이 화를 내는 대신 생각을 모으고 모아 이 글을 쓴다. '한 사람에게 화를 낸들 무엇하리. 한국 사회에서 엘리트라고 하는 사람 중에서 그와 비슷한 사람이 여럿 있을 테니까'.

필자는 뚜렷한 철학적 신념, 정치적 소견이 없는 곳에 탐욕과 연고주의만 득세함을 많이 보아왔다. 그리하여 사이비 우파 정치가가 올바른 마음으로 서서 진정한 우파로 거듭나고 애국자, 민족주의자가 되기를 바라는 마음 간절하다. 이들이 올바른 생각으로 굳건하게 서면 훌륭한 경세가 있고 부국통일의 비전이 나올 것이다. 여기에서 필자는 국부증대를 통한 민족독립, 즉 부국독립의 민족주의 목표를 제시하고자 한다. 이는 우파를 더 "노블리스 오블리주"하게 하고 좌파를 친북 편향의 유혹에서 벗어나게 할 것이다.

나아가 진정한 민족주의 즉 부국독립의 민족주의는 자유민주주의를 형제 이념으로 요구함을 일깨우고자 한다. 그와 함께 정치투쟁, 사상투쟁 없이 자유민주주의 경제가, 자유민주주의 교육이 성공할 수 없다는 점도 알리고자 한다.

수 천 년간 중국대륙으로부터 침략을 겪고 또 일제 식민지를 경험한 우리의 지정학적 환경과 최근 국내·국제적으로 어려움에 빠진 경제여건(전세난, 실업난, 고물가, 저출산 고령화 등)에서는 자유주의, 자유민주주의라는 것이 국민들로부터 이해되기가 쉽지는 않다. 여기에서 왜 자유주의, 자유민주주의가 우리 국민 나아가 우리 배달겨레에게 이로운가를 명쾌하게 설명함이 필요하다. 새삼스럽기는 하지만 필자는 이 글에서 한민족 민족주의의 필요성(숙명성), 한민족 민족주의와 자유민주주의와의 연관성(자유민주주의의 민족주의적 성격)을 밝히고 우리 조국 대한민국이야말로 5천년 한민족 역사의 소중한 자산임을 보이고자 한다.

본론의 제1부에서는 우리의 국민통합에 필요한 민족주의를 설명하고 제2부에서는 자유민주주의의 길을 제시하고자 한다. 제1부 '한민족은 민족주의 신념으로 뭉쳐야' 편에서는 '우리' '공동체'가 어떻게 하면 중국대륙의 동쪽 한 귀퉁이에 붙어있는, 좁다랗게 뻗은 반도에서 살아남을 것인가의 생존해법을 '숙명적인 민족주의'로 제시하고자 한다. 우리의 경제인, 정치가, 노동자, 교사, 청년학생 모두 이를 잘 받아들여 봉건적 연고주의와 부정부패의 진흙탕에서 벗어나고 민족공동체를 사랑하는 마음을 지닐 수 있기를 희원한다.

　제2부 '한민족 민족주의의 꽃은 자유민주주의' 편에서는 우리 한민족이 살아날 길은 사회민주주의, 사회주의, 공산주의, 김일성 주체사상이 아니라 자유민주주의여야 함을 보이고자 한다. 우리 남한의 좌파들이 귀기울여준다면 소모적인 체제논쟁, 북한에 대한 충성 맹세에서 벗어날 수 있을 것이다. 또, 스스로 삶을 유지할 수 있는 논리를 가지지 못하는 좌파에서 벗어나 자유민주주의의 대의에 모든 사람이 동참할 것을 바란다. 우파 진영은 선거 때마다 한국 사회가 지향해야 할 이념과 가치, 도덕과 윤리 측면에서 좌파 진영을 압도하지 못하고 정권이 넘어갈 것을 걱정한다. 이는 우파 보수진영이 자유민주주의가 정당함을 스스로 확신하지 못하기 때문이다. 또, 자유민주주의가 진정 민족주의에 부합함을 알지 못한 탓이다. 불행하게도 우리 한국 사회에서는 자유주의, 자유민주주의가 튼튼한 뿌리를 내리지 못했다. 자유주의 원리가 장기적으로 모두에게 이익임에도 이를 잘 알지 못하는데다가 눈앞의 평등지상주의 이익이 사탕처럼 너무나 달콤하기 때문이다.

　자유주의, 자유민주주의가 우리 사회의 유일한 지향점이 되어야 하는 이유는 이 길만이 사회의 갈등을 줄이고 국민통합에 성공할 수 있기 때문이다. 자유를 기초로 해야 사회적 협동이 가능하고 모든 개인의 물질적 삶을 풍요롭게 할 것이며 국가적 평화를 유지하게 한다. 나아가 민족주의의 최대 목표인 민족의 가난 탈피, 외세 억압 배제가 가능하다. 흔히 자유주의, 자유민주주의는 보수주의와 같이 인식되어 왔지만 이는 오해에 불과하다. 보수주의라는 말은 더 이상 자유주의, 우파를 지칭하는 말이 되어서는 안된다.

필자의 정치적, 경제적, 역사적 견해는 대학 1학년 때 가입했던 지하운동권 좌파 써클의 영향이 지대하였다. 그러나, 그 이후 정치학, 경제학, 역사학 등을 체계적으로 연구한 적이 없는 나로서는 그저 일상적으로 탐독하는 신문과 인터넷 등의 정보를 토대로 소박한 의견을 가질 수 밖에 없었다. 그리하여 이 분야의 글은 별 자신없음이 사실이다. 그러나, 내가 고민한 바대로 그리고 사회생활에서 확신한대로의 글을 적어 제자들과 후배들에게 전하는 것은 나름대로의 의미가 있으리라는 소박한 생각이다. 특히 다음의 기대를 가지고 이 책을 쓴다.

첫째, 나는 이 글을 내가 사랑하는 학생 재현이와 준형이, 그리고 내 수업을 들은 제자들이 읽기를 기대하고 쓴다.
둘째, 나는 이 글을 갓 법조인이 된 제자들이 읽기를 기대하고 쓴다.
셋째, 나는 이 글을 내가 만난 적이 있는 소위 지식인들, 지도자들, 정치 지망생들이 읽기를 기대하고 쓴다.
넷째, 나는 이 글을 대학 때 좌파 운동권을 함께 한 옛 친구가 마음을 돌리기를 기대하고 쓴다.
다섯째, 나는 이 글을 지금 대학에서 학생들을 가르치는 동료 교수들이 읽기를 기대하고 쓴다.

그러나, 이 글이 몇몇 소수 독자의 공감을 불러 일으키기만 하여도 필자는 대만족할 것이다.

제1부
한민족은 민족주의 신념으로 뭉쳐야

우리는 분단민족이고 외세의 압력을 항상 받고 있다. 그리하여 우리는 민족주의를 소중히 여겨야 한다. 그리고 민족주의라는 건전한 정서로 개인주의 지상의 폐단을 고칠 수 있다. 북한도 민족주의를 활용하지만, 우리는 이 민족주의가 대한민국의 자유민주주의에 더 알맞은 것임을 알고 있다. 민족주의는 자칫하면 배타적·공격적으로 나타날 수 있다. 그러나, 이 집단감성을 현명하게 성숙시킨다면 독약이 아니라 명약이 될 수 있음을 필자는 믿는다.

OECD가입국이고 세계 경제 12위권에 속하는 우리가 중국인, 유태인, 아랍인, 아프리카인처럼 민족주의에 호소해야 하는 연유이다. 민족주의는 여러 얼굴을 가지고 있다. 민족주의를 기초로 한 절대주의, 제국주의, 히틀러의 인종주의, 파시즘 등 부정적 측면을 강조하는 서양에서는 대체로 민족주의 정서에 부정적이다. 그러나, 수 천 년간 중국의 지배를 받았고 일제 36년을 거쳤으며 4대 최강국에 둘러싸인 우리 한민족은 민족주의로 무장하지 않을 수 없다. 더구나 민족의 분단이라는 살을 도려내는 고통과 그로 야기된 6.25전쟁, 여전한 북한의 전쟁위협을 생각할 때 생존을 위해서도 민족주의와 자유민주주의에 기초한 민족의 완전한 통합이 필요하다. 흔히 민족주의는 공산주의와 그 변형인 레프트들에게 있어서 효과적인 정치구호였다. 그러나, 오히려 자유주의, 자유민주주의라는 지극히 자연스럽고 행복을 기약한 성공한 대한민국에서 민족의 자부심이 자라났다. 민족주의와 계급이기주의는 어울리지 않는다. 남로당 이래 한반도의 공산주의가 민족주의를 꽃피우지 못한 이유는 계급에 너무 집착하였기 때문이다. 다른 한편 대한민국의 자유주의자, 자유민주주의자가 민족주의를 가볍게 여기거나 기피한 것은 민족주의를 좌파가 민중을 선동한 터무니없는 수단이었다는 단순한 선입견 때문이었다. 좌파의 계급주의는 열렬하고 투쟁적이었으나 근본적으로 틀렸고, 우파의 자유민주주의는 옳았지만 신념과 교육의 부족, 민족주의를 수용하지 못한 편협함이 있었다. 그리고, 해방 이후 많은 지식인들이 좌파, 좌익으로 된 데는 계급사상, 공산주의가 좋아서라기보다는 공산주의자들이 민족주의자임을 자처한 데 큰 원인이 있었다는 기막힌 현실을 우리는 알아야 한다.

필자는 이 글에서 두 가지 논증을 하고 싶다. 첫째는 민족주의가 우리 한민족에게 꼭 있어야 하는데 이는 좌파가 아니라 우파의 이론·노선과 부합한다는 것, 둘째는 자유민주주의가 공산주의(인민민주주의)

보다 훨씬 우월하다는 것이다. 그러니 우리 한민족은 민족주의의 가슴과 자유민주주의의 머리가 있어야 살아날 수 있다는 것을 보여주고 싶다. 우리는 반드시 이 길로 가야만 하고 다른 길이 있을 수 없음이다. 해방 이후 좌우파가 착각하고 실수했던 오류에서 벗어나자는 것이다. 좌파는 길을 바꾸어야 하고 우파는 민족주의라는 가슴을 추가해야 존경받는 지도자로 될 수 있다.

필자는 여기에서 우리 '민족'의 운명을 설명하려는 것이지 민족주의를 지나치게 숭배하려는 것이 아니다. '개인이 최고의 충성을 민족에 바쳐야 한다'는 설명도 아니다.[1] 앞으로 결코 우리 민족이 실패해서는 안된다는 주장일 뿐이다. 어쩌면 현재 우리 한반도인은 민족주의 성공의 결과가 아니라 민족주의 실패의 유산을 안고[2] 있기 때문에 이를 더 이상 후세에 넘겨줄 수 없다는 뜻이다.

또, 필자는 민족주의를 국가주의의 도구로 활용해야 한다는 생각도 전혀 없다. 민족주의라는 프리즘을 통해서만 개인을 국가에 복종하는 인간으로 훈육할 수 있기 때문이라는 생각은 더더욱 아니다.[3]

다만, 우리 민족의 어려운 현실을 분명히 일깨운다면 뿌리없는 개인주의, 방종을 자유주의라고 착각하며 방어하려는 이기적인 엘리트들을 혼내주는 힘이 되리라고 기대하는 것은 사실이다. 이런 정도의 생각은 파시즘, 전체주의가 될 수 없다. 왜냐하면 민족을 전제한 후 개인을 설정하는 것이 아니라 우리 개인의 삶 속에서 우리 한민족의 운명이 녹아있음을 설득하려는데 지나지 않기 때문이다. 또한 이 생각은 시민권과 개인의 자유를 억압하는 데 이용될 수도 없다. 오히려 시민권과 개인의 자유를 내실있게 함에 도움이 될 것이다. 개인은 민족 앞에 희생되어도 좋은 하찮은 존재가 결코 아니다. 오직 한민족 안의 개인이 어떤 발판 위에 서 있는지를 성찰하려는 것이다.

그런데 이 민족주의 감정이 감정에만 머무른다면 외국, 타민족에 대한 배타적 공격에 머무르고 만다. 이러한 미숙한 감정은 외국, 타민족의 역공을 불러일으키고 결국 우리는 국제적으로 고립되는 신세를 면치 못할 것이다. 독일 나치나 일본의 군국주의가 바탕으로 삼아 타국민을 잔혹하게 대한 선동적 민족주의에서 우리는 벗어나야 한다.

1. 우리 민족이 살아나려면 단단히 마음 먹어야

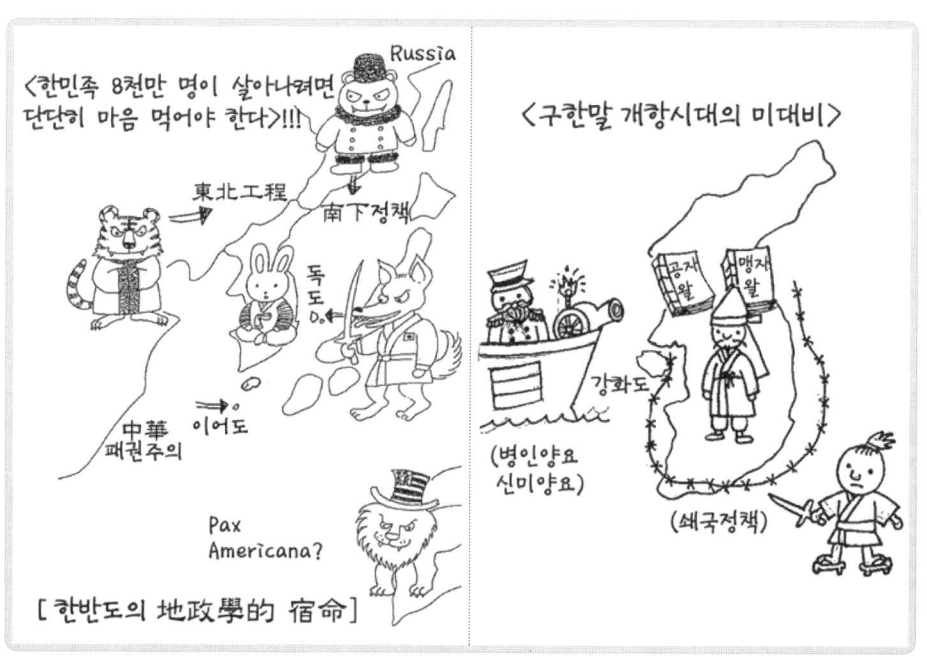

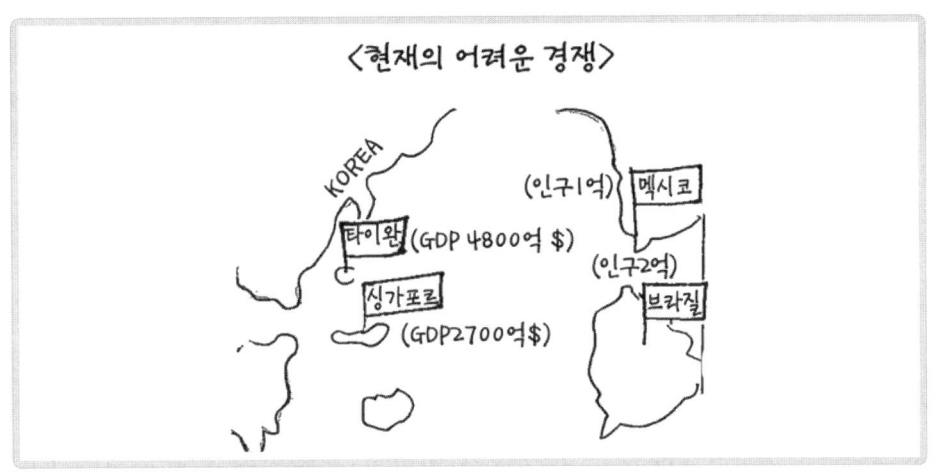

요즘 타임머신을 타고 100년 전으로 돌아간 듯하다. 중국의 한반도에 대한 위협(바다에서의 중국인의 만행)과 인접국 일본과의 생존경쟁을 보라. 러시아는 우리의 친구였던 적이 한 번도 없었다. 그리고 미국은 항상 믿을 만한가? 그런데, 일본은 강국(强國), 중국, 미국, 러시아는 대국(大國)이다. 영토크기로만 보아도 일본은 우리보다 2배 이상, 미국이나 중국, 러시아는 수 십 배 이상 크다. 우리는 어느 이웃나라를 숭배하거나 지나치게 신뢰할 수 없다. 한일합병 이전에 박은식 선생은 소중화(小中華)사상을 신랄하게 비판했었다. "타국의 노예가 된 것을 부끄러워하지 아니하고 스스로 이름하여 소중화라 하니 소위 소중화는 타국의 노예를 스스로 감수하는 자의 휘호인가"라고.4) 한민족 안의 사정은 어떤가? 북한의 핵전쟁 위협, 대한민국 안의 심각한 사상 갈등, 경제난국에 허덕인다. 또, 후세대의 교육은 외국과의 경쟁력을 잃었다. 지금 우리 한민족은 바짝 정신을 차려야 살아남을 수 있을까 말까하다.

우리는 봉건시대의 말, 근대 초에 민족의 생존을 확보할 기회를 놓쳤다. 구한말 개항이 되고 약육강식이 전개되었을 때 국제질서를 냉정하게 바라보지 못하고 힘을 키우지 않았다. 개화사상, 위정척사사상, 동학사상은 민족 내부의 분열을 극복하지 못했다. 민족적 위기를 맞아 민족 단위의 힘을 모으지 못했다. 민족 에너지를 하나의 목표로 뭉칠 만큼 마음의 준비가 되지 못한 탓이다.5)

의병투쟁과 애국계몽운동, 3.1운동도 민족을 위기에서 구하지는 못하였다. 3.1 운동 이후 상하이에 임시정부가 수립되었지만 국민대표자회의의 실패, 조선공산당의 성립으로 가치관(사상)자체가 나뉘고 말았다. 임시정부는 그 역사적 지위를 잃고 여러 독립운동단체 중 하나처럼 되고 말았다.6) 1920년대 이후 나타난 민족자결주의 운동과 사회주의 운동도 전민족적 단결을 이끌어내는 데는 부족했다.

우리는 서세동점의 위급한 시기에 민족내부에도 있을 수 밖에 없는 경제적 이해관계의 차이, 사상의 차이를 해소하지 못했다. 또, 민족 스스로 해방의 길을 열지 못하였다. 한민족은 구한말 이래로 민족국가, 근대국가의 형성시기를 놓쳐버리는 바람에 제국주의, 식민주의의 가혹한 수탈을 받았다. 비인간적인 모멸을 민족이 집단적으로 당했다. 해방 이후에도 우리 민족에게는 6.25 전쟁, 폭동, 가난, 부정부패 등 가시밭길의 연속이었다.

지금은 어떤가? 할아버지, 아버지의 당대에서 숱한 모욕, 수탈을 당하고 전쟁까지 겪었지만, 그 피와 땀은 저축되지도 않았고 그 정신이

유산으로 상속되지도 않았다. 우리 당대에는 우리대로 외국의 생존경쟁 상대가 끊임없이 링 위에 올라오고 있다. 우리가 그 상대인 외국을 이길 경쟁력이 없으면 할아버지, 아버지가 겪은 그 고통을 우리가 다시 겪어야 한다. 그리하여 바로 지금도 이 땅에서 전쟁의 위협과 결핍(가난)의 신음이 가셔지지 않고 있다.

 아프리카, 남미의 사례에서 흔히 보는 종족분쟁, 기아난민, 마약전쟁을 남의 일로만 생각해서는 안된다. 아차 하는 사이에 우리 민족도 전쟁의 소용돌이, 최루탄 시위와 폭동, 내전(內戰)의 위기로 빠져들 수 있다. 우리 민족을 풍요롭게 배불릴 유전(油田)도, 안전을 보장할 최신의 무기도 우리에게는 없다.

 우리 민족의 누구라고 하여도 해외에 나가면 금방 유색인종으로서 주목받는다. 후천적인 잘못도 아닌데 차별과 모멸을 받아야 하는 감정은 착잡하다. 개인이 노력한다고 하여 쉽게 해결될 문제가 아니다. 우리 8천만 한민족은 모두 이렇게 종족적 특징으로 인해 불유쾌한 대우를 받을지 모르는 처지에 놓여있다. 심지어 우리는 비슷한 종족적 특징을 지닌 중국, 일본으로부터도 차별을 받아왔다. 중국으로부터 수천 년 동안 지배-복종 관계에서 고통을 받았고 서구 제국주의의 근성을 모방하여 습득한 일본으로부터도 침략을 받았다. 어찌 우리가 하나로 단결하지 않을 수 있는가? 그리하여 지금 우리 민족이 해야 할 일은 일제시대나 해방 이후와 본질적으로 다르지 않다. 다시 한 번 우리나라의 청춘남녀가 조그맣고 좁다란 생각을 버리고 큰 사명에 눈을 떠야 할 때이다.[7]

8천만 우리 민족 내부에도 별의별 생각이 다 있을 수 있고 이익과 손해의 계산으로 생각이 다를 수 있다. 그런데 어떻게 서로가 공감하는 '공동'의 생각을 만들 것인가? 이 점에 관해서는 갖가지 주장이 있을 수 있다. 다만, 계급운동, 지역이기주의의 손익 계산 때문에 "네 목을 내놓아라, 그러면 민족운동하지"라는 것은 안된다. 민족 내부에서 모든 국민이 사회경제적으로 공통된 이익 기반 위에 서야만 한다거나[8] 공산주의자만이 진정한 애국주의라는 터무니없는 주장을 하거나 조선민족의 해방정치를 민족주의자가 지도할 수 없다는 생각[9]이 바로 그런 이기적인 계급론, 프롤레타리아만의 지상주의이다. 이래서는 민족이 하나의 깃발 아래 모일 수 없다.

  어떤 민족이든 그 역량은 정신력에서 출발하여 국민통합을 거쳐 경제·산업에서 절정을 이룬다. 그러니 정신을 바로 세운 후 물질세계, 정치세계로 나아가야 한다. 그런데, 지금 보면 이 국혼을 잘 세운 것이라고 하기 어렵다. 정신(민족 혼)을 바로 세우고자 하는 단계에서는 그에 최선의 집중을 해야 한다. 그 후에 일어날 내용을 가지고 미리 발목을 잡아서는 안된다. 예컨대, 민족의 사회경제적 실체로서 국민경제가 성립해야만 국혼이 있을 수 있다는 주장도 있다.[10] 그러나, 오히려 국혼이 형성되어야 국민경제가 성립될 수 있지 않을까? 국민경제가 잘 성립하고 발달하려면 무수한 과정을 거쳐야 한다. 국민경제가 잘 발달된 단계라면 '국혼'을 걱정할 필요도 없을 것이다. 올바른 정신이야말로 최고의 자산이요 훌륭한 무기이다. 그러니 먼저 올바른 정신력을 굳건히 가지고 있어야 한다.

또 시급한 어려움은 지금 국민의 통합을 잘 해내지 못하고 있다는 것이다. 한 국가의 일원으로 자긍심을 심어주기 위해서는 시민의식 교육, 민주주의의 발전, 유권자의 자발적 시민운동 등 여러 가지가 필요하다. 그런데, 그 무엇보다 같은 민족으로서 공동의 운명에 놓여 있음을 깨닫게 하는 것이 중요하다. 같은 민족으로서 공유되는 생각을 지니고 서로를 이해하며 사랑한다면 평등과 복지 문제도 쉽게 해결된다. 특히 기업의 탐욕, 지식인 엘리트의 이기주의, 보신주의도 민족으로서의 공통감정이 고양되면 쉽게 물리칠 수 있다. 자유를 빙자한 타락과 방종, 탐욕은 진정한 자유, 자유주의와 거리가 멀다. 이러한 부도덕을 견제하고 엘리트는 엘리트대로, 부자는 부자대로, 자신의 재능과 부를 민족이라는 제단(祭壇) 앞에 자발적으로 공헌할 때 국가로서의 통합은 쉬워진다. 이렇게 국민 통합을 해나갈 때 계층간의 갈등, 지역간의 분열, 학력 차이로 인한 위화감은 해소된다. 각자가 가진 바대로 최선을 다하고 그 노력대로의 공정한 분배를 받으며 일자리를 만들어가는 복지를 이룰 수 있다. 분열이 어디에 있고 파괴, 비행, 범죄가 설 곳이 어딘가? 향후 분단시대가 끝나더라도 우리 한민족의 앞에는 주변강국과의 치열한 생존 싸움이 기다리고 있다. 한민족 8천만은 남북한의 대치에 대한 문제의식과 통일이라는 목표의식을 감싸안는 통합의식을 지녀야 한다.

나아가 우리는 지긋지긋한 가난 때문에 지금도 고통받고 있다. 가난하다는 것은 개인적, 가정적, 사회적으로뿐만 아니라 국가적, 민족적으로도 큰 재난이다. 국가적, 민족적으로 가난하게 되면 부분사회,

지역사회를 안정시킬 수 없다. 사회불안을 가져온다. 또, 가난에서 오는 국방능력의 빈약은 국민 모두를 전쟁의 위험에 노출시킨다. 가난하게 되면 재능을 발휘하기도, 무엇에 집중하기도 어렵다. 쉽게 유혹에 넘어가고 타인의 지배에 복종하게 되기도 한다. 무기력함을 느끼고 자존심을 지키지 못하여 허무에 빠진다. 가난에서 벗어나기 위해서는 거족적으로 일치단결해야 한다. 우리 민족이 살아나려면 굳은 결의가 있어야만 한다.

2. 한민족의 위기는 선진적 민족주의로 풀어야

민족주의는 민족(국민)의 구원이나 보전 또는 영광을 내용으로 하는 의미의 체계·가치체계이다. 그런데 한민족이 겪는 현재의 위기는 저항적인 민족주의(좌파 민족주의)가 아니라 전체 민족의 힘을 통합할 수

있는 선진적인 민족주의로 풀어야 한다. 우리와 같은 약소민족은 4대 야수들(중국, 러시아, 미국, 일본) 앞에서 생존을 도모하기 위해 개인 또는 마을, 학연 단위만으로는 투쟁할 수 없다. 반드시 큰 공동체 단위를 터전으로 하여서만 정치적 안정과 효율적 경제건설을 이룰 수 있다.11) 이 점은 다른 아시아 국가, 중남미의 국가, 아프리카의 신생 독립국가에서도 다를 바가 없었다. 심지어 강대국인 미국, 중국, 러시아, 유럽 국가들에서도 민족 단위의 생존을 9.11 테러사건 이후 더욱 강하게 하고 있다. 다민족국가인 미국이나 중국에서도 '애국(愛國)', '중화(中華)'라는 이름 하에 '민족'을 단위로 하는 자기중심주의 경향이 나타난다. 이는 국제적 경제투쟁, 정치갈등 속에서 자신의 에너지를 묶는 방법으로 '민족'이 잠재적으로 유용하기 때문이다. 이 점은 우리나라와 같은 소국(小國), 후발국(後發國)의 입장에서는 더더욱 그러하다.

2차대전 직후에 조성된 냉전대결 상황에서는 이념의 틈바구니에서 민족, 민족주의가 잠복되었다. 세계화가 진행되자 더더욱 민족주의는 설 땅을 잃은 듯 보인다. 그러나, 자유주의와 공산주의의 대결, 세계화의 진전 속에서도 민족 단위의 생존투쟁은 쉴 사이가 없었다. 그리하여 잘 살든 못 살든 가리지 않고 생존의 문제에서 자유로울 수 없는 모든 지구인에게 '민족'은 매우 중요한 생존단위임을 부인할 수 없다. 하물며 한반도라는 우리 안에 갇혀 사는 우리 한민족은 더 말할 것도 없다. 원래 이 민족의식, 민족주의는 제국주의 강대국의 전유물인 것처럼 비난받았지만, 후에 이르러 약소국에서도 어김없이 이를 채용했다. 마치 두더지잡기 게임처럼 망치로 누르면 누를수록 다른 한 귀퉁이에서 민족주의가 솟아난다. 세계화 현상을 강조하지만 그 강조점 속에서도 국가, 민족 단위로 경제적 이익을 끊임없이 추구함을 어찌할 것인가? '세계화'만으로는 설명할 수 없는 '그 무엇'이 있다. 민족주의를 약육강식이니 제국주의니 하여 비난할 수만은 없음을 잘 보여준다. 민족의식, 민족주의가 역사의 무대에서 퇴장한 것으로 깎아내릴 수 없다.12)

민족을 단위로 힘을 모으는 것은 그 자체로는 선도 악도 아니다. 마치 원자 에너지가 선도 악도 아닌 것과 같다. 그 에너지 자체는 어떤 민족에게나 유용하다. 우리 한민족으로서는 지난 5천년 동안 민족 내부에서도 갈등과 항쟁이 있었던 것이 사실이다. 그런데 중국대륙과 바다 건너 왜적과의 싸움에서 한민족의 공동체성을 기초로 할 때만 생존이 공고해질 수 있었다. 그런 점에서 당(唐)과의 연합을 통한 신라의 삼국통일은 불완전한 통합 작업이었다.13) 이제 우리 한민족은 삼국통일보다 더 위대한 통합을 이룩해야 한다. 우리 한민족의 동질성과 통일에 대한 확고한 의지는 과거 5천 년 동안 생활을 함께 해왔다는 것 때문만은 아니다. 좁고 가느다랗게 갇힌 한반도 공간에서 앞으로도 함께 생활해야 할 동포와 같이 살아나갈 일이기 때문이다. 우리의 통일은 근본적으로 한민족의 전쟁회피, 동질성 회복, 생명 확보를 위한 것이다.

우리 민족이 살아나려면 빠른 시일 내에 통합과 통일을 이루어야 한다. 여기에 관해서는 우선 남북으로 갈린 이념이 장애물이고 우리를 둘러싼 4대 열강이 문제이다. 그런데 이는 통일 전 독일의 경우에도 마찬가지였다. 그러나, 독일 내부의 역량이 외부의 방해세력을 이겨냈다. 우리라고 못해낼 이유가 없다. 혹시나 주변국들이 염려할지도 모르는 통일 한반도의 위협은 통일 독일의 경우와 비교할 수 없을 만큼 작고 미미하다. 통일을 하는가 못하는가는 우리 민족 내부의 정신과 역량에 우선적으로 달려있다.

구한말이나 20세기 초의 한민족 위기의식은 일본과 구미열강이라는 외세에 대한 대응에서 촉발되었다. 그러니 자연스레 저항적 민족주의였다. 그런데 저항 민족주의는 정치체계·경제제도의 일시적인 충격효과를 가져올 수는 있을지언정 궁극적으로 운명을 개척하는 단계로까지 이끌 수는 없다. 운명을 적극적으로 열어나가고 민족생존의 길을 개척하자면 한 단계 넘어 긍정적이고 생산적인 추진력으로 발전시켜야만 한다. 이는 지금도 마찬가지이다. 민족적 문제의 원인을 외세에만 돌리는 소극적 자세로는 문제를 풀 수 없다. 문제를 풀기 위해서는 그 문제를 만든 사람을 이겨야 한다. 외세에 의해 어려움이 생겼다면 그 외세를 극복하는 노력을 하여 이기는 힘을 가져야만 한다. 전세계 어디에 외세를 이기는 힘 없이 어려움을 극복한 예가 있는가? 외부세력은 우리에 대해 동정하거나 사정을 봐주지 않는다. 도대체 사정을 봐줄 이유가 없다. 우리 내부세력이 그 외부 세력보다 뛰어날 때만 그 족쇄를 풀 수 있다. 이것이 저항 민족주의가 아니라 선진적 민족주의를 필요로 하는 이유다. 또 선진 민족주의여야만 통일 이후 우리 한반도가 대외 경쟁력을 갖출 수 있고 승리할 수 있다. 그러자면 사유재산제도가 보장되고 영리활동이 마음껏 보장된 공간에서 우리 기업이 외국의 기업과 경쟁하여 이겨야 한다. 그 바탕 위에서만 기업과 정부, 개인이 모두 공동체 의식14)과 정의의 관점에서 복지를 실현하여 인간적인 삶이 고도로 보장되는 한민족의 공간을 건설할 수 있다.

선진 민족주의가 되기 위해서는 특히 우리 사회의 지식인 엘리트가 자신이 '민족'의 바탕 위에서 태어나고 자라나 현재에 이르게 되었음을 알고 각성해야 한다. 일반 대중들은 생업에 바빠 국가사회의 제반 문제에 대한 비전에 관심을 가지기 어렵더라도15) 그나마 지식인 엘리트는 지식과 비전을 가지고 민족 공동체에 봉사해야 한다. 민족 공동체가 번성할 때에만 지식인도 진정한 자유와 자신감을 마음껏 누릴 수 있음을 잊어서는 안된다.

3. 한민족이 발전하려면 동족끼리 싸우지 말아야

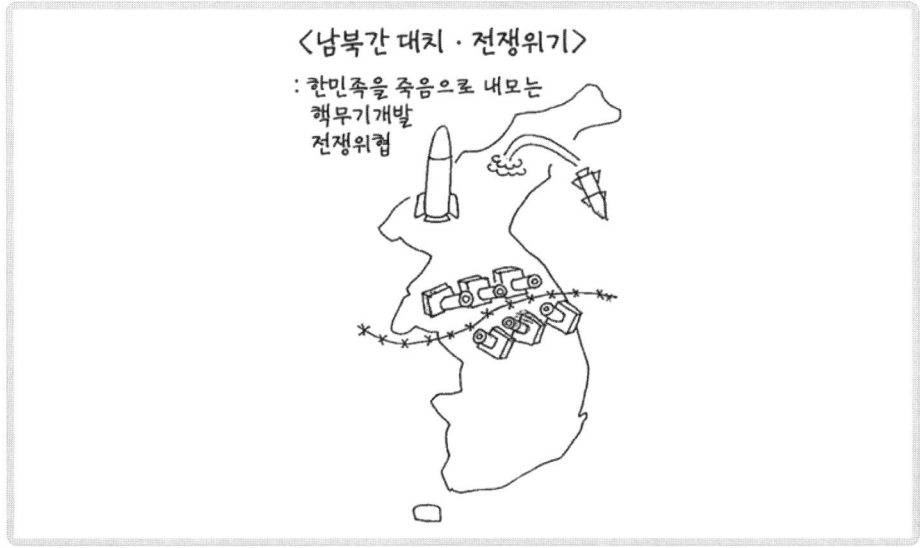

지금 우리에게 가장 시급한 과제는 중국과 일본에 맞서 우리 한민족의 생존을 확보하는 것이다. 중국이나 일본과 맞서 경쟁을 해야 하는 것은 100년 전, 500년 전, 1000년 전과 같다. 그러나, 그 경쟁방식은 경제적 방법이어야 한다. 그리하여 더욱 세련된 지성이 필요하다. 그럼에도 지금 우리는 조선시대의 사색당쟁과 비슷한 말싸움을 일삼고 있다. 국력의 소진, 동족의 분열로는 외적에 맞서 싸워 이길 수 없다. 우리 민족이 분열하지 않고 단결한다면 지금보다 더 민족의 흥륭을 위해 노력하는 정치인, 학자, 과학자, 기업가가 많이 나올 것이다. 또, 민족주의에 불타올라 생산과 유통의 국제경쟁력을 높이기 위해 자발적으로 노력하는 근로자들도 더 많아질 것이다. 일자리 걱정없는 나라, 복지염려 없는 사회가 될 것이다.

분열·분단의 원인에는 신념의 차이가 크다. 이것이 이념이나 종교에 관한 신념처럼 자신의 주된 인생관에 관한 것일 때 더욱 심각해진다. 종교적 신념으로 공동체가 나뉜 로마의 동서교회 분열도 그러하였다. 동쪽에 사는 그리스인들은 성령이 성부(聖父)에게서만 나온다고 생각했다. 반면, 로마 등 서쪽에서 사는 라틴인들은 성령은 성부(聖父) 뿐만 아니라 성자(聖子)에게서도 나온다고 믿었다. 동쪽에서는 서쪽의 생각이 하나님을 진정 섬기는 자세가 아니라고 보았다.16) 그러니 싸울 수 밖에. 결국 교회는 쪼개졌다.

한반도의 분열도 이념(이데올로기)이 달라서이다. 노동계급에 의한 폭력혁명과 독재, 공산당 일당지배 체제 확립이라는 목표에 매달리는 것은 우리 민족 전체를 무시하는 것이다. 하나의 계급 즉 노동자계급만 남기겠다는 고집불통이다. 실제로 노동자 해방도 시키지 못하면서 민족 분열만 가져온다. 한민족의 협력과 화해가 어려울 수 밖에 없다. 외국군대(주한 미군)를 떠나 보내야만 한다고 줄기차게 주장하는 것도 순수한 민족주의라고 여겨지지 않는다. 진정 한민족의 자주권을 세우려는 것이 아니라 순전히 남한에 대한 군사력 우위를 확실히 하려는 고도의 정치꼼수이기 때문이다. 6.25 직전에도 그 꼼수를 한껏 부리다가 새벽 4시에 잠자는 서울을 포격했었다.

우리 민족의 분열과 대립을 결정적으로 가져온 38도선은 여러 가지 관점에서 볼 수 있었다. 이를 미소 양국의 입장에서 볼 때 미국은 2차 대전의 전후처리라는 군사적 의미가 컸다. 소련에게도 군사적 목적이 있었지만, 국제 공산주의의 세력 확산과 소비에트에 인접한 위치로서의 조선 반도의 이점을 활용하려는 계산(정치적 목적)이 더 중요했다. 2차 세계대전이 끝나자마자 미국과 소련 사이에는 대립·분열의 싹이 텄는데 엉뚱하게도 한반도에 그 불똥이 튀었다. 양 강대국 모두 한반도 분열에 책임이 있지만, 미국 일방에게 그 책임을 전가하는 것은 미·소에 의한 분할지배 사정을 잘 모르거나 알면서도 일부러 소련과 북한에 유리하게 하려는 것이다.

계급투쟁론에 의하면 무산자 자신이 솔선하여 계급을 없애기 위해 노력해야 하지만, 그러한 예는 역사상 별로 없다. 그 대신 '좌파엘리트'가 계급갈등을 앞장서 선동한다. 한반도에서 좌파의 대표적 행동가였던 박헌영도 예외가 아니었다. 그는 한반도에서 혁명을 성공시키려면 '혁명적 전위대'가 나서야 한다고 말했다. 남한에서 무장폭동이 실패로 돌아가자 월북하여 그 신념에 따라 '강동정치학원'을 만들어 남로당 출신 청년들을 대거 혁명의 전위대로 양성했다.17)

무산자(프롤레타리아)를 위해 정치체제를 만들어야 한다는 마르크스주의자들에 의하면 민족공동체 전체에 대한 관심은 엷어진다. 오히려 민족공동체를 분열시키고 대립·투쟁하게 하는 '당(공산당)'의 건설에 집중하게 된다.18) 무산계급이 아니라면 모두 투쟁 대상으로 보고 적대시한다. 민중노선(인민민주주의 노선)은 그 동기를 아무리 좋게 봐주어도 계급적인 성격에서 벗어나지 못하기에 민족 공동체 전부를 아우르지 못한다. 수많은 민족공동체 구성원 중에서 유독 민중(무산계급)만이 역사의 주인이라고 한다면 나머지는 역사의 종에 불과한가? 민족공동체 또는 국민공동체 중에서 무산계급에 속하지 않는 많은 사람들은 무산계급을 주인으로 떠받들어 섬기는 하인이 되어야 하나? 도대체 무산자(無産者)란 '아무런 재산이 없는 사람'인데 재산을 가진 자가 왜 죄인이 되어 재산을 갖지 못한(無産) 사람 앞에 굴종해야 하는가? '재산이 없는 것이 곧 권력' '재산을 가진 것이 죄악'인가? 이런 생각으로는 가난에서 벗어날 수 없다. 우리처럼 반도에 갇혀 사는 한민족에게서 이런 무산계급 지상주의가 맹위를 떨치고 좌파학자들이 이를 신봉, 변호하는 한 한민족 공동체의 단결은 불가능하다. 민족간·국가간 생존경쟁에서 탈락하는 것도 불을 보듯 뻔하다.

역사를 몇몇의 영웅만이 만들어간다고 하는 것도 객관적 사실에서 벗어난다. 그러나, 하나의 계급(즉, 소수의 사람)에 불과한 무산계급만이 역사를 움직여간다는 것도 우화이다. 민중중심주의 역사학은 마이네케(F. Meineke)가 말하는 '세상을 하나의 잣대로 보려는 무서운 사람들(terribles simplicateurs)'[19])의 생각이고 동족끼리 싸움하게 하는 것이다.

4. 민족분열의 씨앗은 동족을 적으로 겨누는 이념(계급혁명사상)

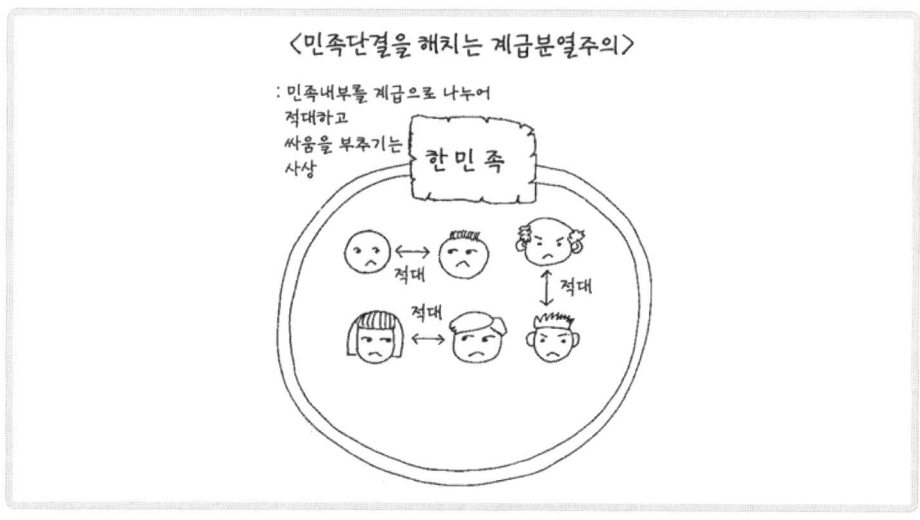

동족간 대립과 분열의 가장 큰 원인은 민족공동체 중 어느 한 계급만을 주인이라고 하는 계급사상이다. 우리 한민족 8천 만 명이 살아남으려면 동족을 투쟁의 대상으로 하는 계급혁명 생각에서 벗어나야 한다. 60억 생존 경쟁자 중에서 오죽 못났으면 하필 형제·동족을 대상으로 싸워야 하나?

　해방직후 북한의 경우에도 민족주의 열망은 대단했다. 그러나, 그 민족주의는 1948년 평양에서 정권을 수립함으로써 완전히 계급주의 이념화한다. 민족의 공동체 중 프롤레타리아 계급 즉 노동자 계급만이 지배하는 국가가 되어야 한다고 하여 민족의 실체가 공허한 민족주의 길을 걸었다. 이와 같이 북한이나 좌파의 민족 인식은 공산주의, 사회주의의 이론틀 안에서 만들어졌다. 맑시스트인 스탈린은 민족주의를 비현실적이고 신비적인 것으로만 이해했다. 세계 공산 혁명이 완수된 후에는 결국 민족주의가 붕괴될 것으로 믿었다. 또, 민족주의를 공산주의의 대의에 반한다고 보았다.[20] 이 생각을 그 군사 점령하에 있던 북한이 수용한 것은 매우 자연스러웠다.[21] 생각건대, 우리는 한민족의 역사성, 지정학적 운명에 대해 깊이 고뇌해야 한다. 그렇다면 이러한 프롤레타리아 계급에 집착하는 좁은 민족인식에서 벗어나야 한다.

　우리 한반도에서 좌익, 좌파[22]가 나타난 것은 다른 많은 아시아 국가에서와 같이 식민지 조선에서도 1917년에 일어난 러시아 공산혁명의 영향을 받은 탓이다. 암울한 일제시대 상황에서 러시아식 공산주의 혁명이 독립투쟁에 큰 도움이 될 것으로 착각했다. 러시아 혁명의 여파로 우리 한인들은 공산주의 정당을 만들었다. 1918년 1월 22일 이르쿠츠크의 한인들이 이르구츠크 공산당 한인 지부를 결성하면서부터 공산주의 운동이 우리 민족에서도 시작된 것이다. 이 이르구츠크 공산당 한인지부는 소련인 슈미야츠키(Boris Shumiatsky)의 지도를 받으면서[23] 1920년에 고려 공산당으로 이름을 바꾸었다. 다른 한편, 1918년 2월 26일에 이동휘·박진순이 하바로프스크에서 제1차 한인사회당을 결성하였는데 후에 이동휘가 상해 임시정부에 합류함으로써 상해파 고려공산당이 되었다.[24] 그러나 나중에 이르러 이르구츠크 공산당과 상해파 공산당 사이에 대립이 심해지자 코민테른은 1922년 둘 다 해산시켰다. 그 후 1925년 4월 17일에는 서울에서 제1차 조선공산당이 창당되었고 북풍회, 화요회, 상해파, 이르쿠츠크파들이 모두 참여했다. 이것이 일제의 검거로 와해된 후 제2차 조선공산당이 1925년 12월 15일에 재건되었으나 곧 해체되었다.[25] 제3차 조선공산당이 1926년 9월 3일에 김철수에 의해 재건되었으나[26] 또 와해되고 이어 제4차 조선공산당이 1928년 2월부터 12월까지 차금봉에 의해 다시 세워진 바가 있다. 이 4차 공산당이 해체된 이후 조선공산당은 음성화될 수 밖에 없었다. 그러다가 해방된 다음날인 1945년 8월 16일에서야 조선공산당은 새로 결성되었다. 장안파(長安派) 공산당으로 불렸다. 장안파 공산당은 고려공산당 조직준비위원회와 힘을 합쳐 8월 20일에 조선공산당 재건준비 위원회를 만든다(재건파 공산당).[27]

한반도에 공산주의가 출현한 원인은 첫째, 러시아 혁명의 고무와 코민테른의 동방정책, 둘째, 중국 만주에 거주하면서 중국 혁명을 목격한 한인을 통한 유입, 셋째, 일본 유학생을 통한 학습 때문이었다.[28] 즉, 한반도의 지리적 위치는 일본과 러시아의 사이에 있어서 두 방면에서 공산주의 조류가 흘러오는 관계로 구태여 공산주의 선전을 하지 않아도 자연히 공산주의 사상이 일반을 지배하기에 충분했다.[29]

특히 일본 제국주의자가 조선을 식민지로 만든 것에 분개한 청년지식인들이 러시아의 혁명 속에서 문제의 실마리를 찾으려 했다. 여기에 중요한 단초를 제공한 것이 1922년 모스크바의 극동피압박민족회의였다. 여기에 한국(52명), 중국(42명), 일본(16명), 몽고(14명), 자바(1명), 러시아(4명)의 대표가 참가하여 2주일에 걸친 회의를 진행하였다. 의장단은 노동, 농민, 청년, 민족, 여성 등 분야로 나누어 의견을 발표하고 구체적 방침을 발표하였는데 그 내용 중에 "조선은 각 단체가 독립운동에 전력을 다하고 그와 동시에 상해의 대한민국 임시정부의 내용을 충실하게 하여 그 지지에 힘쓸 것"30)이라는 내용이 들어 있었다. 이 회의에 참석한 좌파들은 여운형, 김규식, 박헌영 등이었는데 그 당시 이들 모두가 공산주의에 깊이 빠져들었다기보다는 레닌을 만난 감격31), 짜르의 전제국가였던 러시아의 변혁을 초래한 공산혁명 앞에 황홀한 느낌을 받았을 뿐이었다. 그 이후 이들은 한반도에서도 볼셰비키 혁명을 해야 한다는 착각에 빠지게 되고 러시아의 혁명역사를 학습할 필요를 느꼈다.32) 이들은 3.1 운동도 과소평가했다. 그 이유로 3.1운동이 (1) 투쟁을 지도할 전위(前衛)가 없었고, (2) 토지혁명의 과업이 수행되지 못했으며, (3) 33인의 민족대표는 무저항주의적 방법에만 의존하였다는 것 등을 들었다.33) 이러한 계급노선 일방적인 평가와 비판은 3.1운동 당시 민족주의 진영의 객관적 정세와 역량을 전혀 도외시한 좌파 편의의 잣대였다.

이들은 일제로부터 핍박받는 식민지 상황도 불만이지만 사회경제적인 계급 존재가 더 큰 문제라고 보았다. 그러한 때 열악한 농촌의 여건은 공산주의자의 계급갈등 선동에 더할 수 없이 좋은 숙주를 제공하였다. 이들은 이미 갑오경장 때 폐지된 양반제도의 계급성을 다시금 거론하며 계급혁명 후 모든 사람이 토지를 소유하게 하는 새로운 "그 날"이 오리라고 부추겼다.34)

다시 말하거니와 일제 치하에서 민족주의 지도자들이 공산주의자와 일정한 연대정책을 취한 것은 중국 손문의 용공정책, 국공합작의 실행에 큰 영향을 받았고 모택동의 공산당이 중국 대륙에서 승승장구하는 기세도 목도하였기 때문이다. 여운형이 "이제 모(모택동)씨의 혁명 기초가 농민에 있었으니 (우리도) 반드시 (혁명이) 성공할 것"35)이라고 한 것이 그 예이다.

해방 이후 북한 김일성 정권이 시행한 토지의 무상몰수, 무상분배에 남한 농민들의 마음이 움직인 것도 '공산주의가 무엇인지도 모르는 공산주의자'가 기승을 부린 한 요인이었다. 북쪽의 토지개혁 소식은 이제 막 고향에 돌아왔으나 실업상태에 있었던 대다수 가난한 농민들 마음을 들뜨게 만들었다.36) 박헌영은 재산을 공유하고 땅을 무상으로 몰수하여 무상으로 분배해야 한다고 말했다. 이는 당시 농민들의 소박한 심정에 깊이 파고들기에 충분했다.

혁명기에는 격정적인 심리(군중이 지배하는 심리)가 발동되기 마련이다. 해방정국과 같은 격랑기에서는 흔히 이성이 마비되고 감성이 강해진다. 또, 논리보다는 격정적 웅변에 호소하게 된다. 그 궁극적 결과로 우파보다는 좌파의 기치가 우위를 점할 수 있다. 35년에 걸친 식민지 지배로부터의 해방은 과도한 욕구를 분출하게 만들었고 타협보다는 투쟁을 선호하게 하였으며, 대화보다는 거리의 정치가 더 유효했다.37) 기존의 정치적 기반이 없는 선동가형의 정치인들로서는 이러한 혁명의 심리를 이용하여 대중조작이나 대중 동원의 방법으로 손쉽게 권력에 접근할 수 있었다. 이 해방공간의 격정적 파도에서 공산주의는 최적의 환경을 맞았다.38) 여기에서 포퓰리즘(대중주의, 민중주의, 선동주의)이 머리를 들게 되고 냉정한 이성에 호소하는 사람은 기회주의자로 매도되고 만다. 좌파들은 농민들의 젖줄과 같은 토지를 두고 선동하여 '무상몰수, 무상분배'를 외쳤으니 이 좌파의 기세를 누를 길이 없었다.39) 민족분열의 씨앗, 민족 안에서 계급으로 나누어 죽기살기로 싸우자는 생각은 이렇게 한반도에 뿌려졌다.

5. 외로움·소외감을 느끼는 것은 좋지 않아

후진 농업국가가 아닌 이상 어떤 나라든지 국민의 마음을 모으기가

점점 더 어려워져간다. 우리 나라도 그렇게 되고 말았다. 다들 외롭고 소외감을 느낀다. 사람들이 공동사회에서 이익사회로 갈 수 밖에 없다고 여기면서도 선뜻 공식적인 규범에 마음을 주려하지 않는다. 평온한 듯하여도 마치 태풍 전의 고요같이 갈등과 불만이 언제 폭발할지 모른다. 산업사회가 당연히 겪어야 할 홍역으로만 치부할 수는 없다.

우리 한국사회의 문제점 중 하나는 "자기 밖에 모르는" 이기주의이다. 그런데 "자기 밖에 모르는" 마음으로는 자기 자신도 잘 돌볼 수 없다. 아무리 우수한 천재라도 지독한 이기주의가 불러오는 사회의 분열 앞에서는 같이 고통을 겪음을 알아야 한다. 그렇다고 하여 전체주의나 집단주의를 숭배하자는 것은 결단코 아니다. 21세기 선진문명의 문턱 앞에서 개인주의를 어쩔 수 없이 받아들이지만 사랑 없는 개인주의, 신뢰받지 못하는 졸부주의를 배격하자는 것이다. 그리해야 한 사람 한사람의 외로움, 소외감을 이겨낼 수 있다.

"우리는 하나"라고 느끼던 농경사회의 감정은 자신의 일로 인생 승부를 걸어야 하는 산업사회에서는 더 이상 가지기 어렵다. 가족, 친척들과 농사를 함께 지으며 느꼈던 일체감, 친밀성이 공장과 회사, 도시의 아파트에서는 사무적인 관계로 바뀌었다. 그래서 대립·반목하는 일이 많아졌다. 또 하늘을 천정삼고 땅을 베개삼던 농촌사회보다 상공업사회는 더 강한 체력과 정신력이 요구된다. 도태되지 않으려면 열심히 해야만 한다. 그러다보면 자아의 주인됨을 잃은 듯 상실감이 찾아든다. 이것이 심각하지만 전근대사회로 돌아가지 않는 한 뾰족한 수가 없다. 그저 배고픔에서 벗어날 수 있었던 것이 산업화, 경제건설의 덕이려니 한다. 보릿고개를 넘기기 위해 송구죽으로 끼니를 때우던 것보다는 낫다고 위로한다. 그러나, 이대로 좋은가? 사람에게 밥이 꼭 있어야 하지만, 밥이 전부는 아니다.

자유민주주의와 시장경제, 국민의 법 앞에서의 평등을 기치로 하는 정치, 경제, 교육 질서하에서 아직도 혈연, 지연의 1차 집단의 연고에 상당 부분 의존한다. 이것이 바로 한국사회에 특유한 아노미(무규범)이다. 그런데 아노미나 소외의 해결방법에 관해 대부분의 학자들은 입을 다물어 왔다.40) 공산주의 혁명이 치료제가 되어줄 것이라는 환상은 틀려도 한참 틀렸다. 한민족의 분열과 6.25 동족파멸 전쟁만 불러왔다.

우리 한국사회를 앞서서 이끌어왔고 앞으로도 이끌어야 할 지식인들조차 소외의식과 허무에서 자유롭지 않다. 지식인은 높은 이상과 기대감을 갖고 있는데 한국사회의 현실은 언제나 그것을 채우기에 턱없이 부족하다. 한국의 지식인들이 기존사회에 대해 거부하거나 냉소적으로 대하는 것은 바로 이 때문이다. 지식인들의 소외의식은 직무에 대한 불만, 노동에 비해 모자라는 보상, 자기표현 기회의 부족에서도 나온다. 더 심각한 것은 높은 지적능력을 가지고 있음에도 정작 자신이 파워엘리트에 속하지 못한다고 느끼는 것이다. 특히 정치 권력과 경제력에 대한 지식인의 괴리감은 노동자, 농민, 회사원, 군인, 학생들에 비해 오히려 더하면 더했지 결코 덜하지 않다. 그리하여 지식인은 대체로 자신이 속해있는 공동체에 '충분히 만족하기는 어렵다.' 여기에서 무력감을 느끼고 이 무력감은 소외의식으로 발전한다. 정말 큰 문제다. 우리 한국사회의 심각한 걱정거리다. 지식인 스스로 갈등, 대립의 축이 되기 때문이다. 나아가 많은 학생들, 대중들에게도 나쁜 영향을 주고 만다.

물론 이것이 우리나라에서만 일어나는 일은 아니다. 이제는 세계 어디에서나 모든 지구인들이 소외의식을 가지고 살아간다. 슬픈 일이다. 고독은 산중에 있는 것이 아니라 번화한 도시 한복판에 있다. 오늘날 뼈저리게 느껴지는 고독은 로빈슨크루소가 겪은 '고립된 섬의 고독'이 아니라 '군중 속의 고독'이다.[41] 우리 사회에서 이 소외의식이 단시일 내에 생긴 것이 아니다. 지난 한 세대 동안 한국사회의 급격한 변동 속에서 생겨났다.[42] 우리나라처럼 가난했던 농업국가가 신흥 공업국가로 되는데 아무런 대가가 없을 수 없다. 서유럽의 선진국들도 이미 경험한 바이다. 일찍이 서구사회가 경험했던, 또는 현재 개발 도상국가들이 경험하고 있는 도시화와 산업화는 농경사회의 전통적 기반을 여지없이 깨뜨리고 따라서 농민이나 도시로 밀려온 노동자들은 좋게 누려오던 평온을 잃고 불안하고 목적의식을 잃은 생활을 한다.[43] 요사이 신문지면을 덮는 범죄, 자살, 사회집단간의 갈등은 산업사회, 현대문명을 열어가는 우리에게 다가온 하나의 도전상황이다. 기술과 과학이 자연환경을 정복하고 지배해야 한다는 인간의 강박관념도 불행한 결과를 가져오기는 매한가지다. 우리는 이 불행한 결과를 예방하거나 최소화시켜야 한다. 세계 다른 나라들이 다 겪었다고 우리도 대책 없이 앉아 있어서는 안된다. "우리에게로 왔으니 우리가 풀어야 한다." 원래 인간이 만들어낸 발명품이란 다 한계가 있기 마련이다. 인조(人造)의 물리, 화학적 사생아(私生兒: 산업사회의 고독)를 넘어서야 사회의 분열과 대립이 치유된다. 물리, 화학적 방법이 아닌 정신적, 영혼적 방식에 기대는 것은 어떨지? 외로움과 소외감을 낫게 하는 치료제를 찾아나서야 할 때이다.

6. 외로움을 이기고 국민통합을 이루는 치료제는 사랑

외로움(소외감)을 이기는 명약은 사랑이다. 또 사랑해야 국민이 통합된다. 우리가 국민과 민족의 통합을 원하고 민족으로 이루어진 공동체의 일체감을 말할 때 꼭 필요한 것이 사랑이다. 사랑으로 우리가 맺어질 때 전국민과 한민족은 단결할 수 있고 사소한 이해관계의 다툼이 있더라도 소통, 협력할 수 있다. 사랑은 서로를 기쁘게 하고 긴장에서 벗어나게 하며 헌신적으로 봉사할 수 있게 한다. 사랑이 없이는 개인의 생각들을 하나로 묶어낼 수 없다.

그런데 이 사랑은 즉흥적이거나 일시적인 것이 아니라 이성적이고 지속적이어야 한다. 마음 속 깊은 곳에서 자신의 일을 통해, 그 성과 속에서 민족공동체를 번영하게 한다는 결의를 바탕으로 해야 한다. 탑을 쌓듯이 하나 하나 올려가는 것, 견고하여 오래가고 믿음직한 것, 이런 사랑이어야 한다. 실패나 실수 속에서 자책하는 사람을 따뜻하게 감싸주고 언제든지 패자부활전을 벌일 수 있게 해주는 사랑이어야 한다. 1등만 존중하지 않고 꼴찌에게도 박수를 보내려면 구호나 일시적 흥분만으로는 안된다. 고아원, 양로원에 한 번 방문하고 마는 것이 아니라 이들을 깊은 고독에서 벗어나게 하고 사회적 참여를 가능하게 하는 배려가 필요하다. 사회적 외톨이가 '묻지마 범죄'를 하는 온상인 '참을 수 없는 고독'에서 벗어나게 하려면 사랑이라는 명약이 있어야 한다. 이 명약이 있을 때, 한 때 잘못을 범한 사람이나 상처를 준 이에 대해서도 마음속에서 깊이 우러나는 용서를 할 수 있다. 사랑은 허다한 죄, 허물을 가리고 깨우치기 때문이다.

서양에서 사랑에 대해 처음으로 설명한 것은 엠페도클레스라는 고대 그리스의 철학자이다. 세계는 흙, 물, 공기, 불 4가지로 구성된다고 하고 이들이 합치는 것은 사랑 때문이라고 하였다.[44] 비록 논리적이지 않지만 서로 갈구하며 결합하는 우주적 원리로 사랑을 말했다.[45] 중세의 아우구스티누스도 사랑의 본질을 결합성에 있다고 보고 사랑을 사회화합과 평화의 보편적 원리로 삼았다.46) 고대 그리스의 철학자 플라톤도 사랑을 애욕(愛慾), 에로스(eros)라는 말로 설명하고자 했다. 플라톤에 의하면 진정한 사랑 즉 에로스는 자신의 욕구충족에 머무르지 않고 이상(idea)의 세계로 나아가게 한다. 비록 에로스의 본질은 욕망의 일부분일지라도 진정한 아름다움을 대상으로 하는 것이어서 육체적, 현실적인 것을 초월하여 이상을 향하게 한다. 이 진정한 사랑(에로스)을 통해 참된 기쁨을 누리게 된다.47) 또, 에로스는 도덕적인 용기의 원천이 되고, 집단의 힘을 내게 하는 동기가 된다.

사랑이란 생명을 가진 두 개인이 서로의 분리성을 극복하고 서로에게서 진정한 생을 확인하면서 결합을 이룬다고 한다(헤겔). 이 때 사랑이란 자기에게 제한된 이기적인 갈구가 아니라 다른 사람 속에 자기의 존재를 완전히 던지는 것이다. 세계사적 이성의 영향 가운데 개인이 들어갈 때의 감정상태와 비슷하다고 한다.48) 이 사랑에 의해 함께 고난받는 여러 개인들을 묶을 수가 있다. 개인간의 차이를 극복하고 소통하게 하는 근본적인 힘은 사랑에서만 나온다.49)

이처럼 사랑이 어떤 힘을 가지는지에 대해서 깊이 연구한 것은 주로 종교나 철학이었다. 그러나, 우리 한민족은 종교나 어려운 학문을 빌지 않더라도 가까운 이웃, 민족 모임체에 대한 사랑이 필요함을 느끼고도 남는다. 5천년에 걸친 수난과 한(恨)을 같이 겪었기 때문이다. 인간은 다른 인간과의 관계 속에서 그 행위의 의미를 인정받을 때 비로소 자아존중감이 높아져 행복해진다. 그런데 사랑을 할 때만 상대방을 가장 널리 인정한다. 우리가 사랑하는 마음을 가질 때 다른 사람의 입장에 서서 함께 호흡하고 느낄 수 있다. 공동체 의식은 바로 여기에 뿌리를 둔다. 다른 사람을 같은 종(種)에 속한 객체로만 관조하는 것이 아니라 나에 대해 특별한 뜻을 지닌 사람으로 공감한다. 다른 사람에 대한 사랑을 지니면 그 사람의 어려움에 대해 서로 관심을 가질 수 밖에 없고 빠져들게 된다. 사랑을 하게 되면서 나의 삶 속에서 다른 사람의 삶을 받아들이고 함께 살고 또 하나됨을 느낀다. 민족공동체에서의 사랑은 민족의 다른 성원의 고통을 함께 느끼게 해줄 것이다. 또, 민족공동체 안에서 발생하는 어려운 문제에 대해 함께 책임지려는 마음을 갖게 한다.

사람의 마음속에 나와 다른 사람이 맺어질 때 냉엄한 현실에서 맛볼 수 없는 상상의 미래가 그려진다.[50] 사랑의 감정을 가질 때 사랑하는 대상의 세계를 지향한다. 사랑 자체는 완성체가 아니지만 완성체로 나아가는 노력을 기울이게 하는 힘을 준다. 즉, 사랑은 하나의 완성된 상태로 존재하는 것이 아니라 끊임없이 완성을 향해 나아가야 할 과정이다.[51] 또, 사랑은 봉사, 헌신의 동기를 부여할 뿐만 아니라 자기 행위에 대한 책임감을 느끼게 한다. 또, 고립된 개인의 삶에서 우리를 벗어나게 해준다. 이렇게 개인적 사랑이 '공동체화', '보편화' 함으로써만 비로소 참된 사랑의 이념이 실현될 수 있다. 그리하여 사랑이라는 것은 개인적 차원에서는 절대 실현될 수 없다. 사랑은 그 대상이 있어야 하기에 반드시 사회적인 뜻을 가진다. 참된 사랑은 사회적, 공동체적 차원에서의 사랑이다.[52]

공동체에서는 의사소통이 필요하다. 의사소통을 하면서 인격적인 존중감이 나타난다. 의사소통을 한다는 것은 그 소통의 상대방을 신뢰한다는 것으로 갈등을 무자비한 계급투쟁에 의해서가 아니라 대화와 협력으로 풀어갈 마음이 있다는 것이다. 의사소통하는 다수는 하나의 주체와 비슷하게 된다고 하는데53) 사랑하는 다수는 더욱 깊은 일체감을 느끼게 될 것이다. 각자 모래알처럼 존재하는 개인들이 사랑의 윤활유를 매개로 "함께 더불어 살아가는" 인격체로 재탄생한다. 사랑이란 나와 너의 만남, 어느 누가 상대에게 종속되지 않는 주체 대 주체로서의 만남, 근원적인 차이를 인정하는 만남 가운데서 이루어질 수 있다.54) 우리가 이런 사랑을 할 때 국민통합·민족통합이 이루어진다. 서로 사랑하고 사랑받는 모임체를 만들고자 노력할 때 지식인들은 그 선두에 서야 한다.

7. 사랑하는 사람은 도덕적인 사람

이웃을 사랑하는 사람은 도덕적인 사람일 수 밖에 없다. 민족공동체를 사랑하는 사람은 윤리적인 사람일 수 밖에 없다. 타인을 사랑하는 사람은 윤리적인 심성이 충분한 사람이므로 자기 행위에 책임도 질 줄 알고 자기절제도 할 줄 안다. 한계상황에 사는 우리 인간이 현실적으로 모든 인간에 대한 무한한 사랑을 베풀 수는 없을 것이다. 그러나, 나와 이해관계가 없는 이웃, 나와 다른 한 인간을 사랑한다는 것 자체가 윤리적인 것이다. 이러한 윤리성, 도덕성은 분열, 대립보다는 화합, 단결을 가져온다. 또, 사랑이 수반하는 열망은 이웃에게 마음을 열고 그 이웃의 마음도 열게 한다. 우리가 서로의 이해관계를 넘어서려면 이러한 결합추구, 각자의 개방성이 필요하다.

그런데 우리가 사랑에 의해 이웃에게 마음을 연다고 할 때 그 이웃의 모든 것을 무조건 칭찬하는 것은 아니다. 이웃이 잘못된 경우에는 그 잘못을 냉엄하게 반대하고 비판해야 한다. '올바른 나, 올바른 너'를 향해 나아가고 내게 부족한 비타민, 네게 모자라는 단백질을 함께 구하자는 것이지 타락한 이웃에게 굴복하는 것이 아니다. 이렇게 볼 때 이웃에 대한 이해, 민족에 대한 애착은 모두 올바름을 향해 격상되려는 움직임이고 완전성을 지향하는 마음이다. 이러한 사랑의 연습을 통해 우리는 나를 바로세우고 너를 계몽하는 인격체로 자라날 것이다. 타인을 사랑하고 바로 세워주려면 먼저 자기자신을 사랑할 줄 알고 바로 세우도록 노력해야 한다. 이웃사랑(민족사랑)과 자신에 대한 사랑이 따로따로 존재하는 것이 아니다. 함께 존재하고 서로 의지하는 관계에 있게 된다. 이 사랑은 곧 '자기 사랑과 이웃 사랑 간의 변증법적 통일'이며 그 속에서 '이기주의와 이타주의의 대립은 없어진다.[55]

우리는 이웃에 대한 사랑을 어느 누구의 강요에 의해 하지 않는다. 자발적으로 이 사랑을 나눔으로써 진정한 자유와 평등, 안전, 행복을 느낀다. 왜 사랑하지 않으랴?

우리 한국 사회의 구성원들이 행복의 원천을 돈과 권력에서만 구하지 말고 이러한 사랑에서 구하면 좋겠다. 가장 많이 사랑하는 것이 가장 행복하게 되는 지름길임을 서로 알려주면 좋겠다. 이것이야말로 내 자신이 제일 기쁘고 행복해지는 방법이며 단결하는 것임을 서로에게 깨우쳐주면 좋겠다. 앞에서 필자는 우리가 이웃사랑을 실천할 때 그 이웃이 잘못을 범한다면 냉정하게 바로잡아야 한다고 했다. 그런데, 스스로 노력하여도 사물의 이치를 잘 깨닫지 못하거나 장애가 있는 사람들에게는 특별한 보호의 손길을 뻗어주어야 한다. 이러한 '부족한 이웃'에 대한 사랑이야말로 이해관계를 초월하는 진짜 사랑이다. 사랑은 상대방이 우수하거나 위대해서 하는 것이 아니다. 나보다 못난 사람, 장애를 가진 사람, 어리숙한 사람을 감싸안아야 진정한 사랑이다.

진리에 굳게 서서 사람을 사랑하는 것은 세상에 있는 다른 것을 아낌없이 버리는 것이다. 이 낮아짐이야말로 가장 확정적이고 어떤 교만보다도 강력하고 안전한 것이다.[56] 그런데 진리에 터잡고 꾸준하게 하는 사랑은 사실 말처럼 쉬운 것만은 아니다. 일관되게 사랑을 주거나 받을 수도 있지만, 일시적으로만 사랑을 주거나 받는 경우도 많기 때문이다. 그러나, 어려움을 겪더라도 다른 사람과 우정을 나누고 신뢰할 수 있다면 갈등관계에서 절충, 타협할 수 있는 힘이 생긴다. 건강한 성인으로서 삶의 두 가지 중심축은 일하는 것과 사랑하는 것이다. 그러니 사랑은 순간적인 열정만도 아니요 일순간에 깨달아지는 것도 아니며 많은 경험을 통해 성장하는 것이다.[57]

사람은 신의 창조물로서 무한한 선(善)의 가능성을 지니고 있지만, 올바로 생각하지 않으면 악(惡)도 행하고 만다. 우리의 영혼이 이웃을 사랑하게 되면 바로 '선함'을 갖추는 것이다. 여기에서 벗어나면 냉정한 사람, 선(善)을 외면하는 사람이 되고 만다. 우리가 이웃을 사랑한다는 것은 바로 조물주(신)의 뜻에도 합당하다. 신을 믿든 그렇지 않든간에 사랑은 자연의 이치에 가까이 가는 열쇠임을 우리는 알고 있다. 그러므로 우리가 사랑하기 시작하면 우리 자신도 사랑받게 된다. 우리는 무엇인가를 사랑하는 방식으로 자기 자신을 사랑하고 있다.[58] 즉, 사랑하는 대상이 있다는 것은 자기자신의 소중한 가치와 인생관을 사랑하는 것이기도 하다. 최근 신문에서 10대, 20대의 흉폭한 범죄현상을 본다. 우리가 부단한 미덕(사랑)으로 세례를 받아야 이런 질병도 원만히 고쳐나갈 수 있다.

또, 사랑을 믿지 않고 힘겨운 생활을 이어나가는 것은 무서운 일이다.[59] 우리 사회에 팽배해 있는 불신감이나 소외의식 또는 무규범성을 불식하기 위해서는 정부나 정치지도자 뿐만 아니라 그 외의 모든 지도층이 모범을 국민에게 보이고 스스로 법을 지키고 사회질서의 유지를 위해 노력해야 한다. 사회지도자가 "법대로 하면 손해본다"고 잘못 생각하고 헤매일 때 이 나라의 앞날은 어두워진다.60) 그런 의미에서 사랑은 인간관계의 축복이고 성격의 건전성을 나타내는 지표이며 인간행복의 핵심적 조건이다.61) 우리 민족 각자가 소외감에서 벗어나고 하나로 뭉치려면 서로간에 충만한 사랑을 베풀어야 한다. 마을의 이웃을 사랑하는 사람은 도덕적인 사람이다. 민족을 사랑하는 사람은 더 도덕적인 사람이다.

8. 엘리트의 전문성만으로는 포용도, 국민통합도 부족

요즘은 전문성을 중시하는 시대다. 정부, 공공기관이나 회사, 학교에서 모두 요구하니 전문성을 가져야 높은 자리로 승진하고 좋은 학교로 입학한다. 전문성이 뭘까? 전문성이란, 특정 직업이 일정 수준

이상의 지식과 정보를 기반으로 현실을 한정하거나 창조하는 힘을 가져 사회적으로 상당한 지위를 누리게 하는 것이다.62) 전문성은 가치판단이 혼란스럽거나 위험하고 급박한 사회문제가 생길 때 정확한 판단을 제공하는 능력이기도 하다. 이는 매우 중요한 사회적 자산이다. 정치가나 공무원, 기업인도 전문성을 가지고 있어야 능률을 발휘하고 서비스 질을 높여 국민과 소비자를 만족시킬 수 있다.

어느 국가사회나 수 백 년 전부터 전문직의 기능을 중시하여왔다. 이 경향은 지금도 여전하다. 전문가 양성의 필요성은 어떤 시대에나 어디에서나 있기 때문이다. 전문가를 키워내려면 특정한 생산목적을 위해 지식과 기술을 집중해야 한다. 즉, 고도의 훈련과 경험이 요구된다. 전문가는 간단하고 쉽게 되는 것이 아니다. 자신이 사회 문제에 대해 더 정확한 답을 내놓을 수 있는 실질적 능력을 증명할 때만 전문가로 인정된다. 전문가로 되는 것은 개인과 가문의 영광이다.

그런데, 어떤 경우에 전문성이 있는가? 정답이 없다. 전문성은 상식에서 판단해야 하고 사회일반의 동의를 받아야 하기 때문이다. 어떤 직업의 당연한 권리도 아니고 어쩌면 치열한 투쟁으로 얻어지는 것이다. 지식의 우수함, 직업의 희소성을 인정받아야 한다. 이는 시대와 장소에 따라 끊임없이 달라진다. 중세에서 법학, 의학, 신학 전공자는 대표적인 전문가로 나타났다. 이러한 전문가는 그 우수한 지식으로 국가에 고용되기도 하고 교회에서 대중들을 교화하거나 자영업을 하였다. 중류계급이라도 고등교육을 받아 전문지식을 익힐 기회가 생기면 신분상승을 할 수 있는 통로로 활용되었다. 이러한 전문직 교육은 시장이나 노동현장이 아니라 학교에서 이루어지고 학교는 지식과 기술의 체계적인 축적장소가 되었다. 그리하여 전문가는 소비자로부터 영향받지도 않게 되었다.63)

전문성을 갖추면 사회적으로 존경받는다. 그리하여 전문가 자신의 사회적인 자아, 사회적 정체성까지 결정한다. 다른 사회집단과 달리 어려운 사건, 사실을 쉽게 설명할 수 있는 능력 때문에 권위를 만들어 나간다. 그러나, 전문성은 양 날의 칼이다. 사회적으로 필요한 지식을 가졌기 때문에 사회에 득이 되는 일을 하지만, 다른 한 편으로 사회적으로 희소하다는 점을 무기로 일반 국민에게서 멀어지기도 한다. 전문성을 인정받으면 자신의 노동력에 특별한 지위를 인정받고, 배타적 영역이 생기기 때문이다. 이 영역은 직업적 협상에 의해 통제된다. 또, 전문가를 위한 고등교육, 수련과정과 교육도 직업집단에 의해 통제된다.64) 사람들이 특정집단에 속하게 되면 그 집단을 자신과 동일시하고 그 집단에 대해 충성하는 경향이 있다. 그리고 전문성으로 독점적 지위를 인정받으면 자율성과 함께 배타성을 확보하려고 한다. 즉, 한 사회나 국가로부터도 자율적인 자기들만의 영역을 누리려고 보호막을 만든다. 거기에는 신분을 상승시키고 시장을 독점하는 이익이 있기 때문이다. 나아가 서로 다른 전문가 집단은 각기 가치관, 태도, 행동을 달리한다. 같은 전문가 집단이라도 그 전문직이 사회적으로 어떤 영향이 있는가에 따라서도 그 전문가 스스로 다른 행동을 보이기도 한다. 일반 국민이 볼 때 전문가 집단은 도대체 이해할 수 없는 구석이 많다.

전문성을 가진 사람들은 자신과 일반 대중을 구분하고자 하는 성향이 강하다. 이 분야는 너무나 어렵고 복잡하여 일반인들이 근처에도 오지 못한다고 생각하는 것이다. 이 생각은 평범했던 시민이 전문가로 훈련되는 과정에서 자신이 들인 노력에 대한 보상욕구와도 무관하지 않다. 그러나, 바로 그 점 때문에 국민의 상식으로부터 벗어나는 경우도 왕왕 생긴다. 더 문제는 일반 국민으로부터 벗어나도 통제할 방법이 없다는 것이다. 전문가 집단 안에서 벌어지는 부정과 부패는 쉽게 덮어진다. 무식한 일반인은 아무리 설명해도 알 길이 없고 설명할 필요도 없다는 것이다. 오늘날 여러 분야의 전문가 벽을 허물고자 노력하기도 한다. '통섭'이라고 하거나, '융합'이라고 한다. 그러나, 얼마나 성과를 가져오는지는 의문이다.

그런데 이 정도의 전문가로서는 다른 사람을 포용할 수 없다. 나아가 국민을 통합할 수 있는 지도력을 인정받을 수 없다. 사람을 포용하려면 다른 사람을 이해하는 태도를 지니고 그 바탕 위에서 이익 갈등을 조정할 수 있는 큰 틀의 신념이 있어야 한다. 어떤 내적인 규범에도 얽매이지 않으며 수단과 방법을 가리지 않고 영리를 추구하는 행위는 역사상의 모든 시기에, 그리고 어디에서나 항상 있어 왔다. 그러나, 우리 대한민국처럼 갈등하는 국민을 통합해야 하는 지도자의 품성으로는 부적합하다. 괴테는 말했다. "영혼이 없는 전문가, 가슴이 없는 향락주의자, 이 공허한 인간들은 일찍이 인류가 도달하지 못했던 단계에 도달했다고 자부할 것이다." 그러나, 일반국민들은 이러한 전문가에게 결단코 가슴을 열어주지 않는다. 그보다 좀 못하더라도 따스함을 지닌 사람에게 마음의 문을 연다. 만일 자유주의자, 우파가 따스하지 않다면 대중은 서슴없이 좌파로 달려갈 것이다.

이는 민주화 이후 특히 2007년 대선의 승리에도 불구하고 국내에서 우파가 정치력으로써 좌파세력을 제압하지 못한 문제의 원인이기도 하였다. 그리하여 좌파가 선거라는 합법적인 대뷔무대를 통하여 서울시, 경기도라는 가장 중요한 수도권의 교육감을 당선시키고 학생 교육 기관을 점거하여 그 우세를 점하게 되었다. 그 필연적 결과로써 우파를 공격하는 정치적 주장인 무상급식의 선동, 초중고교 학생의 좌경화 유도교육이 행해졌다. 우파는 항상 전문가 집단으로 성격지워지고 이러한 정치적 혼란기에 일반 국민, 중도성향의 시민을 포용하지 못한 채 갈팡질팡했다. 전문성만으로는 통합의 정치를 할 수 없었다. 우파는 2010년 6.2 지방선거에서도 그 중요성을 간과하고 있었다. 좌파로부터의 집요하고 맹렬한 도전은 예정된 바였음에도 우파 구심점인 대통령마저 정치적 장악력이 부족했다. 좌파에 비해 각계의 전문가 위주라고 할 수 있었던 우파는 무기력할 뿐 아니라 특유의 집요한 이기심 때문에 분열했다.

그러나, 이러한 국내적 위기는 약과였다. 그 이후 진행된 우파의 무기력은 국제경쟁력이 취약한 데서 필연적으로 맞게 되는 경제적 위기, 국제정치적 위협이라는 문제의 나락으로 빠져들고 있다. 우파는 중요한 선거 이전에 대한민국의 사상적 기초체력을 다졌어야 했다. 불행하게도 우파 정치가는 좌파를 제압할만큼 사상적으로 무장되어 있지 못하였다. "21세기 우리나라에 이념(대립)이 어디에 있느냐?", "나는 여의도 정치에서 벗어나겠다", "정치보다 경제에 집중하겠다" 등등을 그 핑계로 하였다. 그러나, 그 말은 너무 공허했다. 이들은 당선이라는 달콤한 꿀 항아리에 빠져 그 꿀 항아리가 좌파의 횃불과 죽창에 포위되어 있다는 사실을 망각하였다. 즉, 대한민국 정국이 좌파의 공격에서 벗어나 안정궤도에 진입한 것으로 착각하여 우파 내부의 고질적인 이권다툼, 차기 대권을 놓고 상대방을 약화시키려는 작은 싸움에 골몰하게 되었다. 이런 것을 이제 와서 다시 언급하는 것은 국제적인 외교문제와 함께 전 국민이 먹고 살아가야 하는 문제를 해결하기 위한 시간을 놓쳤다는 점 때문이다.

과거 좌경화로 시간을 잃어버린 것이 큰 실패라고 한다면, 이명박 정부의 어정쩡한 통합력 부족은 작은 실패로 기록될 것이다. 이러한 실수 내지 실패들은 직후의 정국, 경제 상황에 결정적인 포탄을 날렸다. 그를 만회하기 위해 우리 국민, 민족은 상상 이상의 피땀나는 희생을 치러야 한다. 미래도 예외가 아닐 것이다. 생각건대, 사람에게는 다른 사람을 감싸는 마음이 있어야 한다. 정치인에게는 더욱 그러하다. 그러니 얄팍한 정치가를 꿈꾸기 이전에 사회에 대한 따스한 애정을 가져야 한다. 그리하여 민족주의에 관심을 가지고 민족의식이라는 올바름으로 무장하여 소외된 사람을 돌보고 국민통합을 이루어야 한다.

우리 국민이 잘 통합하려면 공정의 욕구와 공동체 귀속욕구를 충족시켜야 한다. 정치인이 공정성을 가지려면 그냥 단순히 결심만 한다고 되지는 않는다. 투철한 신념을 가지지 않으면 정치인 자신의 본능, 주변 친인척의 탐욕에게 굴복하고 만다. 이 투철한 신념이란 개인의 본능과 주변 친인척의 탐욕, 친구의 부탁, 유권자의 유혹과 협박을 넘어서면서 그들 작은 이익을 포괄하는 훨씬 더 큰 이익에 대한 확신을 말한다. 이 큰 신념은 바로 성공한 나라인 대한민국에 대한 충성심, 은근과 끈기를 지닌 자랑스런 한민족에 대한 긍지에서만 나온다. 찢어진 이념의 갈등, 계층갈등으로 상처받은 국민의 공동체에 대한 귀속욕구 또한 지도자와 지식인들의 성숙한 노력과 결단으로만 채워진다. 더 큰 이익에 대한 확신(민족주의)에서 나온 애국적 행동으로만 국민통합이 이루어진다. 그러니 전문성만으로는 부족하다.

9. 개인도 존중받고 사회도 사는 민족주의

필자가 한민족 한 사람 한 사람의 유대, 협력의 공동체를 강조할 때는 개인의 전체에 대한 매몰을 말하는 것이 아니다. (민족)공동체를 통한 이해와 협력의 궁극적 목적은 그 구성원인 개인이 원자화되지 않고 더 행복감을 느끼게 하려는 것이다. 모든 연대, 단결의 목적은 개인이 가난으로부터 해방되고 안전을 도모하며, 꿈의 성취를 더 쉽게 하도록 도와주려는 데 있다. 그리하여 민족공동체 안의 한 개인의 독자성, 독립성을 저해할 어떤 파시즘도 배격한다. 어려운 학문을 빌 것도 없이 지독한 개인주의 사회와 숨막히는 집단주의 사회(전체주의 사회)에서는 인간답게 살 수 없다. 우리가 바라는 사회는 개인도 존중받고 사회도 사는 곳이다. 개체에 대한 전체의 절대적 우위를 강요해서는 안된다. 오히려 개체가 전체에 대하여 기초를 준다는 뜻에서 개체 인격과 공동체의 줌과 받음의 관계가 강조되어야 한다. 전체는 개체들로 구성, 구축되며 이 개체들을 반드시 전제한다.65) 우리 민족의 유구성, 생명성, 단일지향성(통일지향성)은 개인이나 부분사회를 떠나 그에 단절되어 생성되는 것이 아니다. 이는 한민족 모임체가 개인과 부분사회들의 상호적인 작용, 신뢰 특히 사랑에 의해 그 공동체성을 보장받기 때문이다.

어떤 철학자(훗설)는 사회의 중요성을 강조하면서도 그 속에 있는 개인 하나 하나의 인격체를 충분히 존중할 수 있다고 하였다. 공동체는 개체에서 출발하며 개체들로 이루어진 공동체 삶이 온전한 인간적 삶을 위해 바람직하다는 것이다. 개체와 공동체 그리고 개체주의와 공동체주의가 상호대립하는 예속과 지배의 구도 속에 있지 않고 오히려 하나의 연속선 위에 서 있게 된다.66) 이러한 관계야말로 필자가 꿈꾸는 이상적 사랑 공동체이다. 개체와 공동체의 관계에 관한 문제는, 그리스 철학자 플라톤의 도덕철학 안에서 주요 대상이 되기도 하였다. 지금도 도덕철학의 주요 주제이다.67) 우리는 가족관계에서 개인과 공동체의 가장 쉬운 결합예를 본다. 가족관계에서는 개인이 다른 개인을 그 타인의 입장에서 이해하고 의사를 소통하며 진정 마음을 주는 사랑을 한다.

본래 우리가 만들어낸 대한민국이라는 국가 또한 개인 하나하나의 결합의욕과 법치적 양보, 질서준수, 타집단 배려라는 헌신 위에서 만들어진 실존이다. 개인이 조금씩 양보하고 사랑함으로써 맺어지는 결사체가 가장 훌륭한 모임이다. 가족, 국가의 예와 같이 한민족의 통일을 위해 더 높은 단계의 모임체를 갖는 것은 어떨까? 사랑을 매개로 하는 공동체를 필자는 한민족 전체에도 적용하고 싶은 것이다. 한반도의 척박한 통로에 갇혀 있는 우리 한민족으로서는 언어(한글), 의복(한복), 음식(한식) 등에 대한 무의식적 동질감이 다른 어떤 민족보다 강하다. 중국, 일본, 러시아, 미국과 같은 강대국에 맞서서 자존과 생존을 담보할 수 있는 것은 바로 이 동질감이다.

우리 한민족의 공동의식은 개인간의 사회적 소통과 의지에 따라 이루어진다. 이 소통과 의지에 따른 결합은 외부의 압력이나 충동적 감정에 의한 것이 아니다. 또한 선동가에 의한 포퓰리즘으로도 이룰 수 없다. 계급적 대립사상을 가지고서는 전혀 불가능하다. 주관적인 의식을 가진 민족구성원은 자신의 자율적 결단과 민족과의 합일 의욕에 따라 결합한다. 이 결합 필요성은 반드시 사회계약론과 같은 정치이론이 아니라도 가능하다. 사실 우리는 혼자서는 살기 어려워서 혈연, 지연, 학연에 의존해왔다. 그러나, 서로 협조하고 어려울 때 변함없이 구호(救護)를 받는 것은 혈연, 지연, 학연이라는 작고 감정적으로 변화무쌍한 결합만에 의해서는 불가능하다. 혈연, 지연, 학연에 얽매이는 사랑도 사랑이지만 보편적인 사랑으로 발전시킨 사랑은 아니다. 혈연, 지연, 학연에 의한 사랑보다 큰 사랑을 향할 때 더 윤리적이고 도덕적인 보편성을 인정받는다. 사랑은 감정에서 출발하지만 감정에만 머물면 큰 사랑이 아니다. 이성(異性)간의 사랑에서도 충동적 감정에만 그치면 파탄을 맞이하듯 이웃과의 사랑도 감정적인 단계에 머물지 말고 정신적, 영혼적 사랑으로 발전해야 개인을 존중하는 결합체가 된다.

무릇 모든 사람들이 원하는 이익에는 사익(私益)만 있는 것이 아니다. 나와 무관한 듯 보이지만 공공재가 있고 공익(公益)이 있다. 지하철, 자동차도로, 항공노선, 바다 등은 공익(公益)을 준다. 국민 모두가 사익(私益)에만 매달리다가는 공익(公益)은 훼손되고 만다. 우리는 우리를 둘러싼 공통의 환경, 공통의 이익에 대해 중국이나 일본보다 더 민감해야 한다. 이 큰 나라, 힘센 나라들과의 경쟁에서 살아남으려면 그것 밖에 없다. 그런데 중국이나 일본에 비해 우리나라는 공익(公益)에 대한 대중의 믿음이 더 적다. 우리나라에서 애국심, 애족심은 과연 어느 정도인가? 혈연, 지연, 학연에 대한 의존도만 지나치게 높고 공공기관에 대한 신뢰는 낮다면 나라가 있을 필요가 없다. 한 나라를 이루고 민족의 중요성을 일깨우는데 있어서 '공동의 마음'을 지니도록 하는 것보다 더 중요한 것은 없다. 공동의 마음은 서로가 깊이 이해하고 사랑하는 끈으로 연결되어 있어야 생긴다. 나라, 민족의 중요성을 국민교육에 투영하여야 한다. 민족사랑 교육이 민족문제를 해결하는 만능열쇠는 아니지만 기초계단이 될 수는 있다.

국권을 잃은 때 민족의식이 더할 나위없는 마음의 고향이었듯이[68] 해방 독립이 된 후에도 우리는 큰 범주의 공동체의식이 절실하다. 여전히 사랑의 공동체이념이 긴요하다. 민족주의의 핵심이 민족에 대한 사랑일진대 이 사랑의 정신을 놓쳐서는 안된다. 개인도 존중받고 사회도 살리는 정신이 민족주의이다.

10. 한민족 민족주의는 믿음직하고 튼튼한 사랑

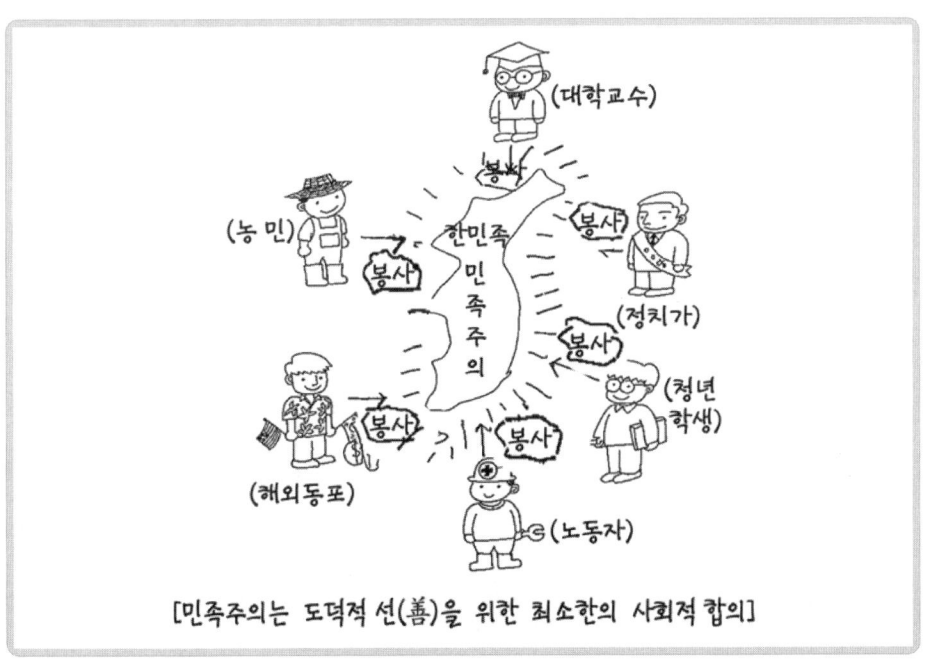

[민족주의는 도덕적 선(善)을 위한 최소한의 사회적 합의]

ㄴ

　사랑은 움직이고 변하지만 그럼에도 마음을 움켜잡는 그 무엇이 있다.69) 더구나, 유구한 한민족에 대한 사랑은 그리 쉽게 변하거나 사라지지 않는다. 수 천 년 유구한 민족공동체에 대한 사랑은 우리를 푸근하게 한다. 내가 민족공동체의 한 부분인 이웃을 사랑한다면 그들을 더 이해하게 되고 돕게 된다. 그 이웃 또한 나에게서 받은 사랑을 또다른 이웃에게 전해줄 것이다.

　우리가 이웃에 대한 사랑을 넘어 나와 이웃이 속해 있는 한민족 공동체를 사랑할 때 이는 벌써 주관적 개별성을 넘어 객관적, 보편적인 뜻을 지닌다. 이는 "윤리적 사랑"이다.70) 윤리적 사랑은 인간에게 가능한 사랑의 유형 중 최고 형태이다.71) 개체는 항시 자신에게 유용한 단체와 연관성을 가지려 애쓴다. 그런데, 그 연관성은 윤리도덕적으로 정당하고 시간의 변화에도 영향을 적게 받는 공동체를 대상으로 해야 한다. 그런데 기존의 혈족관념, 지연관념은 부족하고 무력하다. 좀더 지속적이고 규범적인 결속이 있어야 한다. 그 반면 우리 한민족 공동체는 한 개인의 탄생과 사망에도 불구하고 그 자손과 친구, 이웃들에 의해서 연속성이 유지되고 발전하는 존재이다. 우리 민족에 속하는 누구라도 듬직하게 믿고 의지할 수 있다.

　이토록 믿음직한 민족주의는 현실정치의 이익에 직접 참여할 수 없고 또 참여하지 않는 편이 좋다. 민족주의가 현실정치에 직접 관련을 맺기 어려운 이유는 민족주의가 어디까지나 사상이요, 문화운동이기 때문이다. 해방정국에서도 민족주의가 이승만, 안재홍, 김구, 김규식

등의 정치적 입장과 노선 앞에서 통일된 입장을 반영하지 못하고 무력하였음이 이를 보여준다. 민족주의의 가장 큰 목적은 정신적·문화적인 영역에서 한민족 사이의 깊은 유대관계를 만드는 것이다. 이것이 으뜸으로 중요하다.

그리고 믿음직한 공동체인 한민족의 하나됨을 위해 서로 사랑하는 것은 도덕적, 종교적 결단을 요구한다. 자신의 이익, 명예를 내세우기 보다 남의 입장을 생각해야 한다. 이는 마음 깊은 곳의 결단 없이 안 된다. 한민족 한사람 한사람이 서로 사랑하는 방향으로 나아가면 우리는 높은 차원의 '고급공동체'를 이룰 수 있다. 사랑이 없다면 나라나 민족의 공동체는 공허하게 들리는 가을날 종소리에 지나지 않는다. 개인 개인들의 도덕적 결단 없이는 믿음직한 공공재(사랑)를 생산할 수 없다. 우리에게 민족의 단결과 통일이 절실함을 모두 느껴야 한다. 엄중한 민족의 현실을 알아야 깊은 사랑을 할 수 있다. 민족주의는 이러한 앎에서 흘러나오는 크고 높은 사랑이다.[72]

그런데 현실적으로 볼 때 넓은 마음을 가지고 이웃을 사랑하는 것이 생각만큼 쉽지는 않다. 성인(聖人)같은 사랑을 모든 사람에게 강요할 수도 없다. 그러나, 한민족의 운명에 대한 인식에서 사랑을 나눌 때 포용과 관용이 있는 그런 사랑이 가능하다. 나보다 못한, 못가진 사람을 사랑하면서 공동으로 우리의 내일을 열어간다는 마음이 생길 때 그 사랑은 믿음직한 대들보같이 견고해진다. 대립과 투쟁을 넘어서 화합과 통일을 지향할 때 우리 사회는 한 단계 더 진화하게 되고 성숙하게 된다. 사람들은 이러한 것을 흔히 이상(理想)이라고 부른다. 그리하여 비현실적이라고 생각하기 쉽다. 그러나, 현실이 될 수 있다. 우리의 사랑에 대한 목마름은 생존을 위협하는 북한의 전쟁 가능성과 대한민국 내의 정치분열이라는 중대하고 현실적인 고통에서 나오기 때문이다. 이 민족의 고통이 절실하기에 믿음직한 오아시스, 튼튼한 민족주의를 만들어야 한다.

11. 민족주의는 보통사람이 베푸는 최고의 사랑

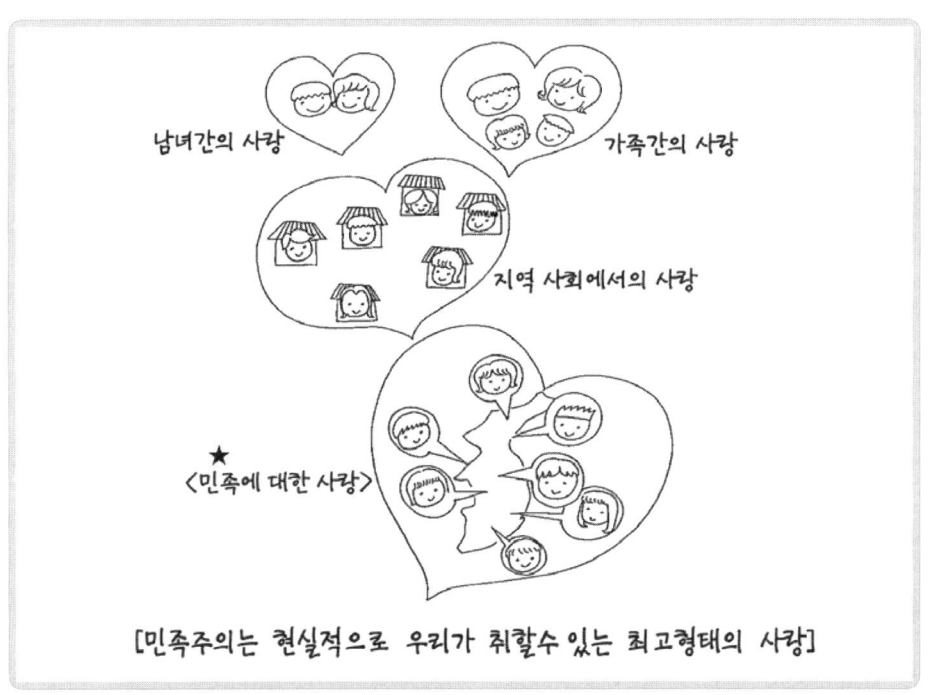

민족주의는 역사와 문화, 지역적 기반, 언어 등을 공유하는 사람들을

하나의 정치적 공동체로 묶는다.73) 신문명에 일찍 눈뜬 서양에서는 민족주의가 제국주의로 발전하였지만 제3세계의 민족주의는 저항적인 성격을 띠었다. 즉, 민족주의는 상반된 모습을 야누스처럼 다 갖고 있다. 그러나, 그 본질은 민족에 대한 애정이다. 한민족의 경우 이 민족의식은 우리 민족의 유구한 역사와 단절되어서는 만들어질 수 없다.

필자는 민족 모임체에 대한 사랑이야말로 우리 개인의 지식과 선한 마음을 모두 동원하는 최고의 형태라 믿는다. 우리는 선한 마음을 여러 모습으로 펼칠 수 있다. 그러나, 우리 한민족은 이웃과 이웃이 속해있는 민족공동체를 향하는 선한 마음으로 민족의 단결, 통일을 이끌어낼 수 있다.

그런데 한편 일상을 돌아보면 아직 우리는 민족분열, 국민간 이해상충을 잘 해결하지 못하고 있다. 안보행사, 보훈강연만으로 이를 해결할 수는 없다. 분열을 치유하려면 적극적이고 실질적인 노력이 있어야 한다. 우리는 혈연, 지연, 학연에 기초한 일차적, 비공식적 관계에만 지나치게 의존하고 있다. 이런 형태의 모임이 만들어낸 두터운 벽 때문에 교제생활의 네트워크도 분열되어 있다. 물론 혈연, 지연, 학연에 기초한 인연도 소중하다. 그러나, 여기에만 의존하면 사회통합에 장애가 되는 것도 사실이다.74)

우리 사회의 통합을 방해하는 원인에는 여러 가지가 있겠지만 사랑이 부족한 것이 가장 크다. 욕망은 본능에서 나오는 자연스런 감정이지만, 절제되지 않은 욕망은 화합을 방해한다. 여기에서 우리는 사랑의 동아리 또는 민족주의의 세례가 필요하다. 향후 남북통일이 된 연후에도 혼란스런 사회를 통합해내려면 사랑의 연습을 미리 해두어야 한다. 민족주의를 나쁘게 보는 사람도 있지만 보통사람이 사랑을 베풀 수 있는 가장 큰 현실 단위는 민족주의이다.

한민족 모임체를 모두 치면 현재 약 8천만 명 정도이다. 일본이나 중국, 러시아, 미국 등 초강대국과 비교하면 비할 수 없이 적다. 그런데 따지고 보면 8천만 명이라는 크지 않은 틀 안에서도 여러 의견을 두고 다툰다. 민족분단도 여기에서 왔다. 그럼에도 불구하고 우리는 하나라는 의식을 가져야 한다. 정치적 공동체로서의 한민족은 개인의 욕구충족, 행복감의 샘이 되어줄 큰 그릇이다. 이는 결코 개인의 이기주의, 지역감정, 사용자와 노동자라는 계급적 대립에 의해 훼손되지 말아야 하는 사랑공동체이다.

또, 한민족의 모임체는 형식적인 구호에 그치지 말아야 한다. 진정 사랑을 느끼며 사랑을 바치는 뿌리여야 한다. 민족이라는 틀 안에 있는 작은 대립과 분열, 이해관계의 충돌은 더 큰 이해관계의 욕구와 공감(共感)에 의해 치유된다. 우리가 민족이라는 공동체에 사랑을 할 때 작은 대립과 분열은 개성의 차이, 다양성의 흔적으로만 남을 것이다. 바로 보통사람들의 사랑의 조직화가 여기에서 이루어진다.

우리는 한민족의 모임체가 항상 아름답기만 하여서 사랑을 바치는 것이 아니다. 우리 삶의 시작이기 때문이다. 우리가 5천년 역사에서 항상 빛나고 아름답기만 하지는 않았다. 외부의 침략을 당하여 치욕으로 점철된 때도 많았다. 포악한 왕의 학정으로 온 백성이 도탄에 빠져 신음한 때도 있었다. 사화, 당쟁으로 파벌싸움이 극심하여 서로 중상모략하여 오히려 외적보다 더 적대한 치졸한 역사도 있다. 그러나, 나를 낳아준 부모가 아름답지 않아도, 남보다 못났더라도 감사히 여기고 공경해야 하듯 유구한 한민족 모임체도 그렇듯 피할 수 없는 존재이다.

생물학적, 심리학적으로 본다면 사랑의 바탕에는 욕구, 욕망이 전혀 없지 않다. 그런데 유한하고 세속적인 것을 욕구하는 것은 언젠가 그 밑바닥이 드러난다. 우리는 세속적이고 소멸할 수 밖에 없는 대상에는 불안을 느낀다. 현실이 녹록하지 않더라도 사랑의 힘을 빌어 비세속적이고 쉽게 소멸하지 않는 것을 찾는다. 사랑은 비록 잠재적인 욕망에 발을 딛고 있지만 헌신과 봉사, 연대의식으로 우리를 인도한다. 기독교나 불교 등 종교에서 설명하는 사랑은 같은 창조주에 의해 창조된 이웃 또는 같은 불성(佛性)을 지닌 타인이라는 생각에 터잡았다. 민족공동체에 대한 사랑은 이러한 사랑보다는 범위가 좁다. 그러나, 전체 인류를 똑같은 정도로 사랑하기 어려운 것이 현실적 한계라면 (물론, 우리는 이러한 방향으로 사랑을 실천하도록 노력해야 한다) 민족공동체에 대한 사랑을 실천하는 것은 크나큰 사랑의 그릇이다. 우리가 이웃 사랑을 8천만 한민족 사이에 실천할 수 있다면 나눔과 협조를 아끼지 않는다.

우리 사회는 자유민주주의 사회이다. 자유민주주의는 개인의 자유와 창의, 결단으로 이끌어지기에 경쟁을 토대로 하나 하나 발전한다. 그런데 경쟁에서 탈락한 사람을 보듬어 주고 위로하는 안정장치가 있어야만 한다. 자유주의 사회의 힘은 이 안정장치 위에서 생겨난 자발적 참여와 애국심에서 나온다. 이 애국심은 민족주의에 깊은 뿌리를 두고 영양을 섭취해야 한다.[75] 우리는 서구사회나 선진국가가 수 백 년에 걸쳐 이룩한 건국, 산업화, 민주화를 빠른 시일에 이룬 것과 같이 외래의 사상과 문화도 시간과 노력의 낭비 없이 빨리 소화해내야 한다. 민족주의의 순기능을 소화할 필요도 여기에서 나온다. 사랑을 베푼다고 하여 흘린 땀을 무시하고 모든 재산을 똑같이 나누거나 식량을 배급제로 하자는 것은 안된다. 이 공산주의는 사회 내 계급간 갈등투쟁을 통해 부를 나누자는 것이다. 인간 본성에 도저히 맞지 않는다. 또, 배급제로 하자는 사회사상은 자유로운 결단과 창조적인 활동 자체를 막으므로 근본적으로 잘못이다. 그에 반해, 민족주의는 매우 현실적인 사랑의 틀이다. 이것으로 인간에게 자연스런 자유의지와 귀속욕구를 묶을 수 있다. 그러니 한민족 민족주의는 평범한 한민족 개인이 베풀 수 있는 최고의 사랑이다.

12. 한민족 민족주의는 현실적 생존욕구에서 나오는 것

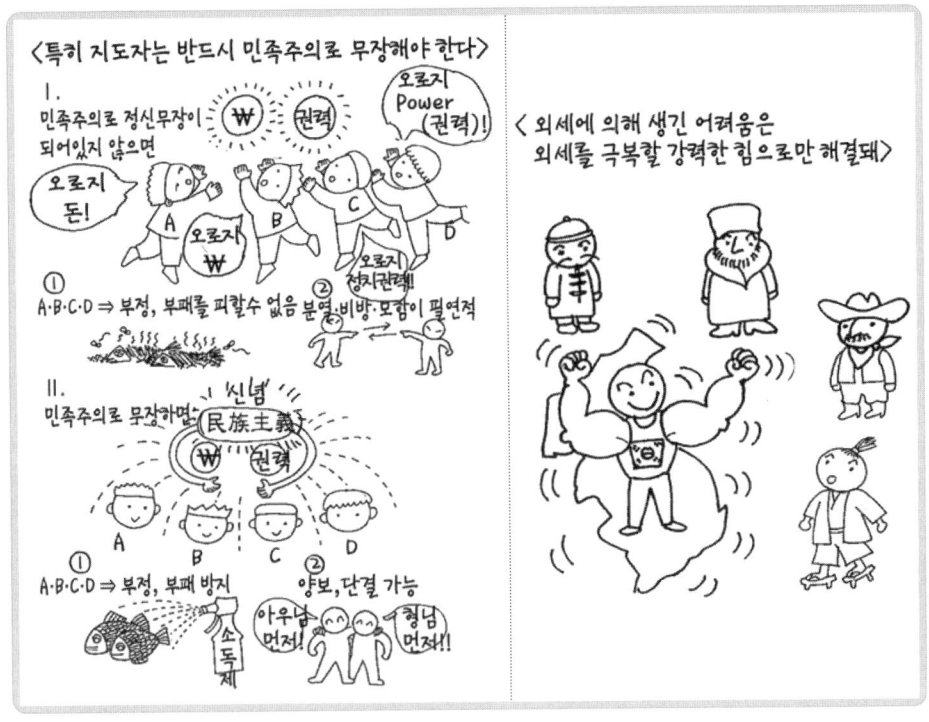

　한민족의 민족주의는 민족의 생존욕구에서 나온다. 민족주의가 본래 세계의 다른 나라에서도 큰 위력을 가진 이유는 그 구성원에게 강한 긍지를 심어주고 민족 단위로 형성된 문화, 즉 민족문화가 값으로 따질 수 없는 정신적 힘이 되기 때문이다. 무릇 돈이나 권력만으로 구할 수 없는 것이 사람의 마음이다. 세계화에 의해 아무리 부를 창출한다고 하여도 중국대륙의 팽창야욕, 인접 일본과의 끊임없는 생존경쟁 문제를 돈으로 해결할 수는 없다. 국내의 어떤 정파에서 정권을 잡든지 이 문제에서 벗어날 수 없다. 어찌 '민족'이 중요하지 아니한가?

한민족은 5천 년 역사 동안 거의 굶주린 배를 움켜쥐고 살아왔다. 그러나, 한 때 경제가 혁신적으로 발전한 시기가 있었다. 이 덕택에 허기를 면했다. 그러나, 이것으로 충분한 것이 아님을 이후 절감하였다. 자율적인 의식혁명 운동이 부재하였던 댓가를 30년 동안 톡톡히 치르고 있다. 지금 대한민국의 대학 등 지성계와 문화계는 좌파의 천국으로 변했다. 북한의 위협에는 거의 묵시적인 동조를 하고 대한민국의 처사에는 조금의 빈 틈만 있어도 비난의 화살을 꽂는다. 자발적인 의식의 진화없이 잘살기 운동(경제운동)만으로는 급진 좌파, 대한민국 부정사상을 견제할 수 없었던 것이다. 의식의 진화는 사랑을 매개로 하여 통합과 전진을 약속할 때 더욱 효과적이다. 여기에 바로 민족주의라는 체계화된 사랑이 요구된다. 우리가 경제건설의 물질 고양 운동과 함께 민족주의의 체화(體化)를 60년대부터 함께 도모했더라면 북한체제를 숭상하는 좌익, 국민분열을 부채질하는 좌파가 자라나지 못했을 것이다. 그 대신에 서구의 노동당, 민주당과 같은 의회중심주의의 건전하고 합리적인 좌파가 우파를 견제하는 성숙된 민주주의의 기초가 만들어졌을 것이다.

　사랑하는 것이 대등한 교역관계로 되는 인간관계도 있다. 그러나 한민족에 대한 우리의 사랑은 한민족 구성원이 대가없이 조건도 없이 우리의 의지처를 존중하고 보듬는 것이어서 어떤 이욕적인 교역관계가 아니다. 이렇게 우리가 한민족 공동체를 사랑하게 될 때 교역관계를 전제함이 없이 민족의 발전, 영광을 바라는 것은 극히 당연하다. 이 사랑으로 맺어진 공동체의식은 현재의 상태에만 만족하지 않는다. 현재

보다 나은 내일을 지향하고 가난과 고난에서 벗어나고자 미래지향적인 추구를 멈추지 않는다. 양보와 전진을 목표로 하는 생존욕구로 뭉쳐진다. 이 '생존욕구'가 바로 현재 상태에 만족하지 않는 역동성, 미래지향성의 뿌리가 된다. 오늘의 국민생산, 사회복지, 창조적 역량에 만족하지 않는 에너지원이 그 속에 있다. 어떤 개인이든지 지금보다 더 나은 목표를 추구하고 상승하는 삶을 원한다. 그렇다면 민족에 대한 사랑은 개인의 역동적 생산활동과 국민적 지향성과 일치해야 한다.

1990년대 들어와 본격화된 전지구화론 및 시민사회론은 기존의 민족주의라는 하나의 지배적 이데올로기를 비판했다. 민족주의는 한국사회에서 신기하게도 우파와 좌파 양쪽으로부터 집중적인 공격을 받는다.[76]

그런데 현실적으로 민족주의, 민족 정체성을 해체하고 폐기하는 것이 가능한가?[77] 민족을 해체하고 폐기한 후 세계시민으로서의 정체성이 어떤 식으로 될 것인지?[78] 구성원에게 자긍심을 심어주는 강력하고, 다양한 민족문화는 값으로 따질 수 없는 재산이다.[79] 어찌 이 귀한 유산을 버리고 고아원, 양로원 방문만으로 이웃사랑을 실천한다고 할 수 있는가?

우리가 세계화를 받아들이는 것은 좋지만 먼저 우리 자신이 누구인지를 알아야 한다. 이것이 자기 사랑의 출발점이다. 우리 자신의 정체성을 분명히 알지 못하면서 외래 문물, 문명에 대해 관용하라고 하는 것도 우스운 일이다. 이는 아무 목표도 없이 누구와도 사이좋게 지내라고 말하는 것과 같다.

민족주의는 비합리적인 정신사의 잔재가 아니다. 우리 한민족의 의식 깊숙이 자리하는 억눌림과 한의 정서에 닿아있다. 한민족의 공동운명의식은 한 사람 한 사람 개인을 연결해주는 끈이다. 모든 개인은 개별성을 지니지만 이 끈에 의해 공동 귀속성도 가지게 된다. 한민족 모임체 안의 누구라도 개인의 주인됨을 느낌과 동시에 민족의 공동성, 푸근함을 누릴 수 있는 것이다. 필자는 주로 민족공동체를 꿈꾸고 있지만 자기 민족을 사랑할 줄 아는 사람이라면 배타적 민족주의자가 아닌 한 다른 민족도 사랑하고 인류애도 실천할 줄로 믿는다. 우리가 지향하는 민족모임체는 매우 현실적인 것이지만, 배타적인 민족주의가 아니므로 인류 동포주의에로의 길은 항상 열려있다. 암울한 일제시대 3.1운동이라는 민족운동을 하면서 기미독립선언서에 "사해동포주의(四海同胞主義)" 정신을 집어넣었다. 그러나, 민족에 대한 사랑의 문턱도 채 넘지 못한 상태의 "사해동포주의"는 매우 비현실적인 것이었다.

민족에 대한 사랑, 다른 사람에 대한 관용을 말할 때 이것이 사리판단의 눈을 멀게 하여 정의(正義)에 벗어나지 않을까 걱정되기도 한다. 이는 우리가 희원하는 민족주의가 아니다. 필자는 인간성이 메말라가는 현실에서 사랑의 따스한 입김을 불어넣자는 것이지, 결코 정의(正義)가 후퇴할 것을 바라지 않는다. 우리가 민족 공동체 안에서 사랑을 욕구하는 것은 그 사랑만이 다른 사람과의 사이에 놓여진 두텁고 차가운 벽을 녹여내리는 용광로이기 때문이다.

현재의 북한 핵무기 위협, 미사일 공격 위험을 제거하기 위해서라도 그러한 전쟁위협이 민족주의에 반하는 것임을 밝혀나가야 한다. 그 위협은 대다수 북한동포의 의사와는 다른 것이고 대한민국 전국민이 용납하지 않는다.

우리 민족의 공동체성을 강조하고 한 사람 한 사람의 결속, 협조를 강조한 결과 우리 민족공동체의 힘이 강화되고 남과 북이 하나로 얼싸안는 통일의 계기를 이 위기의 순간에도 준비해야 한다. 민족공동체는 개인 하나 하나를 뜯어서 산술적으로 더하는 것보다 더 큰 힘을 낼 수 있다. 이것은 연대효과(시너지 효과)이다. 우리는 부수적으로 얻게 되는 이 연대효과를 죄악시하거나 두려워할 필요가 없다. 이 연대효과에서 나타나는 한민족의 고양된 에너지는 한 개인 개인이 이룩할 수 없는 통일을 가져올 수 있다. 아시아의 번영, 나아가 세계의 평화, 복리에도 기여할 수 있다. 이 한민족 민족주의는 한민족의 생존욕구에서 나온 매우 현실적인 요청이다.

13. 우리 역사와 헌법에는 민족주의의 피가 흘러

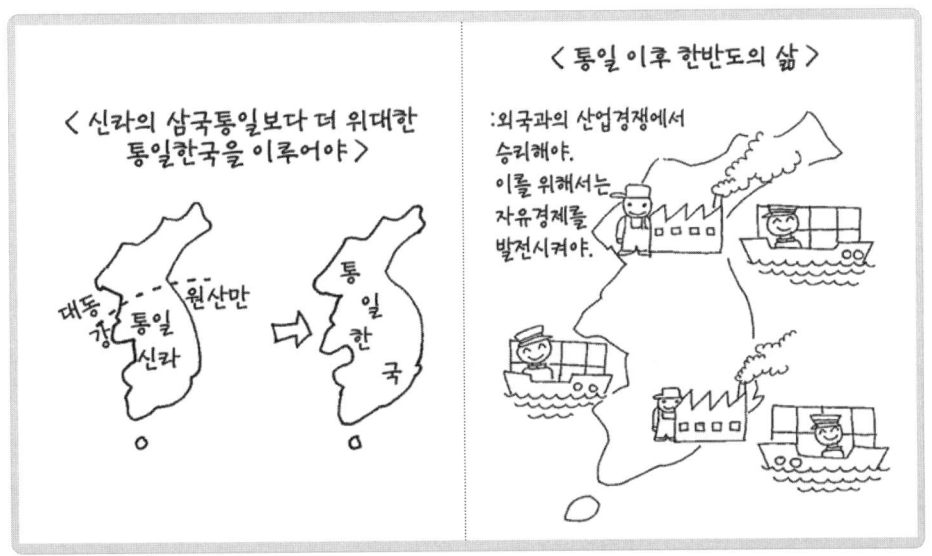

우리가 아무리 부정하려 해도 인류역사에서 민족이라는 관념이 생긴 것은 어쩔 수가 없다. 한반도, 만주 등지에서 수 천 년을 살아온 우리도 같다. 자식의 출현과 번식 차원에서 같은 무리(同類)임을 알게 되고 이를 언어로 표현하며80) 오랜 기간에 걸쳐 이 의식을 발전시켜 왔다. 이는 원시 모계 또는 부계 사회, 부족사회, 친족 공동체, 한 나라의 백성이라는 생각으로 연결되었다. 고조선과 삼한사회, 삼국시대, 고려시대, 조선시대를 거쳐 오늘날 한반도에 뿌리박은 집단 정체성이다. 우리 고유의 학문, 예술, 문화내용은 민족문화에 대한 애정의 뿌리이다. 우리 후손들은 그 인식 과정에서 민족적 자의식을 터득한다. 자신의 정체성을 고립된 개인의 고독감으로서가 아니라 한민족 구성원으로의 자부심과 의무감으로 승화시키는 것이다. 우리가 민족이라는 집단적 정체성을 추구하지 않을 수 없는 이유는 (ⅰ) 첫째, 우리 민족은 5천 년 동안 대체로 소수자 또는 약자(弱者)로 살아왔고 강대국에 둘러싸인 지정학적 위치에서 지금도 그러하기 때문이다. 그리고 (ⅱ) 둘째, 분단국가로서 반드시 통일을 이루어야 한다는 숙명적 현실에 직면해 있기 때문이다.

우리는 세계에서 가장 오랜 단일 민족의 역사를 지니고 있다. 5천 년이라는 유구한 역사에서 단일민족의 긴 역사를 가지고 있었음은 국난을 당할 때 위기를 이겨낸 원동력이었다. 또, 외래문화가 전통문화를 위협할 때에도 창조적으로 수용한 배경이 되었다. 그러나, 조선의 봉건국가 때까지만 해도 민족주의를 강조할 필요가 없었다. 닫힌 사회에서 우리끼리만 살아왔기에 우리 삼한의 민족이 하나라는 의식은 굳이 강조할 이유도 없었기 때문이다. 민족의식이 근대적인 체계를 갖춘 것은 구한말 국난을 당하면서부터이다. 이는 크게 위정척사사상, 개화사상, 동학사상이었다.

첫째의 근대적 민족주의 운동은 위정척사운동이다. 이는 서양과 일본의 침략에 저항하여 우리의 정체성을 수호하려는 것이었다. 조선의 양반유생들이 우리나라를 소중화(小中華)로 보고 서양과 일본의 무리를 몰아낸다는 것이었다. 그러나, 중국 중심의 세계관에 안주했다. 기득권인 조선 봉건사회의 이익에 집착했다는 맹점도 있었다. 유생들이 지키고자 한 질서는 정의(正義)의 질서가 아니라 자신들만의 지배질서였다. 이는 역사의 대의가 될 수 없었다.81) 특히 큰 잘못은 대원군에게 쇄국정책의 근거를 제공하고 근대화를 외면하게 한 것이다. 자연스레 개화사상과의 충돌이 일어났다. 다만, 당시의 유생들 중에도 점차 개화에 참여하고 근대문물 수용을 주장한 선각자도 나타났다(유인석 등).

둘째는 구한말의 개화사상이었다. 이 운동은 정신적 뿌리를 17, 8세기의 박지원, 박제가, 홍대용 등 북학파 실학사상에 두고 문호개방, 부국강병을 주장했다. 수구파인 위정척사사상을 비판하며 중국 중심의 소중화사상에서 벗어나 독립해야 한다고 하였다. 초기의 개화사상은 '문명개화론'으로 진전되면서 한편에서는 '부국강병'에 입각한 '민족적 독립', 다른 한 편에서는 양반제도의 폐지와 입헌군주정의 확립을 통한 '국민적 통합'을 지향하였다.82) 이는 청장년층을 중심으로 한 매우 행동적인 그룹이었다. 후일 갑신정변을 주도했지만, 미숙한 준비로 실패하고 말았다.

그러나, 그 정신은 살아남아 갑오개혁 등 행정개혁에 반영되었다.

셋째의 근대적 민족주의 운동은 동학운동이었다. 양반 계층의 주도적인 개화, 개혁운동이 실패한 가운데 경상, 전라, 충청 지방 중심으로 한 종교운동, 정치운동이었다. 이는 반외세의 정치군사운동으로도 발전하여 청일전쟁의 도화선이 되었다. 농민층이 주도가 된 동학사상운동은 민족의 주체성을 바탕으로 서세의 침략을 반대하고 봉건주의 양반사상도 배격했다는 점에서 개화사상과도 달랐다. 우리를 침략한 일본과 서양세력도 배격하지만 백성을 괴롭히는 관아 양반계층에도 항거한 이중적인 성격이 있었다. 이러한 성격 때문에 외세의 공격과 조선왕조의 탄압이라는 고초가 동시에 따랐다. 이는 조선왕조의 허약함을 그대로 드러내는 계기가 되었다. 동학운동의 개혁사상도 개화사상처럼 갑오경장의 개혁안에 많이 반영되었다.

구한말부터 일제까지의 민족주의 운동가 중에는 특히 박은식의 사상이 돋보인다. 구한말 박은식의 민족주의는 사회진화론을 수용하면서도 약소국의 입장에서 이를 어떻게 적절히 활용할 것인가에 대한 고민을 보여준다. 유학자 박은식은 1890년대 후반 조선이 처한 세계적 정세가 '우승열패(優勝劣敗)'의 생존경쟁 구조에 의해 필연적 법칙성을 가지고 움직여지고 있다는 인식에 빨리 눈을 뜬 선각자였다.[83] 즉, 그는 우승열패(優勝劣敗), 적자생존(適者生存)의 국제질서 안에서 한국이 외세의 지배로부터 국가의 주권과 독립을 수호하기 위해서는 국력강화책인 '교육'과 '식산(殖産)'의 증진인 '자강(自强)'을 통해 국가를 재건해야 함을 주창하였다.84) 이는 지금도 대외적으로 중국, 일본 등의 위협을 제압하고 대내적으로 민족통합을 이룩하려는 우리에게 큰 시사를 한다.

구한말 이후 또다른 민족주의 흐름은 일제 주권침탈기의 운동이다. 일제가 대한제국의 주권을 강탈한 이후 민족주의 운동은 개인적인 저항운동에서 농민 중심의 무장봉기로 나타나다가 을사조약, 정미조약을 계기로 의병무장운동으로 발전했다. 그 후 3.1 운동을 계기로 일제가 문화통치, 민족말살정책을 실시하자 민족운동 진영은 중국 상해에 임시정부를 구성하고 조직적인 독립운동을 폈다. 이 시기에는 세계적으로 민주주의, 민족자결사상이 보급되는 때여서 정치적 민족주의, 경제적·사회적 민족주의를 추구하였다.85) 이러한 배경에서 물산장려운동, 소작쟁의, 노동쟁의, 참정권 확대, 민립대학 설립운동이 일어났다. 그러나, 1931년 만주사변을 계기로 만주의 독립운동세력이 쇠약해지고 한반도는 대륙침략을 위한 물자조달의 기지로 전락하고 말았다. 문화적으로는 민족말살정책이 감행되어 겨우 조선일보, 동아일보의 언론운동, 한글학회 운동, 농촌계몽 운동의 형태로 민족주의 운동의 명맥을 이어갔다. 이후 해외의 독립외교운동과 산발적인 무장투쟁이 있었으나 일제의 물리력과 세계사의 거대한 흐름 속에 상대적으로 제약될 수 밖에 없었다. 그들은 여러 가지 악조건 속에서도 노령 연해주와 중국 대륙, 미주 등 각지에서 각 정치세력과 연합전선을 형성해 독립운동을 전개했다. 그러나, 카이로 회담, 얄타회담 그리고 모스크바 3상회의(1945. 12) 등에서 한반도의 전후 처리 문제에 우리 민족의 결합된 대표의사를 반영시키지 못했다. 이로 인하여 국토분단과 민족분열의 위기를 방지할 기회를 상실했다.86)

우리의 민족주의 전통에는 해방 후의 운동도 있다. 2차 세계대전이 끝나고 일제로부터 해방은 되었으나 우리 민족 독자의 힘으로 해방을 얻은 것이 아니므로 그 대가는 가혹하였다. 남과 북이 우리의 의사와는 관계없이 분단되고 미국과 소련의 냉전구도에 갇히게 되었다. 7세기 신라가 삼국을 통일한 이래 한민족이 나뉘어지는 최대의 위기가 도래했을 뿐만 아니라, 북한의 공산주의자와 소련은 한반도의 완전한 점탈을 위하여 한국전쟁을 도발하였다. 우리에게는 민족주의의 피가 연면히 흐르고 있다. 그러나, 국토는 분단되고 6.25 남침을 겪었을 뿐만 아니라 지금도 북한으로부터 핵전쟁 위협을 당하고 있다. 연면한 뿌리를 가지고 있는 우리의 민족주의는 이러한 전쟁위협을 제거해야 한다. 그리고 한민족 민족주의는 분단을 극복한 위에서 반드시 통일로 나아가야 한다. 이 통일은 신라의 삼국통일보다 더 위대한 통일한국을 이룰 것이다. 통일한국은 우리 모두를 가난, 지역감정, 이념분쟁에서 벗어나게 하는 기폭제가 되어야 하고 세계만방에 강국(强國)으로 우뚝서게 해야만 한다.

민족주의는 또한 우리 헌법을 지지하는 강력한 이데올로기의 하나이다. 우리가 그토록 염원하던 독립국가의 건설에 임하는 마당에 우리의 민족주의가 우리 헌법의 이곳 저곳에 표출되어 있으리라는 점은 쉽사리 상상할 수 있다. 실제로도 대한민국 헌법은 대한국민의 민족(국민)주의 문건이라 할 만하다. 보통 다른 나라의 헌법 전문(前文)은 헌법의 연원인 국민, 신(하느님), 기타를 서술한다. 그런데, 우리 헌법 전문(前文)은 "유구한 역사와 전통에 빛나는 우리 대한국민은 3.1운동으로 건립된 대한민국임시정부의 법통과 …조국의 …. 평화적 통일의 사명…동포애…민족의 단결을 공고히 하고…… 우리들과 우리들의 자손의 안전.. 제정되고… 개정하다"라고 하고 있다. 이것은 바로 한국 국민의 민족주의의 표현이다. 헌법에 민족의 상징인 國旗(독일기본법 제22조등), 국가, 國花, 상징적 동물, 수도 등을 규정하는 나라도 많다. 그러나, 우리 헌법은 영토조항을 두었다(제3조). 한반도와 그 부속도서가 신성불가침의 한민족의 터전임을 말했다. 이는 우리 헌법이 민족주의의 중요한 내용에 터잡은 것을 보여준다.87)

14. 국민통합을 하려면 민족주의가 꼭 있어야

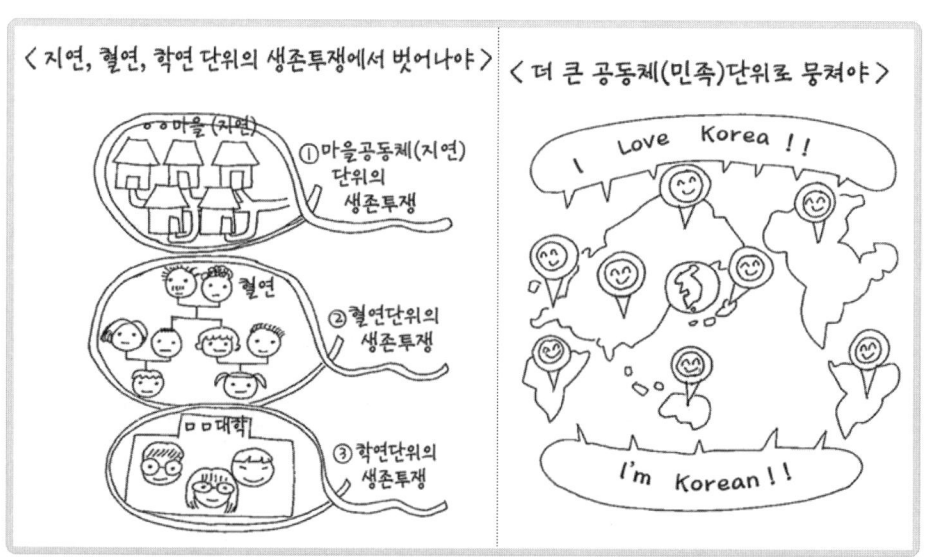

우리는 짧은 시간에 급하게 나라도 세우고, 경제건설도 하고, 민주화도 해냈다. 그리하여 외국 어디에서도 대한민국을 기적이라고 말한다. 참으로 자랑스럽다. 그런데 기적에는 어두운 골짜기, 부작용이 없을 수 없다. 예컨대, 계층간의 갈등, 지역감정의 골, 세대간의 골이 커졌다. 그러나, 이런 때일수록 국민 사이에 공유하는 생각이 있어야 한다. 이것이 없으면 분열한다. 필자는 민족주의라는 공동제단(共同祭壇)이야말로 이념갈등, 지역주의, 종교간 갈등, 세대갈등을 해소하는 성소(聖所)요 해독제일 것으로 본다. 특히 우리 사회에서 지역주의(지역감정)는 중요한 갈등요인이다. 이는 우리 사회의 여러 중요한 정치적 사건들이 지역주의를 배경으로 한 것이었기 때문이다. 특히 선거 때만 되면 지역주의가 표심을 크게 좌우하곤 한다. 왜 이처럼 지역주의가 기승을 부릴까? 필자는 이 원인을 지식인들의 국민단결, 국민통합에 대한 무관심과 민족공동체에 대한 몰이해 때문이라고 본다.

우리 사회가 근대화되면서도 촌락공동체의 잔재를 완전히 벗어버리지 못하였는데 우리 지식인들은 국민통합의 원대한 포부를 실천하지 못하였다. 오히려 출신지역 위주의 지역주의에 매몰되거나 편승하고 말았다. 또, 국민을 통합하기 위해서는 '민족'공동체를 반드시 전제해야 했는데 60년대, 70년대, 80년대에 이르기까지도 이 점에 대한 안목이 부족했다. 우리 사회의 구조는 1차집단에서 2차집단으로 급속히 재편되고 있었는데도 2차집단에 속한 개개인의 '마음의 고향'을 찾아주지 못하였다. 2차집단이 한국사회에서 점점 더 비중을 늘려갔음에도 아노미 현상을 극복하지 못했다. 중요한 이권(利權)의 귀속, 의사의 결정이 1차집단, 연고위주로 되어 국민분열 현상이 나타났다.

누구나 출신지역에 대해 애착을 갖는 것은 자연스럽고 본연적인 감정이다. 그러나, 이것이 국민적 통합을 가로막는 장애가 될 때는 이 감정을 합리적으로 조절해야 한다. 어떤 사람이라도 자신의 기득권을 지키려 하거나 타인이 선점한 고지를 탈취하려 할 때 혈연, 지연, 학연의 기반을 강화하려고 한다. 어떤 그룹이 지역주의에 의한 이권배분, 의사결정을 하면 그 상대방 진영에서도 그에 대응하여 뭉치게 된다. 능력의 유무나 정책의 건전성을 따지기보다 같은 지역인지 아닌지를 우선적으로 따지려들면 사회전체의 동력을 상실시킨다. 이를 조절하는 방패망이 있어야 한다.

전근대적인 농어촌, 산촌의 유습(遺習)에서 벗어나지 못한 탓이다. 혈연, 지연, 학연 앞에서 이성이 멈춰버리는 일은 한민족 전체에 불행한 일이다. 더 큰 단위의 생존경쟁 현실(중국, 일본, 러시아, 미국 등과의 무한 생존경쟁)을 알지 못한 채 작은 경쟁에만 몰두함은 어리석은 일이다.

지역주의에는 언제나 자신의 지역에 대한 이기적 욕구가 숨어 있다. 이런 국가분열적 욕구, 욕망이 잘못임을 지적하고 정책의 우열로 승부를 걸게 유도했어야 한다. 한 지역에 신공항을 유치하면 다른 지역에는 중요한 공기업을 유치하게 하는 등 균형발전 방안을 마련하는 것도 지역주의를 희석시키는 방안이라고들 말한다. 그러나, 브레이크 없는 자동차처럼 지역이기주의가 걷잡을 수 없게 되면 전국의 모든 지역이 다른 지역과 출혈경쟁을 해야 한다. 이러한 이권 나눠먹기는 너무나 소모적이다. 바로 이런 점은 우리 민족의 역량을 소진하는 것이고 통일의 여건 마련에도 불리하다. 이런 일을 현실 정치가에게만 맡기기에는 현실정치가는 너무나 이욕적(利慾的)이고 타산적(打算的)이다. 지식인들이 나서서 이를 막아내야 한다. 사실 지식인들조차 자신의 출신연고(지연)로부터 전혀 단절될 수 없지만, 상대적으로 자유롭게 생각하고 현실적 이해관계가 적다. 그러니 소명의식을 지녀야 한다. 모든 국민들은 열정을 가지고 이 일에 참여해야 한다. 지역주의보다 민족주의가 더 많은 행복을 기약함을 믿어야 한다.

 통일을 이루기 전, 지금 우리가 노력하지 않고 미룬다면 훗날 누가 하는가? 다행히도 아직은 우리 사회의 지역감정 수준은 타 지역을 미워하는 감정보다 출신지역에 대한 애착심이 강한 정도에 머무르고 있다.[88] 이런 정도의 지역주의에서 멈추거나 약화된다면 우리 사회의 건전성을 지킬 수 있을 것으로 낙관한다. 특히 지역주의가 팽배하게 되는 시기가 선거시기라는 점에서 지역적 기반보다 민족적 기반이 훨씬 큰 이익을 가져다줄 것으로 유도하고 호소할 가능성이 많이 남아 있다. 평소의 지역간 교류, 학술대회 등이 매우 성공적이고 다른 지역 출신 사이에서도 개인적 교분에 전혀 장벽이 없다는 것은 고무적이다. 사실상 지역주의는 우리나라만에 존재하는 것이 아니다. 세계 어디서나 나타나는 현상이다. 그 원인을 잘 살펴 치유책을 마련하는 임무가 우리에게 주어져 있을 뿐이다.

 지역주의는 사회를 분열시킬 해악이 있다는 점에서 우리는 이를 지양하고 승화시킬 무언가를 찾아내야 한다. 지역주의, 지역감정을 대신

할 귀속 준거점이 필요하다. 필자는 이를 한반도의 위기의식을 공유하는 민족주의 밖에 없다고 믿는다. 혈통주의, 국가주의 등에 기댈 수 없다. 연고주의에 기인한 지역의 동질성이 별 가치없는 것, 공허한 허위의식임을 깨우쳐야 한다. 동향(同鄕), 동창(同窓)이 개인의 자유로운 발전과 번영에 별 도움이 되지 않는다는 것, 시혜적이고 일시적인 자리 배분이 상대방의 반발만 불러온다는 것은 이미 수 십년 간의 우리 경험으로 터득한 바이다. 문제는 이런 경험과 각성이 개인적 인식에만 머물러 있다는 것이다. 지역주의의 집단으로 뭉쳐지면 개인적 성숙, 인식, 경험을 무너뜨리고 동물적인 대결의식만 남는다. 지역간 체험학습, 문화교류 등 행사도 기획될 수 있다. 그러나, 근본적인 해결책은 작은 지역을 단위로 하는 이익보다 민족단위의 이익이 훨씬 크고 지속적이며 안정적임을 증명해 보여주는 것이다. 즉, 민족주의라는 큰 그릇이 더 큰 이익을 국민에게 가져다줌을 알리는 것이다.

지역색에서 벗어나게 하는 가장 유용한 탈색제(脫色劑)는 민족적 요소를 공감하게 하는 것이다. 지역주의의 상위 단계인 민족주의는 한반도 남단을 세분시키는 지역주의의 편협함을 막는 방부제이다. 또, 미시적인 '마을 단위'의 이익보다 거시적인 '민족 단위'의 이익을 제시하는 밝은 빛이다. 우리나라의 동서 지역은 중세 유럽에서 나타난 동서 지역주의(1054년의 동서교회의 종교분리)에 비할 때 이념적, 문화적, 인종적, 종교적 관점에서 동질적이라는 점에서 큰 희망을 준다. 비잔틴 시대의 동서교회 지역주의는 제국의 영토분할지배 정책, 제국의 법과 세계 관념론, 황제의 케사르주의와 로마 교황청의 신의 대리자론의 대립, 교황선출과 폐위에 관한 황제의 개입과 만국 종교회의 개최문제와 토론내용에 관한 황제와 로마 교황청간의 주도권 쟁탈, 교회 통합을 위한 이단문제처리에 대한 관점 차이, 성상파괴논쟁, 시칠리아와 남부 이탈리아, 불가리아 영역을 둘러싼 정치적 경쟁 등 너무나 큰 차이가 있었다.[89] 그에 비할 때 우리나라의 지역간에는 거의 아무런 차이도 느낄 수 없다. 만약, 우리 대한국민이 모두 민족주의자로 된다면 혈연, 지연, 학연에 대한 1차적 충성을 거두어들일 것이다. 그 대신 한 민족 전체에 대한 큰 애착을 지니게 된다. 그리하여 민족 공동체의 이익에 반하는 온갖 부정부패와 불공정, 파벌의식, 지역감정을 멀리할 것이다. 그러니 국민통합을 하려면 민족주의로 무장해야 한다.

15. 지역주의는 작은 정치고리가 원인, 민족주의가 치료제

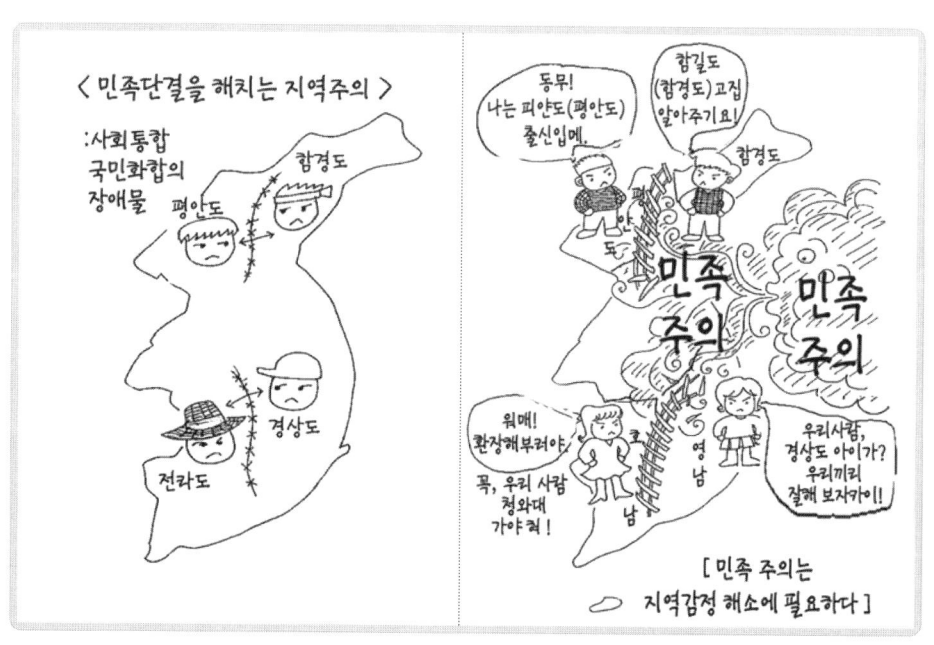

삼국시대, 고려시대, 조선시대에 이르기까지는 지역주의, 지역감정이 심하였다는 기록을 찾기 어렵다. 단지 중앙집권체제로 인한 서울과 지방간의 갈등이 크게 있었을 뿐이다. 조선시대 동인·서인간 분란이 있었다 해도 지배층 사이의 갈등이 일반 민중들에게까지 확산된 것은 아니었다.[90] 지금 우리나라의 지역주의가 배타주의에 빠진 데는 정당과 선거라는 작은 정치고리에 큰 책임이 있다. 민주주의를 하자고 정당이 만들어지고 선거가 실시되는데도 오히려 이 제도가 지역을 기반으로 한 배타성의 뿌리가 되고만 것은 실로 아이러니이다. 우리나라의 정당이 정책과 이념 중심으로 활동하기보다 인물 중심의 지역색을 띠게 되자 정당간의 경쟁은 지역간의 정권 쟁탈전으로 변모하고 선거는 그 수단으로만 전락하였다. 지역정당은 유권자들의 '지역적 결집'을 통해 지지기반을 더욱 공고히 한다.[91] 선거에서는 승자와 패자가 확연히 구분되고 2등은 패자로 될 뿐이어서 양보가 없다(제로섬 게임으로서의 선거). 또 정치적 혜택이 어떻게 배분되느냐가 지역집단의 결집 정도에 엄청난 영향을 미친다. 즉, 권력이라는 달콤한 사탕이 어떻게 지역에 주어지는가에 따라 지역주의가 기승을 부리기도 하고 잦아지기도 한다. 대통령 후보자, 국회의원 후보자 등 정치가들은 이러한 추세에 편승하거나 부추겼다. 지역주의가 일정한 정도에 그친다면 크게 문제되지 않을 수 있지만, 선거 판세에 결정적으로 영향을 미칠 정도라면 심각하다.

우리나라의 정당들은 정책의 차이도 뚜렷하지 않고 정책내용도 매우 부실하다. 그리하여 선거는 지역주의에서 벗어나지 못한다.[92] 정치와 선거의 과정, 결과로 지역주의가 더 심해진다면 정당 구조를 바꾸어야 한다. 지역에 기초한 정당의 편협함, 국가·민족이라는 큰 집에 부합하지 않는 좁은 마을 단위의 생존투쟁에서 벗어나야 한다. 앞으로 우리의 정당은 이념, 정책 위주로 바뀌어야 하고 지역적 다양성이 장려되어야 한다.

사실 지난 날의 정치에서는 지역주의가 이토록 심하지 않았었다. 예를 들면, 전남 광양군 출신의 조재천이 대구에서 경북지사와 3, 4, 5대 국회의원을 지내고, 부산 출신의 강성주가 목포에서, 경남 산청군 출신의 이필호가 전남 광주에서 3, 4, 5대 국회의원을 지냈다. 또, 4.19 직후에 실시된 7.29총선에서도 경북 출신의 엄민영이 전북에서 참의원으로 당선된 적이 있었다.93) 한 연구에 의하면 지역주의를 극복함에 있어서 권력엘리트가 '지역'에 사로잡히지 않거나 그가 '지역주의'를 벗어나 해양문명, 동맹확보지향, 자유민주지향을 했을 때 지역간 대립이 우리 헌정사에 거의 문제되지 않을 정도였다.94) 만약 지역주의가 지역갈등, 대립으로 이해된다면 어떤 정권이 탄생하여도 '특정 지역의 정권' 성격에서 벗어날 수 없다. 이런 정부는 대표성을 인정받기 곤란하다. 선거 등 민주적인 절차를 통하여 정부가 탄생하였을 때 그 정부는 전체 국민을 대표하는 것으로 인정받아야 한다. 만약 그렇지 않게 되면 민심이반이 커지고 나라를 이끌어나갈 수 없다. 김영삼 정부, 김대중 정부, 노무현 정부에 이어 이명박 정부에 대한 비판은 정책 타당성에 대한 옳고 그름의 언쟁도 있었다. 그러나, 그 대표성을 인정하기 싫어한 '이반(離叛)된 일부'의 민심도 작용했다. 이는 그 정부 자체의 곤란을 넘어서 국민 공동체 전부의 불행으로 된다.

누가 정권을 담당하더라도 '지역주의'의 벽을 넘지 못하는 한 이러한 정당성의 시비고리를 끊기 어렵다는 것은 우리 한국인, 한민족 모두의 불행이다. 문민화된 정부에 대해 수많은 국민들이 기대를 걸고 영광스럽고 풍요로운 나라로 이끌 것을 바랐다. 그러나, 민주화 이후 우리가 직면한 큰 장애물은 바로 '지역주의'라는 거대한 공룡이었다.

역대 문민정부 자신도 '지역편향주의' 인사를 무수히 단행함으로써 지역주의를 극복하려하기보다 자신을 탄생시킨 지역주의라는 공룡을 오히려 키워주는 잘못을 범했다. 국민을 설득하지 못하고 통합하려고 노력하지 않는 지도자는 진정한 지도자가 아니다. 생각건대, 지금의 지연에 얽매이는 인식 구조에서는 어떤 대통령 선거, 국회의원 선거를 거치더라도 참된 대표성을 인정받기 어렵다. 우리 손으로 뽑았지만 '우리' 대통령, '우리' 국회의원이라고 부르기 싫어하는 적지 않은 유권자 군(死票집단)을 만들어내고야 만다. 이런 사정에서는 나라를 이끌어나가는 동력은 떨어진다. 대통령과 국회, 정당이 하는 일에 잘 잘못을 따지지 않고 무조건 반대하는 안티(anti), 비토(veto)그룹이 나올 수 밖에 없다.

지역주의가 지역균열 구조로 빠져드는 것은 간단치 않은 장애물이다. 지역 균열에 기반을 둔 지역정당간 경쟁구조에서는 책임정치도 어려워진다.95) 어떤 개인이나 집단이 어느 정당(A정당)이 선거에서 이길 때 자신에게 심각한 불이익이 생긴다고 생각하면 무조건 반대정당(B정당)에 지지표를 던진다. 이 반대정당은 '잘 해서 표를 받는 것이 아니라 상대방이 싫어서 득표하는' 셈이다. 여기에서 B정당은 책임지고 일을 잘 하려 하기보다는 자신의 지지자를 더욱 더 지역주의의 사슬에 묶어두려 한다(책임정치의 실종). 이런 현상은 모두 작은 '마을(지역)'의 이익에 매몰되기에 벌어지는 일들이다.

지역주의가 횡행할 때 정치를 구체화하는 관료들도 업무를 열심히 하여 평가를 받으려하기보다 지역의 유력한 보스의 눈에 들기 위해 애쓴다. 또, 다른 정당이 집권하면 지능적인 사보타지(怠業)를 한다.[96] 과도적으로는 집권정당이 달라지더라도 정무직 공무원의 비율, 정당 후원금의 비중이 지역을 기준으로 크게 변하지 않도록 현실 정치가들이 노력해야 한다. 이와 같이 단기적·장기적으로 '지역주의'의 폐해를 극복하려고 노력할 때만 지금 절름발이로 기능을 잃고 국민분열에 신음하는 한국의 민주주의도 올바른 궤도에 오를 수 있다. 지역주의를 극복하기 위해 고위 공직자에 대한 인사청문회 실시, 객관적인 직무평가 시스템 도입을 통한 합리적 인사제도 마련, 반(反) 차별위원회 설치를 통한 감시·감독도[97] 약간 도움은 될 것이다. 그러나, 근본적으로 의식이 바뀌지 않는 한 어떤 신선한 제도도 곧 부패하고 만다는 진리를 우리는 안다. 지역주의 의식을 근본적으로 바꾸는 치료제는 민족주의 말고는 없다.

16. 민족주의는 종교간 관용, 세대간 이해에도 필요

[민족주의는 종교간 화해에 필요하다]

　민족주의는 종교간 관용(寬容), 세대간 이해(理解)를 더하기 위해서도 긴요하다. 한 국가나 사회 내에서 정치적, 경제적 이해관계를 둘러싼 지역주의는 비록 큰 문제로 보이지만, 종교간 대립보다는 해결이 쉽다. 왜냐하면 종교간 대립은 자아 정체성을 둘러싼 것이고 인간의 내면에 깊숙이 자리잡은 각인(刻印)간의 대립이기 때문이다. 공통의 이념이 사라진 곳의 종교간 대립은 종종 극한적인 투쟁을 낳는다. 종교간 대립은 폭동을 유발하는 감정적이고 직접적인 충돌을 낳는데다 그 충돌사건에 대한 적대적 교리해석이 가미되기 때문에 지역간 대립보다 훨씬 심각하다.98) 종교간 분쟁시 적대의식은 쉽게 해소되기 어려운 교리차이에 기인하므로 분쟁해결은 극히 어렵다.

구 소련영역이었던 체첸과 다게스탄 공화국의 경우 소비에트 시기 무신론 정권하에서도 북 카프카스의 이슬람은 생활과 전통을 유지해 왔다. 그런데, 소연방의 해체를 전후해 불어닥친 자유화 물결 속에서 이 지역의 이슬람이 부활했다. 파괴되거나 폐쇄되었던 이슬람 사원이 복구되었고 금지되던 이슬람 관행이 허용되었다.99) 이념이 사라진 곳에 종교가 대신한 것이다. 그리하여 투쟁의 이데올로기로서 이슬람주의가 등장했다.

인도의 힌두교와 이슬람교 사이의 종교분쟁은 세계적으로 훨씬 더 유명하다. 그 중 최대규모의 참사는 1947년 인도 독립시 인도와 파키스탄으로 이주하는 주민들간의 충돌이었는데 거의 50만 명이나 희생되었다.

한국사회의 대표적 종교인 유교, 기독교, 불교를 보자. 유교사상은 동아시아 민족에게 가장 내면화된 종교문화인데 유교에서의 현실에 대한 관심은 우선 인간 생명의 존엄성에 대한 인식과 도덕·문화의식의 고양이다. 그리고 이기주의를 극복하고 공공성의 기반 위에 자신과 공동체를 성립시키고자 한100) 성숙한 이데올로기이다. 그리고, 그리스도교에서의 평화실천은 예수가 십자가에서 자기비움의 죽음을 통해서 평화의 완성을 보여준 것이다. 불교에서도 석가모니는 춘다의 공양이 원인이 되어 입멸하는데 여기에서 붓다는 진정한 무아의 완성으로서의 열반의 모습을 보여준다. 불교에서 말하는 평화는 무아를 기반으로 한 무차별적 사랑에 근거하고 이 무아의 실천은 자비로 나타났다.101) 기타의 종교들도 대체로 이와 비슷하게 사랑, 자비, 평화를 강조한다. 그런데 그 신자들은 종교 창시자의 가르침과 꼭 같지는 않기에 여러 문제가 생긴다. 다른 종교의 신자들은 각기 다른 신앙 체험을 하고 신념의 각인(刻印)을 달리하기 쉽다. 여기에서 다른 종교집단 사이에서는 오해와 반목이 생긴다. 한국사회에서 종교간 대립이 심각하지 않은 것은 그나마 천만다행이다. 이는 개신교, 가톨릭, 불교계 등 종교지도자들이 성숙한 노력을 한 결과라고 믿는다.

열악한 지위에 있는 한민족을 사랑하는 마음을 가지기만 한다면 종교간 오해를 극복함에 도움이 될 것으로 생각한다. 소박한 희망이지만 그 방향으로 노력하는 것이 유용함을 믿는다. 우리는 타 종교를 대할 때도 배타적으로 할 것이 아니다. 넓은 사랑을 보여주는 방법 중 하나로서 5천 년간 박해받아온 우리 한민족에 대한 사랑, 한반도라는 지정학적 운명을 보듬는 자세를 가져야 한다. 이러한 자기양보와 결합한 민족주의 사상은 종교간 화합과 타협에 기여하는 윤활제가 될 것이다.

그리고 세대 차이를 보자. 20-30대는 개인주의, 공정함에 대한 욕구가 강하고 50-60세대는 공동체주의, 경제적 풍요에 대한 의지가 강하다. 그런데 이러한 차이는 큰 차이가 아니다. 누구나 젊을 때는 자기 자신을 공동체보다 더 소중하게 생각하고 사회의 정의에 대해 뜨거운 열망을 가진다. 그러다가 나이가 들면 부양가족 걱정, 집안 생각에 잠을 못이룬다. 그리고 경제가 중요함을 뼈저리게 느낀다. 그렇다고 나이가 든 세대가 자기 자신의 개인주의를 버린 것이 아니다. 사회의 불공정한 행태에 대해 용서하는 것도 아니다. 모든 사람들이 그 방향대로 가야 한다고 생각하는 요소를 일부씩 가중치가 다르게 여길 뿐이다. 그런데 공동 의식이 없으면 이 생각 차이가 큰 사회 분란으로 번진다. 이 차이를 메울 바느질이 있어야 한다. 이 바느질은 매우 정서적이어야 한다. 세대간 대화를 할 창구를 많이 만들어나가면 많은 도움이 될 것이다. 자신의 경험과 감정, 고통, 절망, 좌절을 솔직히 밝히는 공론의 장을 많이 만들어야 한다. 이러한 것이 우리 사회발전의 약이 된다. 세대간 차이를 분열의 싹으로만 여기지 말고 발전과 협력의 재산으로 받아들여야 한다. 그런데 이러한 것은 공통의 목표와 가치관 공유가 있다면 더 쉽다. 필자는 이를 민족주의의 깃발에서 구한다. 민족주의의 깃발 아래 모여 우리가 같은 운명임을 느낀다면 노소의 차이, 세대간의 차이는 아무 것도 아님을 알게 될 것이다. 20년, 30년 연륜의 차이가 2천 년, 3천 년의 공동운명 의식보다 크지는 않기 때문이다. 이러한 차이가 적대적 관계가 결코 될 수 없음을 알게 하는데 민족주의, 민족의식보다 더 효과적인 것은 없다.

생각건대, 민족주의가 배타적으로 흐르지 않는 범위에서 우리의 용광로로 쓰일 수 있다면 우리는 이를 버릴 수 없다. 이미 우리는 5천년의 반도 역사에서 약자(弱者)의 입장을 벗어나 본 적이 별로 없는 민족이다. '오늘' '이 곳'에 이르기까지 사실상 '민족', '민족주의'라는 단결 화두(話頭)를 벗어던지고는 살아올 수 없었다. 문화적 동질성을 회복함과 더불어 이질성과 다양성에 대한 관용과 조화를 가능케 하는 정치·사회적 공동체의 수립이 필요함102)을 생각하면 민족주의의 틀이 절실하다.

자유주의나 개인주의가 범하기 쉬운 냉혹한 이기주의를 극복하기 위해서라도 별도의 이념이 필요하다. 이는 근대 개인주의의 발달에 따른 윤리적 토대의 상실, 고도 산업사회에서의 인간 소외에 대한 반성에서 나온 것이다. 특히 우리와 같이 반도에 갇혀 사는 특수한 운명에서 힘을 하나로 결집하기 위해서는 공동체의식이 필수적이다. 합리주의와 서구적 개인주의가 가져온 근대적 사고가 우리나라에도 많은 기여를 한 것은 사실이다. 그러나, 이로써 삶의 토대가 충분하다고는 할 수 없다. 개인주의와 합리주의로 무장한 유럽과 아메리카 사회에서도 사회통합의 위기 문제가 발생한다. 우리 또한 국민통합의 문제에서 자유롭지 않다. 다민족국가인 중국도 애써 '중화민족(中華民族)'이라는 용어를 사용하면서 하나의 민족이라는 사실을 강조하는 것에는 그들 나름의 고민이 있는 것이다.103) 그리하여 우리는 기존의 좁은 지연, 학연, 혈연의 공동체 개념을 긍정하더라도 더 확장된 공동체 개념으로 넘어가야 한다.

동질적인 문화와 역사, 언어를 가지고 있다는 의식은 국민의 통합력을 높이고 국가의 힘을 집중하게 할 것이다. 그러한 민족의식의 존재는 무엇보다도 국내의 경제-사회적 갈등이 발생해도 쉽게 감정적 증오나 폭력적 대립, 또는 정치적 분열로 악화되지 않게 한다. 극단의 상황으로 나아가는 것을 막는다.104) 다름 속에서도 하나라는 의식을 유지할 때 갈등이 그대로 대립과 분열의 원인으로 발전하지 않고 평화적인 치유방법을 찾게 한다.105) 민족주의는 민족통합 논의를 목표로 하여 궁극적으로 완결체를 지향하는 점에서 매우 역동적이고 변혁적이며 미래지향적이다(계층, 지역(영남과 호남, 남한과 북한), 종교간 대화와 통합화 노력). 요즘처럼 정치적·경제적 이해관계 대립으로 극도로 예민한 시기에 민족주의가 좋은 중재자가 될 수 있다고 필자가 주장하는 이유이다. 민족주의는 종교간 불화(不和), 세대간 이해차이(利害差異)를 녹여내는 용광로로 더할 수 없이 좋다.

17. 민족주의는 좌파(左派)의 전매특허가 아니다

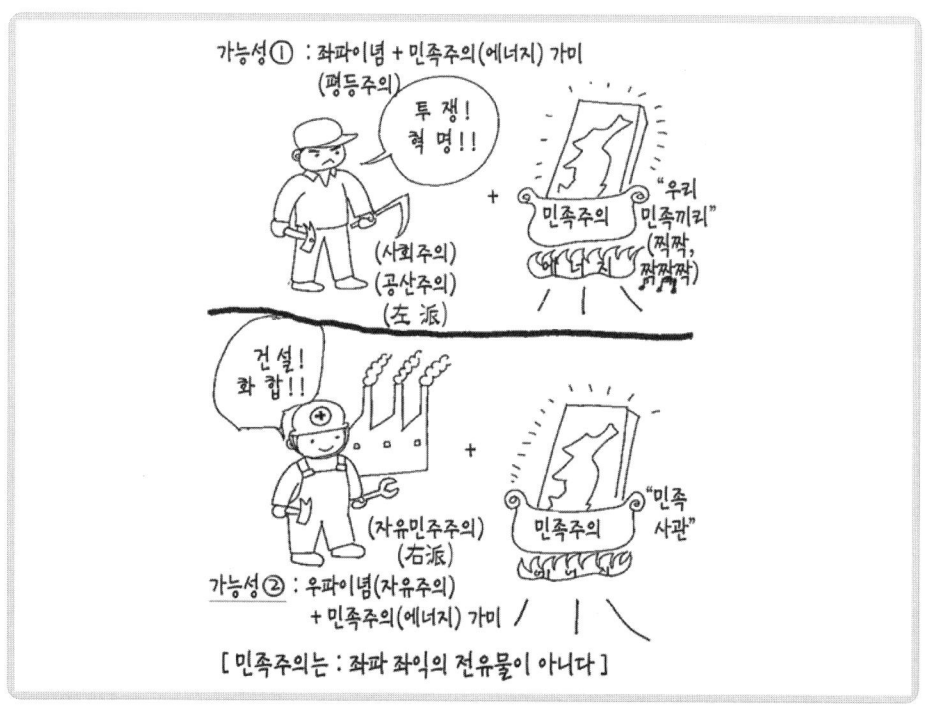

4년 주기로 월드컵 경기가 개최될 때마다 우리는 열광한다. 우리 민족 특유의 열기이다. 이를 두고 '스포츠민족주의'라고 부르는 사람도 있다.[106] 여기에서 우리는 정체성, 동일 지향성을 느낀다. 그런데, 따지고 보면 민족주의에 대한 관심은 각 민족의 역사적 전통, 현재 처한 상황에 따라 무지개 색처럼 다양하다. 민족주의는 어떤 이념의 색깔과도 합해질 수 있기 때문이다.

민족주의는 민족을 구성원으로 하는 공통감정을 토대로 한다. 그리하여 좌우(左·右)의 이념과는 뿌리부터 무관하다. 그리하여 민족주의는 좌(左)의 이데올로기와도, 우(右)의 이데올로기와도 결합할 수 있다. 즉 중성적(中性的) 존재이다. 그런데 필자는 이 민족주의라는 에너지를 우(右)로 결부시켜야만 한다고 믿는다. 왜냐하면 계급성으로써 민족 내부에서 헐뜯고 싸우는 좌(左)의 이념보다는 대외적으로 번성·영광을 구가하는 우(右)의 방향이 훨씬 생산적이고 이득이기 때문이다.

어떤 사람은 "민족주의는 반 FTA와 연결될 수 있다....세계화, 선진화에 역행한다..."고 말하기도 한다. 그러나, 이는 배타적·저항적 민족주의만 염두에 둔 탓이다. 한민족 민족주의는 본래 우리 한민족의 우파, 좌파 가릴 것 없이 공유되는 성질이 있다..민족주의는 자유민주주의, 사회민주주의, 사회주의 뿐만 아니라 어떤 정치적 이념과도 잘 결합할 수 있는 『생존단위』개념이다. 바로 그 점 때문에 공산주의나 김일성 수령주의에서도 "우~리 민족끼리!"라고 하여 마치 자기네가 민족주의자인 것처럼 선전한 것이다.

한반도에서는 국권을 상실한 암울한 시기에 일부 선각자들이 독립운동을 하면서 계급사상에 기운 바 있다. 단재 신채호 선생마저 한 때 민족주의와 저항적 '계급'(민중)사상의 결합을 시도한 적이 있다. 저항적, 폭력적 개념인 '민중'을 민족주의의 주체로 정의하기도 하였다. 본격적인 계급 사상은 러시아 볼셰비키 혁명의 직접적 영향을 받은 이후이다. 그리하여 1920년대 조선공산당은 그 출범시부터 공산주의(마르크스-레닌주의)와 민족주의(반제국주의, 조선민족의 해방)를 결합시켰다. 이는 일제침략에 대한 저항과 한반도의 지정학적 위치에 기인한 특수하고도 예외적인 일이었다. 식민지 시대에 민중적(저항적) 민족주의가 탄생한 것은 그 당시의 암담한 사정을 생각할 때 이해는 된다. 그러나, 이것이 민족의 현실을 개선하는데 기여한 것은 거의 없다. 러시아 혁명은 아시아의 식민지와 반(半)식민지에 공산주의 사상을 퍼트렸다. 그리하여 공산주의자들이 민족운동의 중요한 일을 담당한 적도 있다.107) 이처럼 한반도에서 민족주의가 계급문제와 가장 결합하기 쉬웠던 때는 일제 식민지 치하였다. 그러나, 당시에도 좌파에 반대하는 지도자들은 공산주의 이데올로기의 위험성·편협성을 알고 있었다. 해방 후 급기야 계급사상을 기초로 한 민족주의는 그 본색을 드러냈다. 이들은 민족의 분열을 부르고 전쟁을 일으켜 수 백 만의 동족을 살상했다. 좌파 민족주의 이념은 진정 민족전체의 이익을 위한 것이 아니었던 것이다. 프롤레타리아와 이를 선동한 지식인, 좌파 정권의 이익만을 위한 것임을 여지없이 드러냈다.

사실 깊이 보면 민족주의는 사회주의에 의해 부정된다. 이는 사회주의가 프롤레타리아의 독재를 통한 국제공산주의를 지향하기 때문이다. 19세기 유럽에서도 사회주의자들은 민족주의가 부르조아의 이익에 봉사한다는 인식이 있어서 민족주의를 계급투쟁에 유해한 것으로 보았다.108) 그러나, 훗날 레닌이 민족주의의 유용성을 발견하였다. 그래서 민족주의와 계급투쟁의 결합을 시도했다. 세계적으로 신민주주의, 인민민주주의가 주창한 좌파 민족주의는 이렇게 탄생했다. 이는 좌익혁명을 위해 민족의식을 이용한 것에 지나지 않았다. 예컨대, 모택동 사상도 공산주의 사상에 민족주의를 가미한 것이다. 모택동은 청조말기에 태어나 중화주의를 뼛속깊이 체화한 사람이다. 후에 공산주의 이념을 나름대로 소화하여 이를 민족주의에 가미했다. 말하자면 모택동의 공산주의 사상은 중국 제일주의라는 민족주의 없이는 뼈대 없는 곁가지에 불과하다. 모택동이 다민족을 지휘하면서 최고 권위자로 우뚝 설 수 있었던 것은 전통적 중화사상과 민족주의, 공산주의를 교묘히 통합했기 때문이다.109) 모택동이 공산주의자로 되면서도 진독수보다는 이대조라는 인물에 더 끌린 것도 그의 민족주의적 성향 때문이었다.110) 모택동은 중화사상을 회복하기 위해 가장 절실한 것은 민족주의이고 공산주의 사상은 이를 위해 필요한 수단 정도로 생각했다.111) 모택동의 공산혁명 군대가 장개석 군대를 제압할 수 있었던 것은 공산주의 사상의 흡인력이라기보다는 민족주의적 정서에 호소한 탓이다. 이것은 중국 공산화 후에도 소련과의 패권경쟁이 나타난 원인이 되기도 했다. 소련의 평화공존론에 대항하여 중간지대론을 내세워 제3세계의 약소국을 소련이 아니라 자신의 세력권으로 편입하려는 깊은 계산 속이었던 것이다.

베트남에서도 공산주의자들은 민족주의를 수용하여 대성공했다. 사실 베트남 민족주의는 서양의 부르조아 민주사상으로부터 유입된 것이었지 자생적으로 발생한 것은 아니었다.112) 그러나, 프랑스, 일본, 미국과 대항하면서 민족주의는 중요한 저항이념으로 굳어졌다.113) 공산주의자들은 순수하게 맑시즘만 가지고는 대중의 지지를 끌어낼 수 없음을 잘 알고 있었다. 1930년 2월 옌바이 궐기를 계기로 비공산계열인 베트남 국민당이 프랑스에 의해 진압되자, 공산주의자들이 틈을 타 독립운동 주도권을 잡았다. 호치민 또한 민족주의와 공산주의의 결합모형을 활용했다. 호치민은 원래 매우 실용주의자였기에 더욱 그 결합에 능했다. 그는 비록 공산주의자이기는 하지만 이념의 도식을 중시하지 않았다. 그리하여 베트남전을 하면서도 군사적인 결정적 승리에 집착하지 않고 심리적·감정적 호소(베트남 민족주의 정서에 대한 호소)에 치중했다. 월남전은 시간만 끌면 베트남 민족주의의 결실로 발생한 유리한 환경(이른바 '비대칭적 성격')자체로 인한 남베트남의 '정치적 소모'로 월맹측이 승리할 수 있다고 보았다.114) 힘 자체만에 의지하여서는 전쟁에서 이길 수 없음을 재빨리 눈치챘다. 힘만으로 이기는 것은 감정과 이성에 의한 호소보다 약함을 알아챘다.115) 베트남 공산세력의 성공은 공산주의를 전면에 내세우기보다 민족주의 저항심리에 불을 붙인 것에 힘 입었다.116)

콜럼비아, 페루, 칠레, 베네수엘라 등 남미국가도 민족주의를 사회주의에 접목시킨 예다. 남미의 좌파정권이 지지세력의 민족주의 감정을 충족시키는 데 효과적인 수단은 자원민족주의였다.117) 이는 자원의 힘을 이용하여 민족의 힘을 결집하려는 것이다. 이 시도도 '민족주의가 가진 힘'에 주목한 것이다. 이것이 물론 좌파와 민족주의간 결합의 필연성을 보여주는 증거는 아니다. 남미의 급진 좌파는 기존 경제정책이 국가의 발전과 국민의 삶의 질 개선에 도움이 되지 않았다고 주장하면서, 자원민족주의를 내세웠다.118) 다만, 자원민족주의가 성공하려면 좌파와 결합해서는 곤란하다. 지금에 이르러서도 언제나 남미에서 경제가 어려운 이유는 민족주의 노선이 반미, 사회주의 노선과 결합하여 국민의 자발적·창조적 경제활동을 억압하기 때문이다. 차베스 이후의 베네수엘라도 민족주의로 열광하지만 경제의 퇴보로 한 치 앞을 바라볼 수 없다. 민족주의가 좌파노선과 결합했기 때문이다. 민족주의는 좌파만의 전매특허가 아니고 좌파와 결합하는 민족주의는 속임수에 이용되는 민족주의이다.

18. 북한의 "우~리 민족끼리"는 가짜 민족주의

북한은 민족주의 세력과 공산주의 세력이 연합하여 성립한 정권이 아

니다.119) 아시아에서도 가장 보수적인 나라의 북쪽에 공산정권이 성립한 것은 소련의 권력을 통한 이식이었다. 북한은 토착적인 혁명을 통해서도 아니요, 공산주의와 민족주의의 단합을 통해서가 아니라 소련군대의 등에 업혀 공산주의 국가가 됐다.120) 북한 공산정권은 소련군에 의해 만들어진 소련의 위성국가로 출발하였다. 오늘날 북한 당국자들은 이 역사적 사실을 은폐하고 마치 김일성에 의해 북한이 '해방'되었고 김일성의 주체사상에 의해 공산정권이 독자적으로 세워진 것으로 선전하고 있으나 그것은 역사의 왜곡이다.121) 나아가 공산주의자 등 좌파는 민족의 이념(민족주의)에 사실 별 관심이 없다. 민족의 이익보다 계급 이익이 항상 우선이다. 프롤레타리아(무산자)의 이익은 민족전체 이익 중 극히 작은 부분(부분 집합)에 불과하다. 그런데도 이를 민족 전체의 이익에 우선함은 매우 속좁은 이기주의다. 그리하여 좌파가 민족주의를 찾는 것은 중간지대의 민중들을 우파로 가지 않도록 끌어당기기 위한 것이다. 즉, 전술적인 수단일뿐이다. 그러니 계급주의와 민족주의의 결합은 부자연스럽다. 언제든지 헤어질 수 있는 위장결혼이다. 북한이 내세우는 "우~리 민족끼리"가 바로 그 예이다. 북한의 김일성도 중국의 모택동, 베트남의 호치민처럼 공산주의와 민족주의의 결합을 시도했다. 김일성은 1945년 이후 민족주의가 갖는 정서적 효과를 전술적으로 활용하고자 했다. 특히 북한 사회주의가 갖는 민족주의에 대한 부정적 인식에도 불구하고 1950년대 중반 이후 민족주의를 상당 부분 수용하였다. 이는 중소 분쟁 사이에서 북한체제를 지키려는 것이었다. 1980년대 이후에는 사회주의권 붕괴 이후의 충격을 방어하려는 목적이었다. 북한에서는 1948년에 김일성을 중심으로 공산정권이 수립되었는데 계급주의와 민족 개념 결합으로 무력 통일을 시도하여 6.25 남침전쟁을 일으켰다.[122) 즉, 북한에서 민족 개념은 남한과 달리 기본적으로 마르크시즘의 이론틀 속에서만 도출되었다. 그런데, 이러한 시도를 처음 한 사람은 소련의 스탈린이었다. 스탈린에 의한 군사 점령으로 공산화된 북한이 민족을 정의할 때 스탈린의 도식을 받아들인 것은 당연하다.[123) 그리하여 북한의 마르크스주의자들은 민족주의를 비현실적·과도적으로 존재할 뿐이라고 믿었다. 세계혁명이 완수되는 날에는 결국 해체될 것이라고 여겨 내심으로는 민족주의를 반(反)혁명 요소로 간주했다.[124)

그럼에도 북한에서 좌익의 민족주의는 이른바 '애국주의'라고 스스로를 미화한다. 이 '극좌파 민족주의'는 자신과 다른 내용을 지닌 모든 민족주의를 부정한다. 좌파 민족주의를 '애국주의'라고 자화자찬·극찬[125)한 것은 우파 민족주의를 반(反)애국주의로 내몰기 위해서이다. 아예 좌파 민족주의가 아니고서는 민족주의 근처에도 오지 말라는 입도선매(立稻先賣) 선언이다. 다른 입장에 있는 민족주의는 '민족반역자의 사상'이라고 매도한다.[126) 이들은 좌파 민족주의가 아닌 민족주의는 미제 침략자를 도와주는 것이라고까지 한다.[127) 좌파 내지 공산주의 사상에 입각하지 않은 어떤 자도 '민족' 내지 '민족주의' 사상을 설파하지 말라는 독점선언이다. 어떤 논리적, 실제적 근거제시도 없고 반론의 기회도 허용되지 않는다. 비(非)공산주의적, 비(非) 좌파적 담론 일체를 친(親)제국주의, 반(反)민족주의로 덮어씌운다. 공산주의 또는 좌파 지상의 논리구성이다. 그런데 이는 '민족', '민족주의'의 완벽한 독점공급 주장에 불과하다.

북한의 소위 '애국주의' 또는 '좌파 민족주의'는 온 세상을 좌파의 정치 이데올로기로만 바라본다. 그 색안경으로만 민족주의를 설명하는 편집증(偏執症), 독식욕(獨食慾)이다. 그 독식욕은 우리 민족처럼 강대국 틈바구니에서 생존을 위협받는 경우, '민족주의 정서'가 핵폭탄과 같은 에너지를 갖고 있음을 잘 아는 데서 나온다. 북한은 1957년 당 중앙위원회 12월 확대 전원회의 이후 이 '애국주의'를 '사회적 애국주의'라는 말로 바꾸었다. 즉, 민족주의는 반드시 사회주의적인 내용을 가져야 한다는 것이다. 이로써 북한에서의 민족주의 내용은 사회주의(공산주의)의 보조도구에 지나지 않음을 스스로 보여주었다.

북한에서는 한국 사회가 미제의 신식민지로 전락했다는 인식틀이 조금도 변하지 않았다. 전략·전술 차원에서 사용하는 위장된 민족주의 이론도 이 맥락과 닿는다. 즉, 해방에서부터 한국 전쟁에 이르기까지 북한은 외형적으로는 민족주의를 배척하면서도 실제로는 그것을 사회주의 혁명 수단으로 적극 활용했다. 그러나, 반제·반봉건주의를 강력히 표방하면서 노동자·농민 중심의 강한 계급주의적 성향이 민족주의보다 진정 우선임을 숨기지 않았다.[128][129] 북한의 주체사상은 조선민족 제일주의 혹은 우리식 사회주의를 내세운다. 이는 맑스 - 레닌주의에 입각한 전통적 사회주의 이론 및 체제와의 결별을 가속화시켰다. 그 후 북한은 주체사상에서 사회주의가 퇴조하고 계급적 관점이 약화되는 대신 민족주의 개념을 전면화하였다. 또, 민족적 동기를 크게 강화하는 이념적 변신을 모색하기도 하였다. 그 대표적인 결과가 1990년대 이후 통일 정책에 있어서 민족 대단결론의 제시와 단군릉 발굴을 비롯한 민족전통 문화의 계승과 발전노력이다.

북한의 민족적 동기 강화 정책은 대내외적으로 세력이 불리한 국면으로부터 탈출하려는 방어적인 성격을 가지고 있다. 김일성 사후 김정일 후계 체제의 공고화 작업과도 무관하지 않았다.130) 생각해보면 지금의 형세에서 마르크스-레닌주의나 김일성 수령주의 자체가 한반도 특히 남한 국민들 속으로 파고들기는 어렵다. 남한 자체의 경제적·사회의식적 수준이 높아졌기 때문이다. 프롤레타리아트 혁명론에 이어 민족주의 슬로건을 추가로 필요로 하는 북한의 고민과 취약성이 바로 여기에 있었다. 이러한 좌파 민족주의가 사이비 민족주의임은 더 말할 것도 없다. 북한의 "우~리 민족끼리"는 가짜 민족주의임을 알아야 한다.

19. 우파는 민족주의를 멀리하거나 경계할 필요 없어

그런데 대한민국에서 우파는 민족주의를 너무 멀리한다. 우파의 민족주의 경시 현상은 한민족의 생존조건과 민족주의의 숙명을 간과한 때문이다. 북한이 민족주의를 끌고 나온다고 민족주의 자체를 경계하는 것은 어리석은 것이다. 북한이 주장하는 '우리 민족끼리'의 민족주의는 김일성 수령주의, 김일성 주체사상의 절대적 우위를 전제로 한다. 또, 공산주의 혁명에 필요한 범위에서만(민주기지 노선을 기초로 한 혁명의 국내적·국제적 역량 강화) 민족적 연대, 범민족 단결, 민족 화해를 도모한다. 공산혁명을 실현하기 위해 민족주의는 이용되고 있는 하위개념에 불과하다. 좌파민족주의는 무산계급의 이익에만 초점을 맞추되 부르조아지를 자신에 유리하게 끌어들이기 위해 민족주의 아젠다를 추가했을 뿐이다. 이러한 이익편승 전술이 민족 자체의 이익에 전혀 도움이 되지 않음은 더 말할 필요가 없다. 우리는 그것을 보고 민족주의 자체에 의심을 한다. '자라보고 놀란 가슴 솥뚜껑 보고도 놀라는' 격이다. 북한의 공산주의가 "범민족 단결", "우리 민족끼리 해봅시다레"라고 하므로 민족주의라는 말 자체에 경계를 하는 결과다. 한편으로 수긍되기는 하지만 안타깝다. 오히려 민족주의를 우리 우파가 선점하지 못한 것을 아쉬워하고 억울해해야 한다. 민족주의가 공산주의, 김일성 주체사상과는 아무런 연관도 없음을 밝혀내고 분리시켜야 한다. 우리가 북한체제의 사이비 민족주의 홍보·선전이 허구임을 폭로한다면 자유민주사회에서 민족주의를 주창함에는 아무런 지장도 없다.

사실 우리는 민족의 발전을 촉진시키는 이념적 토양이 어떤 것인지 진지하게 성찰하지 못하였다. 해방 이전이나 이후 민족의 발전을 위하여 어떤 정치, 어떤 경제개발이 민족의 이익에 부합하는가에 대한 연구가 부족했다. 그 당연한 결과로 경제, 정치, 교육부문에서 좌경화 운동세력이 언제나 흘러넘쳤다. 국가운영은 항상 어려웠고 우파마저 스스로 도덕적 확신이 부족한 채 치부(致富)에 급급했다. 이러한 환경에서 정부 주도의 민족주의 운동이 있었지만 성공하지 못했다. 과거, 자유당 정부에서의 민족적 민주주의론은 일민주의(一民主義)라고 하였는데 이는 민주주의 국가체제의 중심을 '민족'개념에 두겠다는 정치이념이었다. 또, 국민 개개인의 개성과 권리·이익마저 민족주의라는 것에 종속시킬 우려가 있는 강한 국가주의였다. 이는 필연적으로 배타적 민족주의로 발전할 가능성도 있었다. 또한 박정희 대통령 때의 정부주도 민족주의도 있었다. 그런데 민간의 의식에 뿌리박지 못하였다. 사상운동은 민간의 자발적 인식, 참여운동으로 발전하지 못하는 한 오래가지 못한다. 시대와 상황의 변화에 유연하게 대처하는 것도 어렵다. 민간의 의식에 뿌리박지 못한 사상운동은 지속될 수 없다. 심지어 그 지극히 정당한 부분마저 지키지 못하고 어용사상으로 매도당한다. 민족주의 운동은 정부가 나설 일이 아니다. 양심적인 지식인들이 나서야 한다. 특히 우파는 민족주의 운동을 멀리할 필요가 없고 멀리해서도 안된다. 그리고 이는 지식인의 각성, 자발적 참여, 후세에 대한 용기있는 교육에 의해 이루어져야 한다.

다시 말해서 자유민주사회에서 민족주의를 주창하는 것에 관해 북한체제의 존재는 아무런 방해가 되지 않는다. 민족주의 자체가 지닌 엄청난 화력(火力: 에네르기)을 생각할 때 어서 우파(자유민주주의파)가 좌파 내지 좌익으로부터 민족주의 군기(軍旗)를 탈취하여 회복하여야 한다. 우파가 자유주의에 추가하여 민족주의로 정신무장하면 많은 장점을 누린다. 특히 우파의 대동단결을 기약한다. 올바른 이념 방향으로 승리하기 위해 다른 우파 후보자에게 기꺼이 양보할 수도 있게 된다. 필자는 여러 선거에서 우파의 추악한 이기주의로 인한 후보간 분열을 많이 목도하였기에 이 점을 특히 강조한다. 개인주의에 매몰되어 자신의 경력쌓기가 주특기인 세칭 사이비 우파 정치가, 운동가가 한민족의 가난벗기와 발전, 자존이라는 민족주의의 기본목표에 동의한다면 정치의 도덕화, 윤리화에 상당한 기여도 된다. 필자는 이를 민족주의의 내부단속효과라고 본다. 또, 우파가 자유민권(민주)사상에 더하여 민족주의로 무장하면 좌파는 그 동안 민중에게 속삭이던 달콤한 언어를 잃게 된다. 좌파의 평등지상주의, 노동계급의 지상낙원 건설 구호만으로는 국민, 민중을 설득할 수 없기에 민족주의 군기(軍旗)를 상실한 좌파는 치명상(致命傷)을 입을 것이다. 이는 민족주의의 외부효과(外部效果: 좌파·좌익의 민중으로부터의 차단)이다.

20. 민족주의는 어떤 이념과도 잘 결합해

민족주의는 어떤 주의, 이념과도 잘 결합한다.

여기에서 살펴보자. 자유민주주의, 사회민주주의, 사회주의, 공산주의, 김일성 주체사상이 각각 민족주의와 어떻게 결합할 수 있는지를.

자유민주주의(自由民主主義, liberal democracy)란 자유주의와 민주주의가 결합된 정치원리 및 정부형태이다. 인간의 존엄성을 바탕으로 하여 개인의 자유와 권리를 보장하는 헌법을 세우고 민주적 절차 아래 다수에 의해 선출된 대표자들이 국민주권주의와 입헌주의의 틀 안에서 의사결정을 하는 것이다. 그리고, 사회민주주의(社會民主主義, social democracy)는 생산수단의 사회적(공적) 소유와 사회적(공적) 관리에 의한 사회의 개조를 민주주의적인 방법(예, 의회주의, 선거)을 통해서 실현하려고 하는 것이다. 또, 사회주의(社會主義, socialism)는 생산수단의 사적 소유와 관리, 시장생산에 반대하여 생산수단의 공동소유와 관리, 계획적인 생산을 주장하는 것이다. 사회주의는 공산주의와 비슷하지만 다른 점은 분배에 있어서 투입노동을 고려하는 것이다. 공산주의(共産主義, communism)는 무산계급의 폭력혁명을 통하여 유산계급(부르조아지)을 타도한 후 사유재산제를 없애고 사회의 모든 구성원이 재산을 공동소유, 공동분배하자는 사회사상이다(마르크스-레닌주의). 마지막으로 북한의 김일성주의(주체사상: 主體思想)는 무산계급(프롤레타리아 계급: '인민대중'이라고 표현)이 수령(김일성)을 중심으로 역사의 주체가 되어야 한다는 이념이다. 공산주의(마르크스-레닌주의)의 기본이론을 북한식으로 변형한 것이다. 왕조 국가처럼 1인 독재체제를 할 수 있도록 뒷받침하고 있다. 그런데 위의 어떤 이념이라도 민족주의와는 결합할 수 있다. 이를 구체적으로 보자.

첫째, 자유민주주의와 민족주의의 결합 가능성이다. 자유민주주의는 자유주의, 민주주의, 인간의 존엄성, 개인의 인격·자유와 권리의 존중, 민주적 절차, 국민주권주의, 입헌주의, 법치주의를 요소로 하는데 민족의 생존과 번영을 구가하는 민족주의에 모순되는 것은 전혀 없다. 그리하여 자유민주주의와 민족주의의 결합에는 어떤 어려움도 없다.

둘째, 사회민주주의와 민족주의의 결합 가능성이다. 사회민주주의는 생산 수단의 사회적(공적) 소유, 생산수단의 사회적(공적) 관리, 의회주의, 선거를 요소로 하는데 민족주의를 배척하는 어떤 점도 없다.

그리하여 사회민주주의와 민족주의의 융합도 가능하다.

셋째, 사회주의와 민족주의의 결합이다. 사회주의의 요소인 생산수단의 사회적 소유, 생산수단의 사회적 관리, 계획경제를 통한 사회개조와 민족주의 사이에는 모순되는 점이 발견되지 않는다. 그리하여 사회주의와 민족주의의 결합도 이루어질 수 있다.

넷째, 공산주의와 민족주의의 결합 가능성이다. 공산주의 안에 무산계급의 폭력혁명, 유산계급의 타도, 사유재산제 폐지, 재산의 공동소유라는 내용이 있지만, 민족주의를 배척하는 요소는 외관상 발견되지 않는다. 따라서 공산주의와 민족주의도 결합할 수 있게 된다.[131]

마지막으로, 북한의 김일성 유일사상(주체사상)과 민족주의의 연결 가능성을 본다. 김일성 주체사상은 공산주의(마르크스-레닌주의)의 토대, 김일성이 북한 전체의 우두머리(수령)라는 것, 무산계급(프롤레타리아)의 우위론, 공산당의 지도라는 여러 요소를 포함하고 있다. 그런데 그 어디에서도 적어도 외관상은 민족주의를 배제하는 내용이 없다. 그리하여 김일성 주체사상도 민족주의 사상과 합쳐질 여지가 있다.

역사상 실제로 위의 여러 사상이 민족주의와 결합한 적이 있고, 중국, 베트남, 북한의 좌파는 우파를 민중으로부터 배제하기 위해 민족주의를 효율적으로 활용하였다. 중국의 마오쩌둥은 공산주의 사상을 유포하면서 중국인의 민족의식을 자극하였다. 일본의 군국주의에 맞서 국민당에게 국공합작을 하자고 하여 중국 민중의 마음을 단번에 사로잡았다. 월맹의 공산주의자와 월남의 베트콩 또한 마르크스-레닌주의만 선전한 것이 아니다. 월남인(安南人)의 역사의식, 민족의식에 불을 지펴 대불, 대일, 대미 항쟁을 유도했다. 이들 좌익사상과 민족주의 사상의 결합은 장개석의 국민당 정부, 베트남의 티우 정권의 정통성과 도덕성에 치명타를 가하였다. 결국 중국 공산혁명, 베트남 공산화를 성공시키는 결정적 요인이 되었다. 국공 내전과 베트남 전쟁 당시 중국과 월남 국민이 공산주의 이념만에 대하여 그토록 열성적으로 헌신하였다고는 생각하지 않는다. 당시 중국 민중의 대일 항전의지, 월남 민중의 대미 결사 항전투지 자체가 가진 민족주의적 에너지가 가미되지 않았던들 장개석 군대와 티우-키 정부의 월남군을 그렇게 쉽사리 제압하지는 못하였을 것이다.

유럽에서 민족주의가 자유민주주의의 내용을 지닐 수 있었던 것은 자유주의 및 민주주의와 함께 전개될 수 있었던 유럽 특유의 역사적 여건이 존재하였기 때문이다. 이 민족주의가 경우에 따라서는 즉, 유럽에서와는 다른 여건에서는 헌법파괴세력으로 발전할 수도 있다. 민족주의가 한반도에서 좌파와 결합한 이유이다. 그러나, 민족주의가 우파(자유민주주의)와 결합해야 하는 이유는 결단에 의해, 필요성에 의해, 미래를 위해 이 결합방정식이 필요하기 때문이다.[132]

21. 자유민주주의와 만나야 진짜 민족주의

　한민족 민족주의는 자유민주주의와 만나야 한다. 우리의 민족주의는 민족의 가난탈피와 국제적 생존 확보라는 삶의 원초적 욕망을 해결해야 하는 사명이 있다. 그렇다면 민족주의는 우파, 자유민주주의 사상과 만나야 한다.133) 좌파그룹이 민족주의에 저항주의 개념을 가미하여 이를 국내적(반정부 투쟁), 국제적(반미 투쟁)운동에 효과적으로 활용하려는 유혹에 빠짐은 당연하다. 이는 한반도의 환경이 나빠서 경제적, 정치적으로 열강의 힘 앞에 무력감(無力感)을 갖는 것 때문이기도 했다. 누구나 상대방의 힘에 압도된다면 우선 저항적, 투쟁적 자세를 취하기 마련이다.

　그러나, 그렇다고 하여 한반도에서 저항적 이념만에 의존하는 것은 하나만 알고 둘을 모르는 것이다. 열강에 둘러싸여 있을수록 가장 효과적 대응·투쟁은 나라와 민족의 정신·경제·군사의 힘을 기르는 일이다. 스위스, 이스라엘의 예를 보라. 자주자강하여 교육과 산업의 수월성을 갖출 때에만 비로소 열강에 맞서는 자주노선이 가능했다. 그렇지 않은 저항적 자주노선은 요란한 포퓰리즘 구호에도 불구하고 여지없이 강자의 힘에 돌파당하고 만다.

그런데 참으로 있을 수 없는 것은 대한민국 지식인 내부에 자유주의, 자유민주주의에 대한 거부감도 있다는 것이다. 특히 한반도에서 우파가 분단국가 형성을 촉진하였다는 인식이 좌파 지식인에게 일부 깃들어 있다. 과연 옳은 생각인가? 이승만 대통령이 대한민국 정부를 수립한 것이 잘못인가? 해방 이후 신속하게 북한지역에 사실상 굳어졌던 실체적 공산주의 정권과 남한 내부의 뿌리깊은 공산주의자 내지 사회주의자에 대항한 것이 실수인가? 남한에 자유민주주의 정부를 만든 것이 그토록 원통한가?

역사적 검증을 철저히 하지도 않으면서 자유주의, 자유민주주의에 대한 거부감을 갖는 것은 선입견이요, 학자답지 않은 것이다. 좌파 이념에 기울어진 지식인들은 자유민주주의 이념을 멀리하였을 뿐만 아니라 우파와 민족주의를 절연하려 하였다. 나아가 민족을 강조하면 하층계급의 가난문제는 뒷전으로 밀려나기 쉽다는 주장도 있다. 그럴 수도 있을 것이다. 그러나, 노루와 토끼를 한꺼번에 잡을 수 없다면 노루부터 잡아야 한다. 민족문제를 계급문제의 해결수단으로만 활용하려 한다면 문제 해결이 안된다. 민족주의가 좌파 이념보다 우파 이념과 결합해야 하는 이유다.

7-80년대 남한의 문학분야에서 전개된 민족주의 운동은 비록 그 순수한 열정에도 불구하고 민중적 민족문학론, 노동해방 문학론에 기울었다. 그리하여 좌익문예조직과 문인들을 미화하는 부작용을 어느 정도 지니고 있었던 것으로 안다. 대한민국 내부에서 자생적으로 나타난 민족주의 운동이 비록 동기는 좋았으나 프롤레타리아 이익 우선주의에 빠져 좌파이념과의 결합으로 나타나고 말았다. 산업화 시대의 부산물인 열악한 근로환경에 주목한 나머지 문학자들이 휴머니즘으로 노동해방을 부르짖은 것은 백 번 이해가 된다. 그러나, 자유주의, 자유민주주의 가치에 너무 인색하였다면 지식인으로서는 균형을 잃은 것이다.

민족주의에 대해 어떤 내용을 가미하건간에 우리 민족의 빈곤해결, 청년실업해결, 저출산해결, 민족생존 확보라는 숨통 틔우기에 기여한다면 좋은 것이다. 자유민주주의, 사회민주주의, 심지어 사회주의나 공산주의 중 어떤 것이 여기에 적합한가? 이미 결론이 나와있다. 의심할 여지없이 자유민주주의이다. 자유민주주의가 우리 민족의 당면한 과제를 수행하기에 가장 적합하다면 민족주의는 자유민주주의와 만나야 한다. 또, 자주독립의 민족주의를 주창할 때 우리는 가난으로부터의 해방, 열강으로부터의 민족생존 보전이라는 목표를 잊어서는 안된다. 우리가 중국의 야욕을 분쇄하고 일본과의 생존 각축전에서 승리를 약속받으려면 주변 강대국 중 상대적으로 우리에게 영토적 이해관계가 적은 미국을 이용하는 것이 낫다. 한미 상호방위조약의 틀 안에서 미국의 군사력을 활용하면서 국방비의 여력을 경제발전으로 돌려 국민을 배불리 먹일 수 있고 전 한반도의 적색화, 프롤레타리아트화를 저지할 수 있다면 외세의 힘을 차용하는 것이 민족주의의 대의(大義)에 반하지 않는다. 이이제이(以夷制夷)는 강대국이나 제국주의에만 유효한 것이 아니다. 우리와 같은 약소민족, 주변부 국가도 얼마든지 채택할 수 있는 전술이다.

우리는 가난으로부터의 해방, 민족의 생존 확보라는 최고 목표가 달성되고 민족의 총체적 에너지가 팽창될 때만 자주(自主)와 통일(統一)이 달성된다는 것을 알고 있다. 한민족 민족주의라는 신부(新婦)는 한민족의 먹고사는 문제, 우리 민족의 국제적 자존을 드높이는 신랑(新郎)과 결혼해야 한다. 현재 대한민국의 팽창과 국제정치적 위상 제고는 미국과의 관계에서도 경제적 이해관계 충돌로 나타난다. 우리의 자주(自主), 통일(統一)전략이 무조건적 반미(反美)전술로 달성되기보다 실리적인 힘의 팽창에 의해 더욱 효과적으로 진전되는 것임을 잘 보여준다.

주창하건대, 한민족은 이제라도 일제 식민지 치하 러시아 공산혁명의 영향을 받은 좌파 민족주의에서 벗어나야 한다. 좌파 민족주의는 일제치하 암울한 주권상실의 시기에 형성된 이데올로기였을 뿐이다. 국가간 생존경쟁 상황은 과거에 얽매일 겨를이 없다. 한민족 8천만이 앞을 향해 힘껏 달려도 모자랄 판이다. 우리가 빈곤탈피와 자존, 자위를 위해 나아가야 한다면 그에 걸맞는 민족주의로 탈바꿈해야 한다. 계급투쟁적이고 무정부적이었던 민족주의 이념(계급적 민족주의)보다 더 크고 열린 미래지향 민족주의로 나아갈 때가 되었다(21세기의 세계관 필요성). 민족주의와 좌파(인민민주주의, 사회주의, 주체사상)의 결합도식은 민족주의와 우파(자유주의, 자유민주주의)의 결합도식으로 바뀌도록 바로잡아야 한다. 더구나 한민족 민족주의는 현재의 자유주의적 가치관을 지닌 우파 지식인에게 한층 더 높이 고양된 가치가 추가로 있음을 일깨워줄 수도 있다. 이러한 장점을 놓쳐서는 안된다. 그리하여 민족주의는 자유민주주의와 만나야만 한다.

22. 지적인 좌파 민족주의에 빠지는 것은 이제 그만둘 때

한국의 민중 또는 지식인은 좌익(좌파)민족주의 또는 우익(우파)민족주의를 선택했다. 일제의 참혹한 암흑기에 좌파 민족주의가 번성했음은 물론이다. 그런데, 이런 좌파 민족주의가 해방 후 신탁통치 주장 때문에 반민족주의로 몰렸었다. 우익이 신탁통치를 반대함에 대하여 좌익이 이를 찬성하자 국민들의 정서는 좌익을 멀리했다. 그 전까지는 우익이 수세였으나 이러한 민족주의 정서 때문에 좌익의 정치적 영향력은 급격히 떨어졌다.

1980년대에는 지식인 사회가 좌파 민족주의에 빠졌다. 역사를 연구하는 신진 학자들은 대한민국 자체를 부정하려고 시도하여 아예 대한민국은 반민족주의자들이 세운 잘못된 나라라고 매도하고 나서는 바람에 지금도 역사학계에서 좌파 민족주의가 성행하고 있다.

북한의 경우 민족주의를 아예 김일성 숭배주의에 결부했다. 1998년 북한의 개정헌법은 "위대한 수령 김일성 동지는 민족의 태양이시며 조국통일의 구성이시다..."라고 규정했다. 그 이후 북한에서 민족이라 하면 아예 '김일성 민족'을 뜻하는 것으로 의미가 바뀌고 말았다.[134] 이제는 남한과 북한에서 민족주의를 똑같이 외쳐도 그 뜻은 전혀 달라졌다.

좌파 또는 우파 민족주의를 어떻게 선택하느냐는 우리 감정을 어떤 이성으로 발전시키는가의 문제이다.

생각건대, 해방이후 대한민국 정부가 잘못한 것이 적지 않다. 일제시대 독립운동을 한 선각자의 유가족을 잘 돌보지 못하고 경제건설 시기에 희생된 산업근로자들에 대한 복지도 잘하지 못했다. 민주화 운동과정에서 상처를 받은 사람들에 대한 명예회복과 치유노력도 부족했다. 그런데, 충분하지는 않으나마 이러한 진실규명과 보상은 어느 정도 이루어졌다. 앞으로도 이 상처에 대한 치유노력은 꾸준히 계속되어야 할 것이다. 그러나, 이러한 아픈 기억 때문에 대한민국의 정통성에 대한 부정이 있어서도 안된다. 북한 체제에 대한 정당성 부여로 발전해서는 더욱 안된다.

그리하여 이제 우리는 좌파 민족주의에서 벗어나야 한다. 대한민국이 비록 만족스럽지 않더라도 북한이 한민족 민족주의를 세웠다고 동조해서는 안된다. 이제 우리 역사를 바로잡아야 한다. 사회적 약자를 부둥켜 안아주고 북한과의 사상 싸움에서 우위를 점하도록 노력해야 한다. 어제와 오늘만 살고 마는 것이 아니지 않는가? 내일도 살아야 하고 우리 아들딸, 손자 손녀는 더 후의 미래에 살아야 한다. 그런데도 북한의 정권수립이 더 정당하고 남한의 정부수립이 단정(斷政), 분단(分斷)의 시발점이었다고 왜곡하여 학생을 가르칠 것인가? 사실자료와 진실의 증언에 터잡아 빨리 빗나간 역사관(수정주의 역사관)을 바로잡아야 한다. 그래야 대한민국을 지키는 애국심, 자부심을 길러낸다. 균형있는 역사의 눈을 길러주고 후세대를 책임지는 학생을 길러내려면 이제 좌파의 민족주의 신기루에서 벗어나야 한다.

한때 공산주의, 주체사상에 마음을 준 지식인들이 꽤 있었다. 그러나, 이제는 철지난 과일과도 같다. 북한체제의 사상을 우리가 수용하기는 사실상 불가능하다. 인간의 본성에 반함이 드러났기 때문이다. 우리가 배급을 받아 주린 배를 채우고 수령의 명령을 받들어 돌격대가 되고 밤이 되면 자아비판하는 사상총화를 견딜 수 있나? 이를 널리 대중들에게 알려야만 한다. 그래야 우리의 자유를 지킬 수 있다. 자유는 대단히 좋지만 지켜내기가 어렵다. 언제나 한 사회에는 자유를 파괴하려는 불만자들이 새록새록 생겨나기 때문이다. 자유를 지키려면 자유의 소중함을 가르치는 기관을 많이 만들어야 한다. 학교나 정부, 민간연구기관들이 모두 힘을 합쳐 국민통합을 위해 자유를 지키는 노력을 해야 한다.

한반도 분단의 책임은 이승만 대통령이라든가, 6.25는 민족해방전쟁이었다거나, 대한민국의 산업화는 미국의 경제관료들이 수립하고 집행한 신식민지 계획의 결과라는 등 전혀 역사의 객관적 진실과 맞지 않는 생각에서 벗어나야 한다. 또, 최근 북한의 핵무기는 미국과 남한의 괴뢰정부로부터 북한체제를 방어하기 위한 최소한의 자위수단이라는 등의 잘못된 주장을 국민이 귀담아듣지 않도록 해야 한다. 만약 좌파 민족주의에서 벗어나지 못하고 우파 민족주의를 수립하지 못할 때 자유는 후퇴하고 만다. 자유의 후퇴는 경제의 추락과 복지의 포기로 나타나고 8천만 한민족의 절망으로 이어질 것이다. 2천년 동안 타민족에게 갖은 박해를 받은 유대인의 운명보다 가혹한 운명이 우리 8천만 한민족을 덮칠지도 모른다. 끔찍하지 않은가? 그러니 한시 바삐 좌파 민족주의에서 벗어나야 한다.

23. 다문화가정을 감싸는 민족주의여야

우리의 민족주의는 다문화가정135)을 따스하게 감싸야 한다. 우리나라에 거주하는 외국인 숫자가 점점 늘어 백 오십만 명에 육박하고 국제결혼으로 새로운 문화에 적응해야 하는 한국인, 외국인과 그들 자녀의 사회화가 새로운 과제로 떠올랐기 때문이다. 1990년 이후 우리 사회의 다문화 가정은 급속히 많아졌다. 인구의 고령화, 농어촌 청장년의 도시 이주, 성비의 불균형 등으로 인하여 결혼 적령기의 남성이 여성을 외국에서 맞아들여야 하는 결혼문화가 생겼다. '농촌총각 장가보내기 운동' 등 국제결혼 장려정책이 낳은 새로운 모습이다. 그리하여 농어촌을 중심으로 다문화가정은 상당한 정도로 한국사회에 뿌리내리고 있다. 그 당사자와 자녀, 일가친척 뿐만 아니라 우리 사회 전체가 이들과 함께 하는 훈련을 해야 한다. 우리의 필요에 의해 이루어진 다문화가정일진대 우리가 책

임지는 것은 당연하다. 한국 국민의 재사회화를 해야 하고 정교한 사회공학도 필요하다.136)

다문화가정의 외국인과 그 자녀가 우리 한국사회에 적응하는 데서 생기는 어려움이나 문제에 소홀히 하는 것은 민족의 장래를 위해 바람직하지 않다. 외국에서 온 부인들이 한국인 남성과 결혼한 동기는 주로 본국의 경제사정과 가족부양의 어려움을 벗어나 '보다 잘사는 나라' 한국에서 새로운 기회를 얻기 위해서였다.137) 다른 한편 나이가 많아 결혼하기 힘들었던 한국인 남편은 주로 동남아 출신 신부가 순수하고 가부장적인 환경에 잘 적응하리라는 기대를 가졌었다.138) 그런데 막상 가정을 이루고나니 부부환경과 가족들, 사회인들의 인식이 생각만큼 쉽지 않다는 데서 어려움을 겪는다. 또, 다문화가정이 주로 매매혼에서 시작하다보니 외국인 이주인을 약자로 인식하고 남편이나 시어머니는 가부장적 권위주의를 일방적으로 강요하는 편이다.139) 주로 이 문제는 한국의 부계주의(父系主義)와 필리핀, 태국, 인도네시아. 베트남의 양계주의(兩係主義)가 충돌하는 데서 생긴다. 우리가 인식하지 못하는 사이에 다문화가정 당사자 사이에는 갈등이 생기고 자녀는 학교와 직장에서 정체성 혼란을 겪으며 부모가 이혼을 하는 등 가슴아픈 사례가 빈발한다.140) 이것은 남의 일이 아니다.

한민족 민족주의는 새로운 숙제를 안게 되었다. 이들을 우리 민족 안에 포용해야 한다. 원래 민족이란 언어, 혈연, 지연, 풍습 등을 공유하는 공동체이지만 혈연만을 요소로 하지는 않는다. 그리하여 우리 한반도에서 지역적 공동성을 기초로 하는 사람들은 우리 민족의 범주에 넣어야 한다고 필자는 생각한다. 사실 따지고 보면 우리 한민족도 순수한 단일민족은 아니다. 필자 자신이 인류학적, 생물학적 연구를 한 바는 없고 한민족의 혈통에 관한 역사적 연구도 들어본 적이 없지만, 설사 우리 민족의 혈통에 관해 단일성을 주장한다고 하더라도 별 도움이 안된다. 과거 중국과의 관계, 해양민족과의 관계 등을 고려하더라도 그러하다. 현재와 미래에도 이러한 혈통관계를 따져 순혈주의를 강조하는 것은 우리에게 아무런 이득도 없다. 그러니 한민족 민족주의도 일단 한반도의 지역 공동성을 기초로 하고 한반도의 지역을 기초로 했던 해외거주 한인들을 하나로 묶는 것이 어떨까?

우리의 불균형적인 성비, 낮은 출산율, 구인난을 해소하기 위해 받아들인 외국인이라면 가족과 이웃이 적극적으로 나서 도와주어야 한다. 여기에서 민족주의와 외래문화의 충돌이 있어서는 안된다. 진정한 민족정신의 소유자는 민족이 당면한 과제를 잘 알고 현명하게 풀어가는 사람이다. 민족정신이라고 하여 혈연만을 강조하게 되거나 국수주의(國粹主義)에 흐르게 되면 해결할 수 없다. 다문화가정이 가족을 잘 형성하고 2세를 건강하게 키워 사회에 잘 통합되어야 우리 대한민국의 질서도 유지되고 한민족의 미래도 보장된다. 결혼과정과 취업상황에 잠재된 구조적 차이를 당장 하루아침에 없앨 수는 없다. 그러나, 한국어 교육을 체계적으로 하고 후세에 대한 적응 프로그램을 두고 유용한 정보를 제공하며 고국의 친척, 친정과의 유대관계를 배려하는 등의 노력을 통해 한국이 낯선 곳이 아니라는 인식을 심어주어야 한다. 요컨대, 문화가 다르다는 데서 나타난 어려움을 현명하게 풀어나가야 한다.

그리고 어차피 나뉠 수 없다면 하나로 섞을 수 밖에 없다. 다인종사회인 미국은 인종적 차이 이외에도 역사적 차이, 문화적 차이, 종교적 차이에 이르는 어려움을 딛고 국민을 하나로 엮어 아메리카 공동체를 만들어내지 않았는가? 우리 한민족도 못해낼 이유가 없다. 삼국시대에 전래된 불교문화, 한문화 그리고 고려후기에 받아들인 유교문화도 본시 우리 것이 아니었다. 그렇지만 창조적으로 소화해내 우리 문화의 일부로 만들었다. 비록 밖에서 온 물줄기라도 외래의 장점을 선택하고 우리 것을 양보하는 개방적 태도가 필요하다. 이런 유연한 태도는 새로운 가정을 만드는 일, 학교에서 가르치는 일, 사회를 유지하는 일에서 외국인을 대하는 우리 모두에게 필요하다. 이 노력으로 다문화가정이 훌륭하게 서게 되면 앞으로 한국사회의 건강성과 생명성에 엄청난 자극이 될 것이다.

반 만 년 단일민족이라고 생각하고 살아온 우리들은 외래의 문명, 외래의 사람에 대해서 낯설고 이 낯설음은 종종 적대적인 감정으로 나타나기도 했다. 그러나, 이는 우리가 세계에서 우뚝 서는 한민족이 되기 위해서 극복해야 한다. 미국, 중국, 유럽, 캐나다, 호주, 심지어 일본마저 이러한 과정을 겪었다. 비단 우리만의 문제가 아니다. 영국, 프랑스, 독일, 캐나다, 호주 등 국가는 결혼이민자에 대한 특별배려를 하여 수 백 시간에 이르는 언어교육, 사회적응 교육을 의무적으로 이

수하게 하고 그 교육비는 국가가 부담하여 해결한다.141) 비록 우리 국가재정이 어렵기는 하지만 한국에서도 이런 배려는 필수적이다. 나아가 합법적으로 체류하는 외국인 근로자에 대해서도 차별을 시정하는 사회정책적인 배려를 해야 한다. 한반도 좁은 땅에서 대륙이나 해양으로 진출하기 어려웠던 5천 년 동안에는 단일이라는 의식으로 살 수 있었지만 더 이상 그럴 수 없다. 혼혈가정이라고 하여 차별하는 일도 없어져야 한다. 우리 한민족은 더 현명해져야 하고 더 적응성이 있어야 한다.

그런데, 궁극적으로는 성비의 불균형, 낮은 출산율, 근로자의 부족 등 국내문제를 외국에 눈을 돌려 해결하려 하지 말아야 한다. 국내 젊은이의 결혼율을 높이고 출산을 많이 할 수 있는 환경을 만들어야 한다. 국내의 구조적인 문제를 그대로 두고 언제까지 외국인과의 결혼 장려책으로만 풀 수 없는 일 아닌가? 다문화주의는 그 자체가 목적이 아니라 한국인의 정신세계에 대한 자극제로서의 역할을 수행해야 한다. 단지 국가경제의 운용에 일시적으로 편리하고 당장 시급한 문제를 해결해야 한다는 이유로 외국의 똘레랑스(다문화, 타민족 용인) 운동이 권유하는 정책들을 맹목적으로 추구해서는 안된다. 그것은 단순히 민족주의의 입장에서가 아니다. 장기적인 국가경영 차원에서 심각한 문제를 만들 위험이 있기 때문이다. 개개인의 불법적 이익 추구, 욕망의 무절제한 발산을 인권보호라는 명분으로 옹호해서는 안되듯이 다문화주의라는 것 때문에 전통적인 민족문화와 고유가치에 대한 교육·홍보 포기를 해서는 안된다. 같은 이유로 한국 고유의 전통이나 문화를 이해하지 못하거나 동화자체를 거부할 수 있는 외국인 노동자들의 대량수입은 자제되어야 한다. 바람직한 민족정체성의 고양이나 국가경영 차원의 장기적인 계획 없이 무리한 정책을 추구해서는 안된다.142)

그러나, 일단 우리 사회가 필요에 의해 받아들인 외국인에 대해서는 따뜻한 마음으로 대해야 한다. 다문화가정에 대한 깊은 이해 위에서 차별을 없애고 경제적, 문화적, 복지적, 인권적 차원에서 관심을 가져야 성숙한 시민사회가 된다. 이를 위해서는 끊임없는 연구와 교육이 필요할 것이다. 이렇게 힘쓰는 개개인이 많아져야 사회적 문제를 해결할 수 있다. 그리하여 한민족 민족주의는 국민통합의 걱정 없이 공동의 목표로 전진하는 저력을 가질 수 있다.

24. 배타적 민족주의를 넘어서야 성숙한 민족주의

민족주의를 잘못 이해하면 민족간의 갈등을 조장해 전쟁까지 일으킨다. 1969년 7월 축구 때문에 엘살바도르와 온두라스 간에는 전쟁이 벌어졌다. 사흘간에 걸친 이 전쟁으로 3천명이 죽고 1만 2천명의 부상자를 냈다. 애국심과 민족주의를 오해하면 이러한 부작용이 나타난다. 나찌 시대에는 인종주의까지 나타나 유대인에 대한 집단학살까지 저질렀다.

본시 민족개념에는 이중적인 뜻이 있다. 내부적으로 동질성을 말하면서도 외부적으로는 차별성을 이르기 쉽다. 민족주의는 도덕적으로도 두 가지 면이 있어서 한편으로 자신의 민족을 측은하게 여기면서 다른 한편에서는 이민족에 대한 투쟁, 범죄, 증오를 선동하기 일쑤이다. 수 천 년에 걸친 러시아·동유럽의 유대인 탄압, 독일의 나찌주의, 이태리의 파시즘에 악용되었다.[143]

그리하여 흔히 민족주의가 국가 이데올로기로 오용(誤用)·남용(濫用)됨을 걱정한다.[144] 탈 민족주의 논쟁이 인문학, 사회과학 영역에서 논의되는 것은 민족주의의 폐쇄성을 염려하고 국가주의와 결합되었을 때의 위력을 걱정하는 탓이다. 물론 민족의식을 인종이나 문화, 언어의 차이에 대한 배타성으로 인도하면 다른 집단과의 갈등을 유발할 수 있다. 그러나, 이 잘못의 원인을 전부 민족주의에 돌리는 것은 본질과 외양을 혼동한 것이다.[145] 이 병리 현상을 두고 민족주의의 죄과(罪過)로만 지목하는 것은 옳지 않은 것이다. 한민족 민족주의는 우리 한민족의 생존 모색일 뿐이다. 한민족 민족주의가 국내적으로 사회적 약자(弱者)를 억압하고 소외시키는 것이 결코 아니듯이 국제적으로도 다른 민족이나 국민을 억압하거나 공격하려는 나쁜 의도가 없다. 다른 아시아 국가들과의 친교도 우리 민족의 자긍심을 우선 기본바탕으로 해야 하는데 그 바탕이 민족의식인 것이다.

근대화와 씨름한 지 한 세기가 지난 지금, 우리는 이미 세계화, 지구화 시대에 들어와 있다. 과거 근대화가 민족주의 이름하에 진행되었다면 오늘의 세계화는 탈 민족주의(탈 영토화)의 대세에 편승하고 있다. 그러나, 지금 우리가 피할 수 없는 세계화는 민족주의 관점에서도 충분히 그 필요성을 받아들일 수 있다.146) 오히려 민족주의로 무장한 세계화 지향노력만이 더욱 내실있는 세계화가 될 것이다. 세계화의 시대라고 하여 민족주의의 가치가 폄하될 수 없는 것은 세계화가 민족의 실체를 변형시킬 수 없기 때문이다. 이를 잘 이해해야 세계화도 성공한다. 앞으로 우리는 세계화의 시대에 맞는 민족국가 형태를 기획하여야 한다. 이른바 '열린 민족주의'147)를 지향하여 민족국가 간의 이해관계를 전제하면서 합리적으로 국제규범을 수립하는 방향으로 나가는 것이 더욱 현실적인 외교방안이 될 것이다.

그런데, 한국에서 '열린' 민족주의를 말하기에는 그 획일주의적 강압과 배타적 세계관이 너무 강하게 작용한다는 우려도 있다.148) 그러나, 한민족의 정체성에 대한 자신감이 반드시 한반도 밖 외국과의 충돌로 나타나지는 않는다. 오히려 국제질서에서 발생하는 갈등을 쉽사리 이해하고 창조적으로 소화·극복해내는 에너지를 만들어낼 것으로 믿는다. 사회주의(공산주의)적 국제주의(마르크스의 구상)는 사회주의(공산주의) 자체가 용인될 수 없는 것이기에 실패할 수 밖에 없었다. 한국인들이 공유하는 민족의식 또는 민족적 정체성은 충분히 정당하기에 인류보편의 평화사상과 어긋나지 않는 정신세계이다. 한민족 민족주의는 국제평화주의와 조화될 수 있다.

한민족 민족주의가 배타적 민족주의로 흐르지 않게 하기 위해 문화적 민족주의를 지향하는 움직임도 있다. 이는 민족주의를 혈연적이거나 폐쇄적 지역주의로 이해하지 않고 문화적인 가치로 설명하려는 것이다. 예컨대, 우리의 민족주의를 동학에 바탕을 둔 것으로 보고 동학은 동북아시아의 정신세계(유교, 불교, 선교(도교))를 지닌 것인데, 서세동점의 역사적 현실을 평화, 생명적으로 승화시킨 것이라고 한다.[149] 이것은 배타적 민족주의의 한계를 넘고자 하는 뜻있는 사람들의 노력이다.

우리에게 민족주의란 의식이 어차피 잠재되어 있는 것이라면 이를 발전적 방향으로 유도·승화해야 한다. 이를 사전에 제어하고 희망적인 에너지로 전화(轉化)하기 위해서는 민족주의 이념을 잠재된 것으로 숨길 것이 아니다. 이를 가시화하고 그 지향점을 세계화와 모순되지 않게 하는 노력을 기울여야 한다. 이를 잘하지 못할 때 오히려 다른 민족·국민에 대한 배타성이 표출된다. 민족주의가 폐쇄성을 갖기 쉬운 원인을 알고 고쳐나갈 일이다.

민족주의는 궁극적으로 인류 전체에 대한 사랑의 실천으로 발전할 수 있다. 자기 민족을 사랑해 본 사람만이 다른 민족에 대한 이해와 애정이 가능할 것이기 때문이다. 이러한 확대 및 상승의 과정을 거치면서 우리 한민족의 민족주의도 한층 높은 차원으로 발전할 수 있다. 어떤 개인이나 집단의 정체성도 다른 개인이나 집단과의 접촉·경쟁을 거치면서 자신의 단점과 문제점을 발견하게 되고 더 높은 지향점을 발견하게 되는 이치이다.150)

외국인과 타민족에 대하여 감성적인 배타의식으로 대하지 않고 우리의 이익과 외국인의 이익을 조화시켜서 실리를 추구하게 하는 것이 성숙한 민족주의이다. 외국, 타민족에 대한 배타주의와 충돌로 이익을 얻기 힘들다는 것은 역사적 경험상 분명하다. 종족적 민족주의를 극복하고 민족주의의 내용을 자유민주주의로 채워나간다면 공리적(功利的) 민족주의로 나아갈 수 있다. 이것이 민족주의의 거친 원시성(原始性)과 자유민주주의의 이기적(利己的)인 결점을 동시에 극복하는 길이기도 하다. 이렇게 보고자 하는 필자의 시각에 동의해 준다면 성숙된 민족주의를 민족 구성원(또는 국민들)에게 설득하는 것이 그다지 어렵지 않다.

우리나라의 경우 민족주의는 외국, 타민족에 대한 관계에서 우리 민족의 핏줄 단일성을 강조하는 배타성에서 벗어나야 한다. 그러나, 남의 것을 무조건 존중하는 부화뇌동도 올바르지 않다. 우리는 엄연히 민족이 나누어져 있는 분단국가이다. 민족주의는 남한과 북한 모두에서 강조된 이념이었고 민족통일의 정당성 근거였다. 중국, 일본, 러시아, 미국, 유럽 등에 거주하는 해외의 동포들도 민족의식은 삶의 뿌리였다. 이런 현실에서 민족의 동질성을 강조하는 교육은 얼마든지 필요하다. 이런 노력 없이 통일은 불가능하다. 그런데, 아이러니컬하게도 외국인, 타민족의 도움과 이해가 없으면 민족의 통일도 상당히 어렵다는 게 국제역학(國際力學)이다. 이 점은 우리가 외국인, 타민족을 존중하는 공리적(功利的)인 생각의 기본이다.

이러한 현명함과 공리적인 생각은 후세의 교육에도 반영되어야 한다. 주변국의 역사왜곡에 대응하면서도 다문화사회, 국제관계에 적응하는 노력이 있어야 한다. 구체적으로 사회과, 국사, 세계사 과목의 중학교·고교 교육과정에서 이를 충실히 반영해야 한다.151) 우리의 민족교육은 저항민족주의에 머무르기보다 창의적 민족교육으로 마련되어야 한다. 궁극적으로 우리를 우위에 서게 하는 선도적, 문화적 민족주의로 나아가야 하는 이유이다. 그것이 우리가 주변국의 시기와 질투, 견제를 딛고 남북통일을 이루는 길이요 미래에 번영하는 첩경이다.

제2부
한민족 민족주의의 꽃은 자유민주주의

　필자는 한민족의 민족주의가 성공하기 위해서는 자유주의, 자유민주주의가 꼭 필요하다고 생각한다. 자유주의는 사유재산권, 경쟁, 법 앞의 평등, 정부간섭을 줄이는 것을 강조하는 이념이다. 우리나라가 잘 사는 나라가 되려면 이것이 필요하다. 또, 한민족 민족주의가 번성하려면 이것이 바탕이 되어야 한다. 그런데 자꾸 여기에서 멀어져 가고 있다.

　자유주의, 자유민주주의에 대해 아직 대중들은 잘 모른다. 그리고 잘 받아들이지 않으려 한다. 분배를 해 달라는 것은 쉽지만, 자유주의로 성장하자는 것은 어려워한다. 유럽에서도 아담 스미스의 성장이론보다 리카도의 분배이론이 더 빨리 받아들여진 연유이다. 또, 자기의 작은 이익과 큰 이익간에 이중적인 태도를 보이는 것도 그 이유이다.

글로벌 금융위기가 되자 더욱 자유주의, 시장경제에 대해 비난강도를 높였다. 그러나, 자유주의는 개인의 자유를 중요하게 생각하여 풍요로운 세상을 만드는 방법이다. 일자리 만들기 등 진정한 국민행복 방안을 마련하려면 정부의 개입을 줄이고 인기영합적인 복지정책은 수정되어야 한다. 만약 자유주의, 자유민주주의의 이념이 무시된다면 국민들을 가난으로 내몰고 우리 민족은 국제사회에서 설 자리가 없어진다.

문제는 우리 사회의 많은 지식인 엘리트가 자유주의, 자유민주주의에 대해 반대하는 기류를 만들고 있다는 점이다. 자유주의에 대해 반대하는 사람들은 자유주의, 자본주의라는 말을 경멸하고 자본주의의 기업인은 노동자를 착취한다고만 터무니없이 왜곡한다. 그러나, 우리 대한민국이 이만큼이라도 먹고 사는 것은 자유주의, 자본주의의 길을 선택했기 때문이다. 기업가, 자본가만이 잘 산다면 어찌 이런 풍요한 사회가 이룩되었겠는가?

그리하여 대중들을 설득하여 자유주의, 자유민주주의의 길로 나서게 해야 한다. 그래야만 가난에서 벗어나고 부패에 기울기 쉬운 보수주의의 폐해도 막을 수 있다.152) 지금까지 자유주의, 자본주의를 채택한 나라는 번영과 풍요를 누렸지만 반(反)자유주의, 반(反)시장경제에 기운 나라들은 몰락했다.

1. 가난에서 벗어난 나라를 만들어야

우리 민족이 살아가려면 경제적 기초, 선진화, 민족 통일 모두 필요하다. 그러나, 이 모든 것을 한꺼번에 손아귀에 넣을 수는 없다. 그렇다면 먼저 가능한 범위에서 경제건설을 이루어야 한다. 구성원의 연대주의, 평등주의가 사회적 소외계층에 달콤한 꿀처럼 다가가지만 이를 국가의 생산체제, 정치체제로 구축하게 되는 순간 국민경제, 국가체제가 다른 나라와의 경쟁을 할 수 없을 정도로 추락한다. 현재 사회민주주의, 사회주의, 공산주의, 김일성 주체사상으로 빈곤에서 벗어난 나라가 없다. 공산주의 중국이 경제적으로 도약한 것은 등소평의 지도하에 공산주의 일변도를 버리고 자유주의적 개혁개방을 한 결과이다. 결코 중국의 공산주의(사회주의) 자체가 성공한 게 아니다. 나아가 빈곤층, 노약자, 고아, 심신장애자, 마약이나 알콜 중독자 등 사회적인 배려가 필요한 약자들에게 가장 구원의 손길을 잘 뻗을 수 있는 것은 자유민주주의이다. 자유주의 경제발전을 토대로 한 사회보장제야말로 어떤 사회주의 배급제보다 훌륭하기 때문이다.

우리나라는 지난 10년 동안 저성장에서 벗어나지 못하고 있다. 고성장을 자랑하던 우리의 경제성장율이 세계의 평균보다 낮다.153) 고성장을 하려면 기업가의 의욕을 북돋아주어야 한다. 기술개발과 상품혁신 의지가 강하게 해야 한다. 그런데도 경제민주화의 이름으로 재갈을 물리는 국회의 규제입법, 정부의 규제행정이은 강경해져서는 안된다. 경쟁국가에서는 손뼉을 치고 좋아할 게다. 필자의 이 생각은 기업을 편들고자 하는 것이 아니다. 편들 이유가 없다. 그러나, 마녀사냥은 안된다. 미워도, 시기 질투가 나도, 기업가는 우리 사회에서 일자리를 만들고 소득을 높이는 엽록소다. 기업가가 너무 위축되면 가난에서 벗어날 길이 없다. 이렇게 말하면 친(親)기업이라고 하는가? 짧게 보면 그럴 것이다. 그러나 길게 보아 진정 서민, 민중을 위한다면 건전한 기업을 많이 만들고 키워야 한다. 그래서 서민을 고용하게 해야 한다. 비리(非理)는 엄벌하되 선행(善行)에는 상을 내려야 한다. 엄벌만 있고 포상이 없다면 어찌 될까? 간단하다. 기업을 접을 것이다. 기업 없는 나라, 즉 가난한 나라로 될 것이다.

가난은 옛날이나 지금이나 참으로 어려운 개인적, 사회적 문제이다. 가난은 정말 무서운 것임에도 여기에서 벗어나는 것이 쉽지 않다. 가난하면 사회적으로 하층으로 전락한다.

그런데 언제나 낮은 곳에 임해야 하는 성직자들의 주요 임무는 가난한 이를 위로하고 가난에서 벗어나도록 돕는 것이었다.154) 성직자들이 가난한 이들을 돕는 것은 가난 자체를 미덕(美德)으로 보아서가 결코 아니다.155) 어쩔 수 없이 가난에 내몰린 이들에게 긍휼과 축복을 내려 희망을 잃지 않도록 하려는 것이다.156) 아무리 가난하더라도 자신의 탐욕과 방탕으로 가난하게 된 사람들에게는 이들 성직자도 도움을 거절했다. 성직자들도 가난에 대해서는 매우 분별하여 대한 것이다. 불가(佛家)에서도 부처님에 대한 공양(供養)은 쌀, 돈 등 물질적 공양을 내용으로 했다. 대체로 종교인, 성직자들도 신(神)에 대한 경배를 조건으로 하여 가난한 이를 구제하려 애썼던 것임을 알 수 있다.

가난은 특히 어린이들에게 치명적이다. 가난하게 되면 어린이들은 정서적, 육체적으로 바로 자라지 못한다. 정서적으로 우울·불안하니 학교생활에 적응하기 어렵다. 가난한 부모들이 자녀에게 책을 사줄 사정이 안되므로 학습에 결정적으로 중요한 독서가 부족할 수 밖에 없다. 빈곤아동의 경우 우울, 불안의 정도, 공격성, 비행, 주의산만, 낮은 자존감이 다른 아동에 비해 매우 심하다.157) 학교에서 적응장애를 일으키는 경우 어른이 되어서도 반(反)사회적으로 발전하기 쉽다. 사회와 국가에 대해 반항심을 갖기 쉽고 범죄에 노출되기 쉽다. 이미 반(反)사회적 행동, 범죄에 노출된 경우에는 국가교정시설에서 교화하기 매우 어렵다. 우리 사회와 국가의 큰 부담이 된다.

어린이 뿐만 아니라 어른의 경우에도 가난 앞에서는 장사가 없다. 노인들의 경우 가난은 외로움, 질병, 영양실조로 이어지고 심하면 자살의 원인으로도 된다. 가난하게 되면 절망하고 우울해지며 자살로까지 이어지기 쉽다. 물론 아무리 어려워도 자살이라는 극단적인 선택을 해서는 안된다. 그러나, 통계적으로는 가난과 자살은 매우 높은 관련성이 있다. 우리나라 노인들의 어려움 중 가장 큰 것도 가난이다.158) OECD국가 중 우리나라의 자살율이 가장 높은 것159)은 가난이 큰 원인일 것으로 본다.

후진국의 경우 가난은 먹을 것 해결을 어렵게도 하지만, 가난 속에서 전염병, 인종분규가 더 생기고 전기, 식수와 위생시설마저 부족하게 되어160) 생존환경을 원시화한다. 공무원은 책임감이 적어지고 경제적 과실(果實)은 전 국민에게 골고루 나누어질 수 없다. 그러니 정치적 부패와 경제적 양극화도 가난한 나라에서 극심해진다.

대한민국 사회가 사회통합을 하기 위해서도 가난에서 벗어나야 한다. 가난하게 되면 서로 머리를 쥐어뜯고 싸우게 된다.161) 조금 더 부자가 되면 조금 덜 싸우고 더 많이 부자가 되면 더욱 덜 싸운다. 이것은 동서고금의 진리다. 가정이나 사회나 같다. 더 많이 생산하고 더 많이 이윤을 남기는 일을 해야 한다. 그런데 우리 현실을 보면 노동생산성은 점점 낮아져 고용도 줄어드니 근로자에게 분배되는 임금이 준다.162) 지금처럼 경제성장률 2% 가지고는 나눠먹을 것이 없다. 현상유지도 어려울 지경이다. 이래가지고는 전 국민이 가난의 수렁에서, 빚의 구렁텅이에서 벗어날 수 없다.163)

부국(富國)은 모든 시대 모든 나라의 소망이다. 그러자면 우리나라는 더욱 공업과 상업을 부흥시켜야 한다. 농업도 소득을 많이 올리는 사업이 되도록 노력해야 한다. 그러면서 더욱 우리의 식량안보를 튼튼히 해야 한다. 그 길은 중상주의이다. 중상주의로 나가야 우리가 산다. 한민족의 각성의 싹이라고 할 수 있는 실학사상(實學思想)에 중상주의(重商主義)가 들어있는 이유이다. 생산에 관계없는 공자왈, 맹자왈로는 안된다는 의식에서였다. 그러니 기업천하지대본(企業天下之大本)이 되어야 한다.

민주주의를 잘 성숙시키기 위해서도 가난에서 벗어나야 한다. 당장 오늘 먹을 세 끼의 밥이 있어야 한다('민주주의는 산업화를 먹고 자라는 나무'가 아닌가?) 나아가 통일 후 기업이 담당해야 할 일은 더 커질 것이다. 생산·유통·분배에 이르기까지 기업의 손길이 미치지 않는 영역이 없다. 경제발전·통합의 과제가 정부보다 기업의 역할로써 더 능동적으로 해결될 수 있다.

실학에서도 농학(農學), 상학(商學), 기기학(汽機學), 공예학(工藝學)이 실업학(實業學)으로서 민족중흥 기제로 인식되었던 것과 같이[164] 오늘날 주식회사로 대표되는 기업은 국가발전을 선도하는 큰 과제를 짊어져야 한다. 그리고 기업이 회사를 훌륭히 경영하여 세금을 많이 내는 것 자체로 마땅히 애국애민(愛國愛民)하는 것으로 인정받아야 한다.[165] 이것을 인정함에 인색하다면 우리나라는 실업(失業)과 가난에서 영원히 벗어날 수 없다.

2. 북한, 중국, 일본에 얕보이지 않는 강한 군대를 만들어야

군대는 매우 중요하다. 군대는 국민의 생명과 재산을 지키는 최후의 보루이다. 국가의 성립과 발전없이 민족이 흥륭할 수는 없다. 그 국가를 지키는 것이 군대이다. 한 국가에는 무엇보다 영토와 주권의식이 중요한데 그 안정장치가 군대이다. 이를 국가주의라고 비난할 수는 없다. 일제는 대한제국의 군대를 해산시킴으로 조선왕조의 마지막 숨통을 끊었던 역사적 사실을 결코 잊지 말아야 한다.

군대는 전쟁의 가능성 때문에 존재한다. 그러니 조직과 기율로 무장될 수 밖에 없다. 이러한 특징이 특유한 문화를 낳는다.166) 적에 대한 인식은 명확해야 하고 이것이 불명확하면 전쟁이 발발한 때 패전할 수 있다. 그리하여 정신교육이 대단히 중요하다. 그러나, 우리의 경우 휴전선을 두고 대치하는 북한군에 비하여 정신교육이 턱없이 부족하다. 신세대 중 일부이겠지만, 사명감이나 헌신성이 부족하다. 군 복무 기간을 인생의 단절기, 손실로 생각하는 경우도 있다. 신세대 장병의 충성을 유도하기 위해서 지휘관은 과거보다 더 높은 도덕성을 지녀야 하고 우리 사회도 군 복무기간이 단절기가 아님을 보여야 한다. 그리고 군 복무자를 애국자로 격려하는 분위기를 만들어야 한다. 그리하여 자유민주주의의 장점을 살려 대한민국을 왜 지켜야 하는가의 교육이 이루어져야 한다. 그런데 우리 학자들 중에는 대한민국의 정통성을 부정하는 사람도 있어서 이것이 효과적으로 이루어지지 못한다. 북한의 핵개발, 장거리 미사일 발사에 맞서서 대한민국을 지키는 국군의 역할이 커져야 한다고 말하면 국가주의, 냉전시대의 착오 등으로 비난하는 학자도 있다.

맹목적 평화주의자들은 특히 위험하다. 이들은 전쟁 자체는 모두 그 목적을 달성한 것이 없다고 말한다. 그러나, 이 주장은 명백히 잘못된 것이다. 사실, 중세교회의 주요 신학자들도 침략전쟁은 반대했지만, 야만인에 대항한 성소(聖所)의 방위를 임무로 한 방어 전쟁은 한결같이 긍정했다. 종교와 공공의 안녕을 위하여 가난한 자와 억압된 자에 대한 사랑으로 창과 방패를 든 신(神)의 아들들은 숭앙되었다. 유럽에서 이러한 전통은 공인된 것이다. 물론 십자군 전쟁처럼 세속적 욕구가 표출되어 무고한 양민을 해친 적도 있다. 그러나 모든 전쟁이 그러한 것은 아니었다.

기만적 평화주의자들의 주장은 거짓된 가르침이며 평화주의를 이단을 위해 봉사하게 하려는 목적을 지니고 있다. 그 사랑은 진실의 나약하고 기만적인 모방일 뿐이다. 이들은 때때로 평화는 그 자체가 목적이라는 달콤한 주장을 하기도 한다. 그러나, 그러한 나약함에서는 평화가 아니라 전쟁을 맞고 그 전쟁의 비참한 희생자로 전락한다. 그리스도께서도 "나는 평화를 주기 위해서가 아니라 칼을 주기 위해 왔다"고 하셨다. 신께서는 정의와 법과 자유를 수호하는 것을 우리의 과제로 정했다. 참된 평화는 올바름을 추구하는 지난(至難)한 노력에서 찾아진다. 결국 평화는 저절로 떨어져 받아먹는 감이 아니다. 우리 스스로 감나무 위에 올라가 따먹어야 하는 감 열매이다. 이 땅의 기만적·친북적 평화주의자는 모든 전쟁, 심지어 방어전쟁까지 부정한다. 그 결과 이들은 논리필연적으로 시민사회를 부정하는 무정부주의에 빠진다. 이들은 적들 뿐만 아니라 친구도, 사회도, 가정도, 민족도 진정 사랑하지 않기 때문에 무책임하게 우리의 충실한 군인과 군사지도자만 비판한다. 또, 북한의 무기개발은 전혀 말하지 않으면서 우리나라 방위산업체의 무기 생산을 비난하고 마치 부도덕한 것처럼 선전한다. 그리하여 군대의 물리력, 정신력을 약화시키고자 안간힘을 쓴다.

군사력의 우위를 갖는 측은 열세인 측을 업신여기고 침략하려는 야욕을 가지게 된다. 6.25 전쟁이 발발하기 전 북한군은 13만 5천 명의 군대를 가지고 있었다. 그 외에도 소련제 T-34탱크 240대, 야크전투기와 IL폭격기 200여대, 중야포와 중박격포를 갖추고 있었다. 그 반면 국군은 고작 병력이 6만 5천명에 지나지 않았다. 탱크와 기갑차량은 1대도 없었다. 포병은 탱크를 격파할 수 없는 바주카포와 화포만이 있었고 비행기는 6대의 정찰기 뿐이었다. 이같은 군사력의 불균형은 전쟁의 도화선이 되었다.[167] 또 초창기 국군의 내부에는 심각한 이념 문제가 있었다. 철저한 신원조사 없이 누구든지 군대에 받아들였기 때문에 10%정도가 남로당원이었다. 후일 여수순천 반란사건의 주모자 김지회도 이렇게 군대에(중위) 잠입해 들어갔다.

지금 북한의 경우 군대는 군 본연의 임무는 물론이고 정치, 사회통제에도 중요한 기능을 한다. 공산주의 국가는 대체로 당이 군대를 지휘감독하지만, 북한의 경우 혁명과제와 함께 위기관리까지 군대에 맡겨 군대문화는 일반인의 생활까지 깊이 지배하고 있다. 선군정치(先軍政治)를 하는 북한은 스파르타적 군사국가로 된 지 오래다. 그에 비해 대한민국은 아테네적 문민국가(文民國家)이다. 현재의 남북 군사적 불균형은 상당히 위험하고 매우 염려스럽다. 북한의 군대는 '조국과 인민의 이익을 보호하기 위해 복무'한다고 한다.[168] 그러나, 북한의 군대는 한민족 전체의 이익을 지키려는 것이 아니라 무산자의 계급적 이익만을 위한다는 점에서 민족적 이익에 반한다. 이러한 북한 군대의 계급적 성격은 해방직후 북한에 진주한 소련군에 대한 찬양의 태도에서도 잘 나타났다.[169] 그런데, 터무니없는 북한 군대의 선전효과야 어떻든간에 그 군대의 정신교육 지향성은 뚜렷하다. 그에 맞서는 우리 군대의 젊은이는 어느 정도의 애국심으로 무장되어 있는가? 필자가 보기에는 모자라도 한참 모자란다.

북한의 도발에 대비해서뿐만 아니라 중국과 일본에 대한 관계에서도 군대는 매우 중요하다. 한국, 중국, 일본은 언제나 과거의 역사문제로 대립하고 있다. 역사문제는 바로 영토문제와 군사적 분쟁가능성으로 연결된다.

　먼저 중국을 보자. 중국은 역사적으로 한반도를 아예 자신의 속국으로 생각하는 경향이 있다. 이러한 생각은 동북공정(東北工程)으로 이어졌다.170) 고구려, 발해, 간도의 역사까지 왜곡해가며 그 역사가 중국의 변방 역사라고 주장한다. 중국이 광개토왕, 장수왕에 대한 연구를 열심히 하는 이유이다. 비록 현재의 영토는 북한의 것이라도 과거의 역사로 보아 고구려의 역사라면 고구려가 평양으로 서울을 옮긴 이후의 것(만주, 북한)도 모두 중국 역사 연구의 대상이다. 중국 학자 마대정(馬大正), 손진기(孫進己) 등에 의하면 고구려는 그 판도 전체가 한나라의 군현이었으므로 본래 중국 영토였다고 한다. 이 기준에 의해 만주와 북한지역을 포함한 고구려사 전체가 중국사였다는 주장까지 한다.171) 이대로 가면 우리 한민족의 역사는 2천 년 밖에 안되고 공간적으로도 한강 이남 지역밖에 안될 것이다.172) 참으로 한반도 역사 빼앗기의 전쟁선포이다. 이러한 중국의 심성 때문에 북한 급변시 북한에 대한 중국개입의 정당성까지 주장할 것으로 우려한다. 중국은 일본과 같이 우리 한민족의 통일한국 건설을 별로 반기지 않을 것이다. 베트남 통일 이후 겪은 중국-베트남 분쟁 경험이 한층 이를 더하게 할지도 모른다.173) 중국의 역사 빼앗기에 대해서 우리는 감정적으로만 대할 것이 아니다. 사료 중심의 충실한 협동연구를 진행하고 체계적 반론이 있어야 한다. 거대한 중국의 풍부한 예산·연구인력으로 입체적으로 공격하는 한민족 역사 빼앗기에 대응해야 하는 과제가 새로 생겼다.

나아가 중국은 한반도에서 영향력을 키우기 위해 북한정권을 지원한다. 북한은 중국이 한반도에 진출하는 징검다리다.174) 북한의 대한민국에 대한 도발을 묵인하거나 감싸온 것도 중국이다. 탈북 동포에 대해서도 그 인권을 존중하기보다는 북한 정권의 요구에 응해 송환하는 중국의 태도는 이러한 계산의 연장선에 있다.175) 사실 중국이 이렇게 북한 정권을 노골적으로 보호하지 않았다면 이미 우리는 통일한국을 건설했을 것이다. 북한 정권 쪽에서는 중국의 이 국제정치적 보호와 경제적 지원이 당장은 눈물겹도록 고맙겠지만, 길게 보아 우리 민족에게 독(毒)이 됨을 알아야 한다.

그리고 일본과의 관계를 살펴보자. 이명박 대통령은 일본의 내각과 원만한 외교를 했었다. 그러나, 2012년 8월 이후 한일간의 관계는 최악으로 내달았다. 한국과 일본의 우호적인 관계도 어느 하나 아킬레스건을 건드리기만 하면 급전직하(急轉直下)로 냉각될 수 있음을 잘 보여주었다. 국가와 국가간의 이해계산(利害計算)이 얼마나 냉엄한가를 우리는 알아야 한다. 중국의 부상, 북한의 핵과 미사일 도발로 한일관계가 공조·협조체제를 유지해야 한다는 현실정치적 면이 있음에도 한 치 양보가 없는 분쟁이 일어났다. 이것이 우리 대한의 국민, 한민족이 맞고 있는 냉정한 현실이다.

한일간의 갈등은 역사인식을 둘러싼 문제, 과거사처리의 평가, 독도영유권 문제 등이다. 한일간의 역사인식 문제는 을사늑약과 한일합방조약에 대한 인식, 역사교과서 왜곡, 위안부 문제, 일본 각료의 야스

쿠니 참배에 대한 갈등이다. 이러한 국제적인 이슈에는 전략적이고 장기적으로 대응해야 한다. 이를 위해 철저하고도 충분한 연구와 제3국에 대한 학문적 설명, 설득이 필요하다. 역사적으로 국제법적으로 우리가 넘어야 할 장벽이 적지 않다.[176] 작은 성과에 만족하고 안이하게 제3국이 우리 편이 쉽게 되어줄 것으로 기대해서는 안된다. 오로지 학문적 열정과 철저한 준비, 자료의 발굴과 체계적 정리만이 우리 영토를 보전하게 해준다.

국제사회에는 영원한 우방도, 영원한 적도 없다. 우리 군대는 이에 철저히 대비해야 한다. 그리고 국제정치적 목적을 갖고 평화유지군 활동 등 평화와 인도주의적 역할도 수행해야 한다. 전사(戰士)의 이미지 뿐만 아니라 보호자(保護者)의 이미지도 때로는 갖추어야 한다.[177] 군인은 용감해야 하지만, 훌륭한 기사도와 같은 도덕성, 신사도를 갖추어야 더욱 존경받는다.[178] 어떤 군대든지 용감한 전투 능력만 가지고는 부족하다. 항상 상황은 변한다. 전략적 판단, 국민과 함께 하는 일치의 정신, 국군의 전력을 약화시키는 무책임한 정치주장[179]에 대한 방어능력이 없이는 훌륭한 군대가 아니다. 이는 이미 6.25 전쟁, 월남전, 이라크전 참전 등에서 우리 군대도 경험한 바이다. 군대의 중요성에 대해 잊어버릴 때 전쟁은 언제든 일어날 수 있음이 인류역사이다. 북한, 중국, 일본 등에 얕보여서는 안된다. 강한 군대를 만드는 것은 민주화에 역행되는 것이 아니라 대한민국과 민주주의를 튼튼히 한다.

3. 신앙의 자유가 있는 나라를 만들어야

 사람은 위대하기도 하지만 다른 한편 약하기도 하다. 자기 능력과 노력만으로 할 수 없는 일이 너무 많다. 무언가에 기대야 한다. 그래서 신앙이 필요하다. 그런데 남한테 기대기보다는 절대자에게 의지하는 게 제일이다. 말도 통하지 않던 구석기 때부터 그랬다. 동굴에 벽화를 그리고 어제까지 함께 하던 사람의 죽음에 대한 슬픔을 영원한 세계와 연결하고자 했다. 죽음을 맞아 그저 잊혀지기에는 너무나 애석한 생명이기에 돌무덤을 만들고 저 세상 너머의 복을 빌었다. 이 믿음 없이는 도저히 불가사의한 일들을 이해할 수 없고 슬픔을 위로할 수 없었다. 지금도 아프리카 오지에서는 원시종교의 모습을 보여준다. 하늘과 땅의 이치를 지배하는 초월자와 연결하려는 간절한 소망이 이루어질 때 비로소 고통과 슬픔을 딛고 일어선다. 이승에서의 삶의 의미도 생기고 착하게 살아가고자 애쓴다. 지금도 다르지 않다. 아무리 문명이 발달해도 인간의 본질은 변할 수 없고 위대한 인간도 속을 들여다보면 나약한 자아 존재감에서 벗어날 수 없는 탓이다. 이와 같이 신앙은 사람의 텅빈 마음을 채워주고 자신감을 준다. 신앙이 완전히 무시되는 사회는 인간성이 무시되는 사회이다. 종교의 내용이 현실성이 있건 없건간에 이 위대한 공헌은 존중되어야 한다.

우리는 한 발짝만 세상에 나가도 세상사에 얽매이고 만다. 그 세상사라는 것이 결코 만만하지 않다. 얽혀서 드렁칡처럼 살다보면 자기 의지대로 하지 못하는 것이 많다. 그러자면 자연 세속의 힘에 굴복하기 십상이고 세상의 유혹에서 자유롭지 않다. 이럴 때 신앙은 참으로 큰 힘이 되어준다. 아무리 이성적인 사람이라도 신앙은 필요하다. 누구에게나 현실은 팍팍하기 때문이다. 현실은 결코 이상에 미치지 못하기에 믿음을 원한다. 그러니 이성(理性)이 아무리 중요하더라도 그 이성(理性)이 미치지 못하는 신비영역이 있음도 받아들여야 겸허한 사람이다. 또, 누구나 비록 몸은 이 추한 세계에 살아도 정신은 깨끗한 이상세계에 살고프다.180) 인간의 이러한 감정에 대해 허위의식이라고 깎아내릴 수 없다. '허위'의 의식이 아니라 인간의 이 마음은 '실존'한다. 허위의식이 아닌 '실존'의식이다. 종교가 갖는 현실적 기능을 무시하고 존재하지 않는 허위의 것, 비현실적인 것으로 매도할 수 없다는 말이다. 자유라는 이성과 믿음이라는 신앙은 충분히 각각의 사명이 있고 또 서로 존중해야 한다.181)

우리 한민족은 5천년 역사 동안 유교, 선교, 불교, 기독교 등 신앙과 함께 해왔다. 우리 한민족처럼 고통을 많이 겪고 한이 많은 민족도 드물다. 그래서 우리에게는 종교가 더욱 친근하다. 2천년 동안 유랑하고 타민족에게 극단적 박해를 받아온 유대인들에게 신앙이 절대적 삶이었듯이 우리 한민족도 외세에 의한 슬픔과 고통을 이겨낼 힘을 신앙에서 빌어왔다. 한국의 봉건사회에서는 억눌린 사람들이 많았었다. 귀족이나 양반이 아니면 다 억눌려 지냈다. 특히 힘이 약한 여자들이 신앙에서 고통과 한의 탈출구를 찾았다. 가족의 죽음 특히 남편과 자식과의 이별은 여성들에게 큰 충격을 주었을 것이다. 심지어 그 충격이 죽음으로 모는 경우까지 있었다.182) 이러한 슬픔과 출산시 두려움을 이기기 위해서나 가족의 건강과 안녕을 소망하면서, 자신과 부모, 남편의 극락왕생을 위해서 신앙이 필요했다. 북한의 암울한 무신론 사회에서도 은밀하게 무당과 무속이 있다고 한다.183) 아무리 틀어막아도 방해해도 인간의 신앙심은 솟아나게 마련인 모양이다.

그런데도 공산주의의 창시자 마르크스는 '종교는 민중의 아편'이라고 했다. 곪아든 자본주의를 수술하지 않고 아편처럼 진통제를 주어서 달래기만 한다는 뜻이다. 그러나, 지진, 홍수, 맹수의 습격으로 원시인이 죽음을 맞은 것이 신앙 때문이 아니듯 근현대 사회의 모든 문제들도 종교의 탓은 아니다. 무산자 혁명만을 바라보는 외눈박이의 눈에서는 민중혁명 아닌 모든 것이 적(敵)으로 보이는 착시(錯視)일 뿐이다. 민중혁명 아닌 모든 것 중에서 왜 유독 종교를 '민중의 아편'이라고 지목했을까? 종교가 그만큼 사람의 마음을 사로잡고 있었던 터이리라. 세상살이에서 못다푸는 한은 누구나 있게 마련인데, 이 빈 공간을 위로로 채워주는 종교가 마르크스는 얄미웠을 것이다. 세상살이의 한을 모두 무산자의 붉은 혁명열기로 채우고 싶어하는 공산주의자는 그래서 종교를 싫어한다. 필자가 외국에 있을 때 이른바 친북활동(親北活動)을 하는 것으로 알려진 교민(僑民)이 접근한 적이 있다. 내가 신앙인이라고 하자 매우 실망하는 표정을 지으며 담배만 빡빡 피워물더니 물러갔다. 인류역사상 신앙의 자유를 가장 위협해온 공산주의, 사회주의는 계급투쟁 사상 이외의 다른 생각을 금한다. 사상의 자유, 신앙의 자유를 해친 것은 히틀러의 백색 테러리스트보다 스탈린, 모택동과 같은 적색 테러리스트가 오히려 훨씬 더했고 영혼을 괴롭힘에 더 집요했다. 이들은 인간의 영혼을 지배하고자 온갖 경제적·정치적·철학적 이론으로 무장했다. 악마적 성품도 과거 봉건체제나 파쇼체제, 군국주의 때보다 공산주의에서 더 진화·발전했다. 질투와 증오의 철학으로 똘똘 뭉친 계급사상의 지식인 엘리트는 그 이전의 인간학문을 총결산하여 인간이 인간을 지배하는 구조를 만들어냈다. 일반 민중의 신앙의 자유는 철저히 무시되고 억압되었다. 그러나, 알고 보면 영혼억압의 이념과 선동은 메뚜기 한 철 밖에 안된다. 언젠가는 사라질 운명이다. 그 반면 신앙의 역사는 인류 역사와 함께 했다. 과거에 있었고 앞으로도 영원히 살아남을 것이다. 삶과 죽음의 본질, 영혼의 문제에는 어떤 인간도 무관심할 수 없다.

민중을 호도하기 위해 어떤 시도를 하더라도 신앙의 영역이 너무나 견고한 성(城)임을 이들은 잘 안다. 신앙을 부정하려 갖은 애를 쓴 이들이 오히려 가장 잘 신앙의 정신적인 위상과 위력을 발견해냈다. 마르크스 이후에도 인간의 영혼을 지배하고자 하는 이는 타인의 신앙의 자유를 싫어한다. 즉, 폭압적 지배자가 신앙을 싫어하는 법이다. 신을 믿으면 자신의 지배력이 약해진다고 여기기 때문이다. 이는 자신을 신으로 모시기를 바라는 그야말로 가장 악하디 악한 마음이다. 다른 사람의 마음, 영혼을 훔치려는 이 시도야말로 인간이 다른 인간에 대해 가질 수 있는 최악의 범죄이다. 다만, 교활한 폭압자는 이 비판을 피하기 위해 신앙의 자유가 허용된다고 대외적으로 위장하기도 한다.

결론적으로 신앙은 무엇을 맹목적으로 믿으려 하는 미신이 아니다. 삶의 목표에 대한 확실하고 합당한 이유를 가지고 헌신하려는 것이다. 자신의 계급이익을 추구하기 위해 공산주의를 추종하는 것과는 근본적으로 다르다. 신앙은 공동체 전체를 생각하지 않고 자신의 좁은 이익에 집착하는 광신적이고 폭력적인 마르크스주의와는 구별된다. 삶에 지치고 죽음 앞에서 두려운 우리는 모두 신앙의 자유를 누려야 한다. 남에게 아무런 해를 끼치지도 않고 가장 근원적인 욕구인 신앙의 자유는 하늘이 부여한 우리의 타고난 인권이다. 신앙에는 신을 믿되 그 신에 대한 지식을 바탕으로 하여 자신의 마음을 내어주는 신뢰와 헌신이 뒤따른다. 변화무쌍한 인간을 믿지 않고 자신을 사랑하는 신에게 헌신하고 싶은 욕구에서 우러나기에 자신을 정화시키고 사회를 아름답게 한다. 사람을 믿고 사랑하더라도 신을 매개로 한 진정한 신뢰 위에서 변하지 않는 인간관계이기를 원한다. 인간은 본디 약하고 이해관계에 따라 쉽게 변할 수 있다는 것을 잘 알고 있다. 이러한 한계를 넘어서 믿음 안에서 성숙하기를 원한다. 믿음의 자유는 남을 해치지 않는다. 오로지 타인의 영혼을 지배하고 이용하기를 원하는 사악한 공산주의자들에게만 눈의 가시일 뿐이다. 우리는 사회적으로 명성이 없더라도, 가난하더라도 자신을 사랑해주는 신을 원한다. 이것이 허용되지 않는 사회는 지옥이다. 신앙을 부정하는 체제에서 영혼은 출세나 경제 지상주의로 타락하고 만다. 정신은 약육강식의 비참함에서 벗어나지 못한다. 참으로 신앙의 자유는 우리를 동물의 비참함에서 천상의 높은 세계로 구원해올리는 기적의 샘이다.

4. 어려운 이웃이 없게 해야, 그러나 복지 포퓰리즘은 망국의 지름길

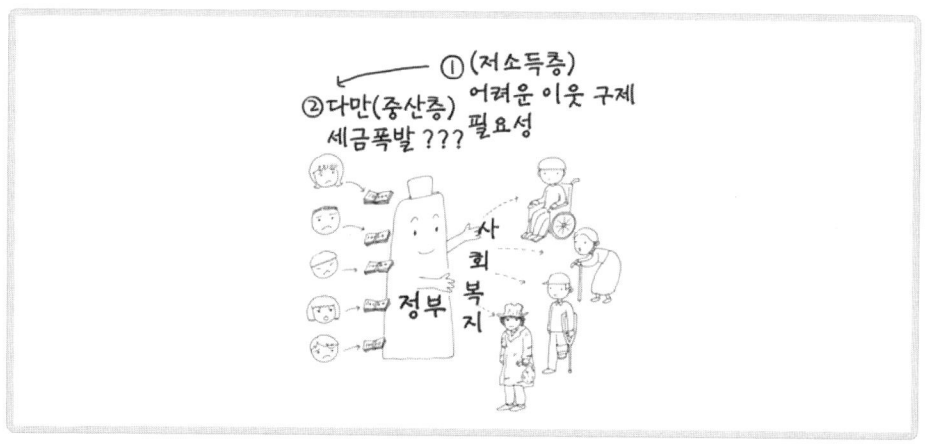

지금은 하루가 다르게 발전하고 변하는 시대다. 어지럽다. 산업사회, 또는 후기 산업사회라고들 말한다. 이 산업사회가 전통사회보다 좋은 것도 많다. 그러나, 여러 면에서 위험에 노출되어 있다. 산업재해, 공해, 실업, 대형사고, 이혼, 노후빈곤 등과 같은 위험은 전통사회보다 훨씬 심하다. 우리도 모르게 사회가 급격히 변해서 전통사회와도 다른 새로운 소외계층을 양산할 수 있는 위험 속에 우리가 산다.

이러한 위험을 개인이 모두 떠안기에는 무리이다. 그래서 보험과 복지제도가 필요하다. 사적으로 보험계약을 하거나 공적인 보험과 부조를 하는 것은 파멸의 나락에 떨어지지 않게 사회적 구원을 하는 최소한의 장치이다. 한 사회의 구성원들이 인간성을 잃지 않게 하는 피난처이다. 우리 사회도 높은 이혼율로 인한 가족해체, 출산기피, 비싼 사교육비, 산업재해의 위험 속에서 사회적 안전망을 소홀히 할 수 없다. 그래서 어려운 이웃을 도와야 한다(사회복지의 필요성).

그리하여 복지는 피할 수 없는 과제이다. 그러나, 무상시리즈 복지 포퓰리즘은 국민을 속이는 것이다. 무상시리즈는 있을 수 없는 나라 쇠망의 플랜이다. 그러나, 이에 동조하는 많은 유권자에 의해 지지되고 있다. 이를 막았어야 했다. 지난 6. 2 지방선거에서 이 성냥불을 껐어야 했다. 지금은 대화재(大火災), 너무 큰 산불로 번져 양식있는 사람들도 이 전선(戰線)은 승산없는 것이라고 포기하여 일정 부분 수용하는 상태이다.

아무리 복지라는 이상이 훌륭해도 현실의 추진력이 없으면 안된다. 현실의 추진력이 없으면서 이상적인 복지를 하자는 것이 바로 복지포퓰리즘이다. 복지 포퓰리즘은 이미 남들 나라에서 폐해를 경험했다. 후발 주자인 우리가 늦게 출발하는 잇점점이라도 누리려면 이를 타산지석으로 삼아야 한다.184) 어린애들은 누구나 공짜를 좋아한다. 그러나, 어른들은 세상에서 그 무엇도 공짜란 없다는 것을 안다. 짜장면을 한 번 공짜로 먹어보라. 그 뒷끝이 어떤가? 한 달쯤 지나면 전화가 온다. 공짜로 먹은 것의 몇 십배의 대가를 요구하는 전화다. 가축들은 공짜로 얻어먹는다. 먹이를 주는 주인은 겉으로 인자하게 보이지만 잔혹함을 숨기고 있다. 이들의 진짜 모습은 잔칫날 살찌운 돼지나 소를 도살할 즈음 드러난다. 사람 차원의 공짜는 우리를 게으르게 만든다. 곧 사회는 발전의 동력을 잃고 그리스나 이태리처럼 거리는 실업자로 가득 메워진다. 공짜 너무 좋아하다가 스스로 아무 것도 못하는 실업자가 되고만다. 가축이 공짜로 얻어먹다가 주인에게 잡아먹히는 무력함과 무엇이 다른가? 이러한 복지는 상생하는 복지, 지속가능한 복지가 아니다. 씨감자 삶아먹는 복지이다. 씨감자 삶아먹기에 현혹되는 어리석음의 대가로 내년 감자 농사를 망칠 것이다. 파멸도 추락도 다시 일어나면 좋다. 미끄러져도 교훈을 얻어 재기하면 한 때의 쓴 약으로 삼는다. 그러나, 여기서 우리가 추락하면 다시 일어나기 어렵다. 다른 나라들이 우리가 일어서게 용납하지 않는다. 우리가 파멸하고 추락하면 우리의 자식들은 아프리카의 소말리아, 남미의 파라과이, 아시아의 방글라데시에 가서 구걸해야 할지도 모르겠다. 가장 걱정인 것은 지난 역사처럼 다시 중국이나 일본의 노예로 되지나 않을까 하는 것이다. 제발 그런 일이 일어나지 않기를 빌고 빈다.

우리 할아버지, 아버지 세대는 공짜에 열광하는 자들과 맞서 싸웠다. 그 어려운 전쟁에서 위대하게 살아남아 우리에게 기적적인 풍요를 남겼다. 그 싸움이 없었다면 남한도 공산주의로 되고 우리는 개나 돼지처럼 주인에게 잡아먹히는 신세가 되었을 것이다. 독재자의 노예가 되어 비참한 눈물을 흘릴 게다. 여기에서는 재능도, 재산도 무용지

물이다. 오로지 노예의 순종, 굴종으로만 살아남을 수 있다. 바로 공짜는 한편에서 시민의 세금을 올리고 다른 한편에서는 공짜 이념을 설파하는 거짓 선지자, 선동꾼의 호주머니를 채운다.

복지에는 돈이 필요하다. 그것도 아주 많은 돈이 필요하다. 수 천억 또는 수 조원이 들어간다. 수 천억, 수 조원을 벌지 못하면 안되는 게 복지이다. 그러니 무조건 돈 달라고 하는 복지는 있을 수 없다. 재원 마련 없는 복지, 돈벌이가 없는 상태의 복지는 공산주의 나라에도 없다. 우리나라에서 복지재원을 마련하기 위해 담배가격 인상, 사회보험료 인상, 새 사회보험종목 신설 등 별 방안이 다 나오지만 근본적으로는 모든 국민이 세금을 더 내야만 한다.

복지는 정말 가난한 사람들을 위해 해야 한다. 혼자 사는 노인들, 고아, 선천적·후천적 장애를 가진 사람들, 정신박약자, 중증환자, 소년소녀 가장을 위해 사랑을 베풀어야 한다. 이것이 맞춤형 복지이다. 사지 멀쩡한 사람이 이 혜택을 받게 되면 안된다. 중류층 사람들이 줄을 서서 복지기금을 받으면 정작 필요한 사람이 오히려 소외된다. 무상급식, 무상의료, 무상보육, 고령자연금 등은 정말 가난한 사람들에게 갈 돈을 중류층에게 주려는 것이다. 복지를 하더라도 스스로 열매를 따게 해주어야 한다. 그러니 능력을 발휘하여 일할 기회를 주어야 한다. 국민들 스스로도 무리한 복지요구를 해서는 안된다. 내가 당장 50만원 받자고 정부가 국민세금 올리도록 압박해서는 안된다. 나라 살림을 적자로 만들면 제2의 외환위기가 오고 나라가 망한다. 나라가 망한 다음, "그 때 50만원씩 안 받을 걸...." 후회해도 소 잃은 후의 외양간 고치기다.

　원래 복지를 가장 강조한 것은 공산주의다. 북한도 예외가 아니었다. "기와집에 살고 쌀밥과 고깃국을 먹게 하는 것"이 최고라고 했다. 그러나, 공염불이었다. 남녀평등에 관해서도 북한 헌법은 매우 적극적이다. 즉, 제77조에서 "여자는 남자와 똑같은 사회적 지위와 권리를 가진다. 국가는 산전산후 휴가의 보장, 여러 어린이를 가진 어머니를 위한 로동시간단축, 산원, 탁아소와 유치원만의 확장, 그 밖의 시책을 통하여 어머니와 어린이를 특별히 보호한다"고 한다. 이는 우리 헌법이 "국가는 여자의 복지와 권익의 향상을 위하여 노력하여야 한다"(제34조 제3항)거나 "국가는 모성의 보호를 위하여 노력하여야 한다"(제36조 제2항)는 내용보다 더 적극적이다. 그러나, 실제로는 전혀 지켜지지 않고 있으니 허울 뿐이다. 똑같이 잘 먹자는 배급제는 폐쇄경제, 주체농업정책의 실패로 명목만 남았다. 1990년대 초부터 평양시를 제외한 거의 모든 지역에서 배급제가 사라졌다.[185] 스스로 알아서 벌어 먹으라는 것이다. 북한은 1990년대 이래 공장가동률이 20-30%에 그치고 1995년 이후로는 국가 공로자(소위 혁명열사, 애국열사, 영웅칭호를 받은 자들)에 대한 사회보장제도도 제대로 시행하지 못한다.[186] 복지를 강조하는 체제일수록 오히려 복지가 나빠진다는 것은 아이러니이다. 평등지상주의에 빠져 자유를 억압할수록 평등을 실현할 수 없는 것과 같다. 이는 복지가 성장과 같은 날개에 있어야 한다는 것, 자유 없는 평등의 무의미함을 몰라서다. 이러한 극단적

예를 통해 자유와 경쟁, 성장에 대한 욕구를 억제하면 할수록 복지는 점점 더 어려워짐을 배워야 한다. 복지라는 평등이념은 인간의 잘살고 싶은 욕구, 혁신하려는 의지를 긍정하는 성장의 푸른 숲에서만 솟아날 수 있는 샘물과 같은 열매이다. 그러니 복지를 하더라도 무리한 포퓰리즘에 빠져서는 안된다.

5. 보편적 복지하려다 중산층 다 죽는다

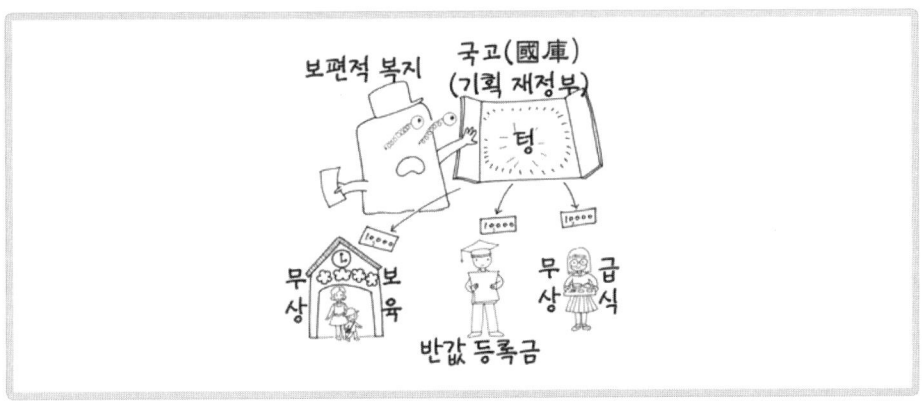

어려운 이웃이 없게 노력해야 한다. 이는 사랑의 실천이기 때문이다. 그러나, 그렇다고 하여 정부나 지방자치단체가 적자(赤字)가 되도록 한다면 무책임하다. 복지란 정작 가난한 사람을 위한 것인데 필요 없는 사람에게도 돈을 준다는 것(이른바 보편적 복지)은 안된다. 보편적 복지는 정작 국가의 도움이 더 필요한 사람을 희생시키는 것이다. 그런데 우리는 이 길로 가고 있다. 참으로 이해가 안된다. 다른 나라들, 대한민국의 경쟁국가들은 우리를 어떻게 볼까? 모르기는 해도 경쟁자 하나 제쳤다고 좋아 손뼉을 칠 게다. 실로 보편적 복지가 어려운 것은 그를 위해 법과 제도를 한 번 만들어놓으면 고치기 힘들다는 것에 있다. 누구나가 몇 세 이상이 되면 돈을 준다거나, 어느 집에나 4세 이하의 어린이가 있으면 육아수당을 받게 해보라. 일단 복지비로 돈을 받기 시작하면 다음에 나라나 지자체에서 돈이 없어 못 준다고 아무리 설명해도 승복하지 않는다. 분노와 슬픔으로 폭력을 행사할 것이다. 이게 보통사람의 심리다. 그리스, 이태리, 스페인 등 남의 나라가 다 실패하고 망하는 것을 보고도 왜 따라 가나? 우리 한국인이 이 정도로 어리석은가? 5천 만이 다 혼이 나갔나보다. 복지로 성공한 노르웨이, 스웨덴, 덴마크도 정부 돈 없이 대책없는 이런 엉터리 보편적 복지는 안한다. 베껴오더라도 정확하게 베껴와야 한다. 그리고 우리 사정에 맞는, 내 몸에 맞는 옷을 입자. 서양의 180센티미터 넘는 롱다리가 입는 옷을 우리 숏다리가 입으랴?

보편적 복지에는 반드시 엄청난 돈이 들어간다. 누가 그 돈을 대나? 외국이 갖다 주나? 하늘에서 떨어지는가? 아니면 땅에서 솟아나나? 그 재원은 국민이 내는 세금일 수 밖에 없다. 그런데 사람들은 보편적 복지를 해야 하니까 더 땀흘려 일하려고 생각하지 않는다. 만약 보편적 복지를 해야 하니까 더 땀흘려 일해야겠다고 모든 국민이 생각한다면 그 나라는 공산주의를 해도 성공하는 나라다. '각자가 능력에 따라 일하고 필요에 따라 쓰는' 명제를 실천하는 것이니까. 그런데 그게 안된다. 보통 사람들은 그렇게 일하지 않는다. 세금을 무겁게 매기는 것에 불만을 가지고 열심히 일하여 번 것을 남에게 빼앗긴다고 여긴다. 당연히 조세회피를 하고 일을 덜하게 된다. 심해지면 자신도 그 복지 수혜자 대열에 끼어 편히 살고자 한다. 이런 사람이 많아지는 게 일반적인 현상이다.

그리고 보편적 복지를 하게 되면 그 기금은 결국 세금으로 마련해야 한다. 월급쟁이의 유리지갑이 주된 희생자가 될 것이다. 그런데 중산층이 튼튼해야 나라가 튼튼해지는데 지금의 중산층은 거의 저소득층과 같이 어렵다. 집이 있으면 있는대로 은행대출금 때문에, 전세입자는 세입자대로 어렵다. 그리고, 자녀의 사교육비 때문에도 허리가 휜다. 정부의 복지확대에 대해 찬성해 놓고 보니 결국 자신의 월급봉투가 가벼워지는 부메랑이다. 비록 복지혜택을 받는다 해도 그것은 자기 돈을 자기가 받는 것이다. 세금 낸 것보다 복지혜택을 더 받는 경우라고 하더라도 좋아할 일이 아니다. 언제든 세금은 올라갈 가능성이 있다. 보편적 복지를 하게 되면 더욱더 중산층은 하위 계층으로 떨어질 것이다. 일해도 일해도 먹고 살기 어렵다. 더욱더 살기 힘든 세상이 된다. 왜 이런 세상을 만들어야 하는가?

근본적으로 나라에 돈도 없는데 보편적으로 모든 국민에게 복지혜택을 주자고 한다면 점점 더 곳간이 빈다. 정부는 세금을 더 걷으려 하고 기업은 남는 장사를 할 수 없으니 공장을 안 짓는다. 고용이 안 되고 근로자와 서민은 더욱 가난해진다. 전문직은 그래도 직장을 잡지만, 전문직이 아닌 하위 단순노무자는 실업에서 벗어나지 못한다. 빈익빈 부익부의 원인은 부자나 재벌이 싹쓸이하는 데 있는 것이 아니라 이런 어리석은 반(反)기업 정책에서 생긴다. 서민 위한다는 복지 외치다가 서민이 더 가난으로 내몰리는 필패(必敗) 방정식이다. 이는 1인 1표제 보통선거의 민주주의가 빠지기 쉬운 함정이다. 고대 그리스도 선거 민주주의가 잘못되어 중우정치로 빠졌다. 사정이 이러하니 나라가 복지 복지하다가 망하지 않으려면 국민의 의식수준이 높아져야 한다. 이 일은 유권자에게 표를 얻어야 하는 정치가에게 맡길 수 없다. 오로지 지식인만이 해낼 수 있다. 지식인이 국민의 의식계몽에 나서서 보편복지가 결국 세금 더 내라는 말임을 널리 알려야 한다. 그래야 선거 민주주의가 바로 설 수 있다.

정치가나 지식인이 정말로 서민의 고통을 안다면 보편적 복지라는 달콤한 사탕을 주고 아웅 할 것이 아니다. 매달 월급을 받는 직장을 구해주어야 한다. 서민에게 일자리를 만들어주는 성장정책을 취해야 하는 것이다. 기업이 성장해도 고용을 늘리지 않는다고 불평만 할 게 아니라 왜 그런지 원인을 헤아려야 한다. 그리하여 노동시장이 경직되지 않게 자유로운 계약원칙으로 돌아가야 한다. 그것만이 기업이 의욕을 가지고 공장을 짓게 하는 길이다. 그렇게 되면 서민도 일자리를 가지게 되고 어려운 이웃이 확 줄어든다. 기업의 성장 욕구를 억눌러서는 사회의 양극화, 저출산, 고령화 문제도 해결될 수 없다. 우리 현실을 보면 열혈 젊은이는 줄어들고 노인은 늘어만 간다. 생산잠재력은 약해지는데 기존의 발동기마저 멈추게 하면 어찌 될까? 정부가 주는 복지만 생각하지 말고 국민 스스로 만들어내는 복지를 해야 한다. 최고 양질의 복지는 바로 여기에 있다. 오늘보다 나은 더 큰 복지를 내일에 이룩하기 위해서는 열매를 따먹기만 하는 복지가 아니라 열매나무를 심는 방향으로 나가야 한다. 밑바닥에 있는 사람을 위로 끌어올리는 것으로 목적을 삼아야 한다. 바닥에 있는 사람을 계속 바닥에 있게 하는 복지는 안된다. 열심히 자력갱생하는 사람을 더 우대하는 복지정책을 펴야 내일도 모레도 지속되는 복지가 된다.

사회복지를 하는 경우에도 꼭 그 서비스를 받아야 할 대상자에게 적합하게 하여야 한다. 낭비없이 효율적으로 해야 한다.[187] 복지업무에는 기초생활보장업무, 노인 복지, 장애인 복지, 아동 복지, 여성 복지, 청소년 복지, 다문화가정 복지 등이 다 포함된다. 관련 행정부처만 해도 보건복지부, 노동부, 교육부, 여성가족부, 문화관광부, 국가보훈처 등 여럿이다. 그런데, 중앙부처간 업무조정, 복지전담 부서간의 업무분담 내용이 효율적으로 되어 있지 않은 것 같다.

다시 한 번 강조하거니와 성장을 무시한 보편적 복지정책에 빠지면 안된다. 그 늪에서 헤어나지 못할 수도 있다. 선진국의 경우 저성장의 늪에 빠진 다음 벗어나는 데 30년 정도가 걸렸다. 영국, 미국, 독일도 예외가 아니었다. 그리스는 좌파정치를 극복함에 20년 이상이 걸렸다. 중국은 교조적 사회주의에서 벗어나는데 30여 년이 소요되었고, 제2차 세계대전 이후 공산주의를 취한 나라들이 몰락하는데도 30-40여 년이 걸렸다.[188] 우리는 어느 정도의 시간이 걸릴까? 성장을 무시한 경제정책은 이미 30년이 넘었다. 그런데도 늪에서 빠져나올 기미가 안보인다.

평등 지상의 포퓰리즘만으로 소외를 이기며 쉽게 복지를 이루어낸다면 얼마나 좋으랴? 만약 성공한다면 아프리카, 남미, 남아시아의 가난한 나라들과 남유럽의 파산국가들에게 우리나라의 포퓰리즘을 브랜드화하여 팔아보자. 날개 돋힌 듯 팔릴 것이다. 고대 로마는 절제하고 더 노력하는 문화가 사라져서 망했다고 한다. 대중은 어려운 것보다 쉬운 것, 즐거운 것을 좋아하게 마련이다. 그리하여 전성시대를 구가하던 스토아 윤리(금욕주의)는 에피큐로스 향락주의로 바뀌었다.[189] 우리나라의 포퓰리즘의 뿌리에는 대중을 선동하여 자기 편으로 하려는 민중문화, 마르크스 경제학이 숨어있다.[190] 가난한 사람은 사회안전망을 엮어서 잘 보호해야 하지만 진정 스스로 일어서지 못하는 사람부터, 그리고 가장 어려운 사람부터 보호해야 한다. 원래 복지를 어떤 정도까지 하는가는 쉬운 문제가 아니다. 분명히 가치관 문제가 있다.

보편적 복지를 하게 되면 중산층이 무너진다. 우리는 남미, 남유럽의 실패한 모델을 따르지 말자. 한국형의 지혜로운 복지를 개척하자! 우리 한민족, 대한의 국민에게는 5천 년간 내려온 남다른 지혜가 있다. 그 실천의 용기도 있다! 그러니 복지 포퓰리즘의 함정에 빠지지 말자.

6. 세계로 힘을 뻗어나가야 우리 민족이 살아나

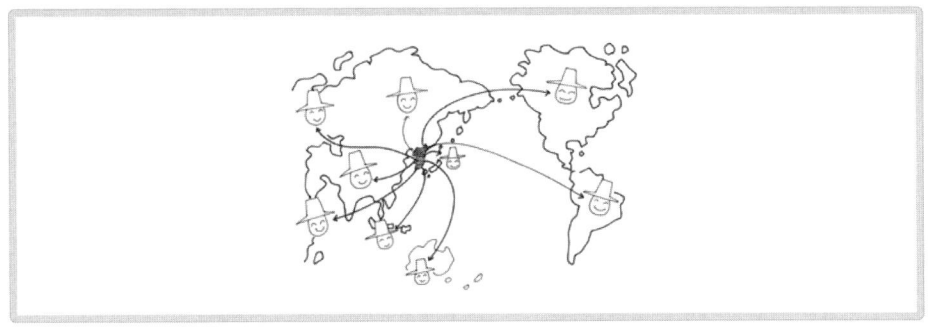

신나는 소식을 들었다. 외국에서 우리나라에 배를 만들어달라는 주문이 크게 늘어났다는 것이다. 사천만에서 배를 만드는 소리가 커지고 미포조선소의 골리앗 크레인도 더 부산해졌다는 뉴스이다. 육상 도크의 파이프 라인도 바빠졌다고 한다. 이 얼마나 기쁜 소식인가? 자동차도, 컴퓨터도, 전기제품도, 농산품, 수산품도 모두 그래야 한다. 그래서 나라가 더 부자로 되고 실업자가 줄어야 한다. 이러한 희소식이 자꾸 생기려면 우리의 노력도 있어야 하지만 국제적인 환경도 좋아져야 한다. 지금 이러한 시대에 우리가 산다. 우리 한민족이 이제는 국내에 머물 것이 아니다. 세계 방방곡곡 한민족이 진출하지 않은 곳이 없지만 아직은 부족하다. 우리가 국제적으로 힘을 뻗어야 국내의 갈등도 줄이고 활로가 개척된다.

그러니 지금시대에 유교적 혈연집착, 지역적 분할주의, 학교 중심의 파벌주의는 우리가 궁극적으로 지향하는 바가 아니다. 혈연, 지연, 학연에 대한 맹목적인 충성을 거두어들이고 이제는 대한민국, 또는 한

민족에게 충성을 맹세할 때가 되었다. 이것이 세계로 뻗어나가기 위한 1단계이다. 2단계는 한민족의 민족주의가 배타성에 흐르지 않게 하는 것이다. 이는 민족주의 본연의 임무대로 한민족의 흥륭을 기하도록 국제적인 실력을 갖추는 것이다. 우리는 특히 동아시아 국가로서 중국, 러시아, 일본 등 인접국가의 지역안정과 평화를 지반으로 하지 않으면 안되는 지정학적 숙명 속에 살고 있다. 이 점을 잊어서는 안된다. 컴퓨터 기술의 발달로 인터넷 등 미디어가 등장하여 우리는 싫어도 어쩔 수 없이 세계적 흐름 속에 들어갈 수 밖에 없다. 우리가 억지로 외국에 담을 쌓으려 한다면 조선시대 쇄국을 한 완고한 선비와 다를 게 없다.

세계가 하나의 국가인 것처럼 될 수는 없다. 가까운 장래에 이것이 실현될 가능성도 없다.[191] 그러나, 이러한 사상은 칸트 이래로 항상 있어왔다. 또, 이러한 흐름 속에 우리 한민족이 웅비할 수 있는 기회도 있다. 세계시민주의의 이념이 고개를 들고 이러한 이념은 국제기구 창설, 국제여론, 국제협조 강조 등으로 현실화되었다. 국제기구나 다자간협정 등은 특정 국가가 헤게모니를 장악하지 못하니 다양한 권력형태가 나타난다. 그 속에서는 우리처럼 약소국이라도 충분히 역량을 발휘할 수 있는 '외교의 틈새시장'이 얼마든지 존재한다. 이러한 틈새시장에서나마 우리는 힘을 충분히 확장시키고 우리 한민족과 대한민국에게 적대적인 나라들이 우리를 해코지하지 못하게 견제할 수 있는 여지가 있다. 이러한 큰 흐름은 민족의식을 해치는 것이 아니다. 오히려 넓고 새로운 환경이 주어지면 한민족 민족주의는 더 큰 세계를 향해 변형되어 발전할 것이다.

　최소한 가능한 것부터 세계시민주의를 실현하고자 하는 움직임 속에 우리 한민족이 참여하고 재능을 발휘해야만 미래의 기회가 온다. 우리는 민족주의로 무장해야 하지만, 민족주의를 풍요하게 할 수 있는 기회는 한반도에만 있는 것이 아니다. 전 세계에 널려있음을 알아야 한다. 우리가 세계의 넓은 바다로 나아갈 때 국내에서 경험하지 못한 문화적 차이, 종교적 차이, 외국의 정부와 국제기관의 압박, 까다로운 소비자와 부닥치게 된다. 이를 실력으로 넘어서야 한다. 이 과정은 뼈아프지만 값비싼 경험이 된다. 이를 거쳐야 진정 우리가 원하는 수준의 행복을 끌어낸다. 그래야 한민족이 진정 재능을 갖춘, 세계를 선도하는 민족이 된다.

　나라의 경쟁력은 세계시장에서 단련될 때만 더욱 갖추어진다. 드넓은 세계에 우리의 젊은이가 진출하여 제품의 질을 높이고 비용을 낮춘 물건을 생산할 때만 국내의 공장을 짓고 학교문을 나선 졸업생을 많이 고용하는 경쟁력 있는 회사가 자란다. 우리 삶이 세계의 움직임에서 자유로울 수는 없다. 이러한 세계화에 대해 우려하는 이도 많지만 이를 기회로 삼아 적극적으로 뻗어나가야 한다. 예컨대, 지금은 다른 나라의 경제사정이 나빠지면 우리나라도 바로 영향을 받는다. 중국과 미국의 경기가 부진해지면 우리나라의 경기회복이 늦어지고 실업률이 높아지는 기가 막힌 일들이 일상화되었다. 이러한 상황에서도 우리는 빨리 경제 규모가 성장해야 하고 이를 바탕으로 실업자를 더 많이 구제해야 한다. 각국의 내수시장, 저축규모, 환율에 대한 대비 없이 우리나라만 독자적으로 발전하는 일은 없다. 세계의 무대로 눈을 돌릴 때 역외 조세회피 방지, 조세정보교환, 금융과 파생상품의 위험성을 줄이는 윤리경영도 가능하다. 그리하여 국내·국제적으로 건전한 상거래 관행을 만드는 긍정적인 기능을 한다.

세계 경제성장률, 금융의 변동, 유류 등 국제원자재의 가격, 미국의 양적완화 축소 여부, 엔화·달러화·위안화·유로화의 변동, 일본과 중국의 관광객 수가 바로 우리 삶의 질에 영향을 주는 냉엄한 현실에 눈떠야 한다. 국내 서민의 살림살이가 외국의 경기변동에 따라 출렁거리는 것이 현실이다. 공산주의 중국마저 세계시장에 편입되어 세계시장과 밀접한 영향을 주고 받는다. 이 중국의 경제가 우리나라에 가장 큰 영향을 주고 있다. 한국은 신흥국 중에서 약간 유리한 고지에 있지만 그 차이는 미세하고 상대적일 뿐이다. 그러니 우리가 국내에 태만히 앉아있을 수는 없고 외국과 당당히 경쟁하여야 한다. 대한민국은 미국, 중국, 일본, 독일에 이어 5위의 국가로 도약하는 큰 꿈을 꾸어야 한다. 어차피 외국의 영향을 받을 바에는 이들을 제압하는 큰 국가가 되어 세계의 주요 이슈를 다루는 영향력 있는 나라가 되어야 한다. 세계의 넓은 공간에는 여러 위험 요소도 있지만, 블루오션도 있다. 밖으로 뻗어나가 국부를 증가시킬 때만 안정적인 의식주 조달이 가능해지고 내부의 부정적인 관습, 결함을 줄일 수 있다. 우리가 빨리 세계의 흐름에 눈뜨지 않는다면 그리스, 스페인의 실업률 60%가 남의 일이 아니게 된다. 나를 알고 남을 알아야 세상을 사는 법이다. 물론 세계화의 부정적 측면, 어두운 면도 있을 것이다. 그러나, 세계화에 반대만 하고 걱정한다고 해결되는 것이 아니다. 적극적으로 나가 싸우고 많이 벌어야 해결된다. 세계로 나감을 반대만 하면 우물 안 개구리를 면할 수 없다. 영원히 뒤처진 나라가 된다.

우리가 세계무대에서 성공하려면 다양한 사회에서 필요한 감수성과 기능을 길러야 한다. 여러 생활양식, 세계관, 다문화에 대한 개방성이 갖추어져야 한다. 그리고 각기 다른 문화적 배경이 어떤 행동의 차이를 불러오는지 이해하는 능력을 보여야 한다. 다양한 문화가 풍부한 자원이 됨과 동시에 상호간 이득을 가져오려면 어떤 노력을 기울여야 하는지도 배워야만 한다. 이러한 바탕 위에서 우리 한국인들은 외국인과 소통, 협상, 협력할 수 있고 갈등을 조정할 수 있어야 한다. 각 사람이 서로 다름을 체득하는 데는 국제사회만큼 더 좋은 훈련장이 없다. 그리고 우리의 힘을 뻗어나가기 위해서는 다양한 외국인과 만나는 것보다 더 좋은 길이 없다. 이질성을 받아들이며 나를 그 이질성 속에서 실현하는 것, 이것이 한국인이 세상 밖으로 저력을 확산하는 길이다. 나라 안에서만 있으니 아웅다웅 싸우고 한정된 파이를 두고 갈등은 커지는 것이다. 바다와 같이 넓은 세계로 나갈 때 오히려 개인이 얼마나 소중한지를 안다. 그리하여 개인의 자유를 존중하고 자신의 행동에 책임을 느끼는 훈련이 된다. 국제적 수준의 연대성을 익힐 때야말로 자연스레 내 나라의 소중함도 안다. 이것이 현실에 바탕을 둔 세계주의이고 책임있는 세계인이 되는 방법이다. 대한민국과 한민족 8천만이 빈곤에서 벗어나 번영하는 세계적인 길이다.

7. 이 모든 것을 위해서는 자유민주주의 틀이 필요해

　자유민주주의는 완벽하지 않다. 그러나, 한민족의 빈곤탈피와 번영을 목표로 해야 하는 현재의 긴박한 상황에서 자유민주주의가 가장 적합하다. 정치적 자유주의자가 경제적으로 고전적 자본주의를 옹호하지 않는 이상 자유민주주의는 무자비한 경쟁, 적자생존의 이념도 아니다. 그리고, 사회적 약자 배려를 가장 잘 실현할 수 있는 것도 알고보면 풍요를 약속하는 자유민주주의 밖에 없다. 인간이 만든 이상 어떤 이념이라도 사회의 모든 문제를 해결하는 완전한 것이 없음을 인정해야 한다. 그렇기에 한반도에 사는 우리는 자유민주주의, 사회민주주의, 사회주의, 인민민주주의(공산주의), 북한의 주체사상 중에서 자유민주주의라는 상품을 이미 골랐다. 몽테스키외는 「법의 정신」에서 "영국 사람들은 세 가지 면에서 세계의 어느 민족도 미치지 못한 발전을 이룩했는데 신앙, 상업, 그리고 자유에서다."라고 했다. 우리가 자유주의의 길을 감에 영국 국민들보다 못할 이유가 없다.

　그리고 민족주의의 진정한 동력(動力)으로 자유민주주의가 필요하다. 이는 첫째, 자유민주주의를 전제로 해야 창의적인 민족문화를 만들 수 있고 둘째, 자유민주주의를 해야만 가난탈피와 부국강병이 가능하기 때문이다. 자유민주주의를 토대로 한 가난 탈피는 국제정치 무대에서 독립의 우선조건이다. 특히 인접 대국인 중국, 러시아, 일본, 미국으로부터의 정치적 독립이 가능하려면 에너지, 식량, 기술, 무기 등 경제적 독립이 필수적이다. 해방 이후, 그리고 미래의 민족주의는 한민족 공동체의 중요성을 인식한 기초 위에서 자유민주주의와 복지국가이념을 접목한 것이 되어야 한다. 과거의 저항적·배타적 민족주의가 미래의 한반도를 지도할 수는 없다. 주변 4강국에 효율적으로 대처할 수 있는 힘있는 민족국가에 봉사하는 것은 자유에 터잡은 웅비밖에 없다.

우리가 민족주의만 외치고 자유민주주의를 내용으로 주장하지 않으면 무의해진다. 자유민주주의 없는 민족주의는 가난한 공동체주의로 전락할 따름이다. 민족주의는 일종의 공동체주의인데 만약 자유민주주의라는 현대 민주주의의 기본원리를 받아들이지 않는다면 위험한 전체주의나 파쇼에 빠질 우려마저 있다. 나치즘은 극도의 공동체지향을 하다보니 민족의 이익이 모든 개인의 이익에 우선하고 개인은 공동체주의 가치 앞에서 아무 것도 아니라고 했다. 한민족 민족주의는 그러한 전체주의 위험을 경계해야 한다. 자유민주주의라는 가치들을 고려하지 않는다면 공동체주의는 이런 나쁜 방향으로 나간다.[192] 필자는 나치주의나 파시즘의 공동체주의처럼 민족이 개인들보다 우선하고 개인은 무의미한 존재로 전락하거나 집단동원주의로 나감을 원하지 않는다.

민족주의는 우리 국민, 한민족을 통합하는 한 솥밥 원리이다. 한 식솔이니 배곯지 않게 잘 먹여야 한다. 그러려면 쌀을 만들고 돈을 잘 벌어와야 한다. 배불리 밥을 먹고 돈을 벌어 중국, 일본에 얕보이지 않고 신앙의 자유를 마음껏 누리려면 인민민주주의 가지고는 안된다. 반드시 자유민주주의여야 한다. 민족주의가 감정, 정서라면 자유민주주의는 냉정한 판단이다. 냉철한 판단 없이 가슴만으로 성공할 수 없다. 뜨거운 감정, 가슴만으로 다 될 것 같으면 왜 축구선수, 씨름선수가 대학총장이 안되고 대통령이 못될까?

자유의 이념은 자연질서에 가장 들어맞는다. 열심히 일하는 사람이 나무 열매를 따 먹고 강물 속의 물고기를 잡는다. 만약 아무리 땀흘려 일해도 배급량에 차이가 없다면 식당 종업원도 식당 바닥을 열심히 닦지 않는다. 살을 에는 추운 겨울, 모스크바의 달리는 버스 차창 유리가 깨어져 있어도 아무도 나서 고칠 생각을 안한다. 바로 공산주의 소련의 모습이었다. 「능력대로 일하고 필요대로 소비한다」는 유토피아는 이룰 수 없는 몽상, 환상이었다. 슬프지만 이것이 인간의 한계요 운명이다. 자신한테 더 떨어지는 떡고물이 있어야 더 일한다. 그러니 자유, 자유주의가 필요하다. 더 풍요롭게 되기 위해 자발적으로 소통하고 협조해야 한다. 자유주의는 소통과 협조, 생산, 교환을 지지한다. 창조적 지식도 자유의 환경에서만 열심히 생산해내고 후세에 전달할 수 있다.

신이 아닌 인간은 언제나 모순투성이고 변덕쟁이다. 도대체 허점 투성이다. 제아무리 수재, 천재라고 해도 사소한 식욕, 성욕, 명예욕의 유혹에 넘어간다. 이렇게 불완전한 인간이지만 서로 장점을 활용한 물건을 교환하면서 조금씩 좋아진다. 급기야 엄청난 발전을 이루었다. 인간이 원숭이, 침팬지와 다른 점이 바로 이것이다. 교환을 모르는 원숭이, 침팬지는 여전히 자기의 손으로만 바나나를 따먹어야 한다. 시장에서 물고기와 바꾸어 먹을 줄을 모르고 분업할 줄 모르니 긴긴 세월을 다람쥐 쳇바퀴 돌리는 삶을 산다. 아무리 머리가 좋은 천재도 시장에 비하면 어리석기 그지없다. 공산주의 천재 관료가 아무리 원가계산, 생산량 계산을 잘해도 수요 공급량을 맞추기 힘든 이유이다. 시장도 정확하지 않고 문제가 있지만 그나마 시장의 오차는 조정가능한 오차이고 규제 가능한 문제점이다. 자유주의는 재산권을 보장한다. 만약 재산권이 보장되지 않는다면 시장에 필요한 물건을 만들 수 없고 시장의 가격에 맞추어 소비를 조절하지도 못한다. 정치적으로 자유민주주의는 국민에게 선택의 자유를 준다. 그러나, 사회주의, 공산주의(인민민주주의), 전체주의는 이러한 선택의 자유를 막아버리거나 거의 안준다. 선택의 자유를 소수 권력자만 독점하고 국민(인민)에게는 복종만 요구한다. 자유로운 생산, 교환, 소비가 불가능해진다.

자유주의, 자유민주주의 시스템이 가장 살기 좋은 사회환경을 만들어낸다. 여기에서 사회의 발전이 가장 빠르게 진행되었다. 한국사회도 자유주의 경제에 힘입어 그나마 여기까지 굴러오고 삼시 세끼 밥 굶지 않고 왔다. 물론 자유민주주의에도 극복해야 할 단점이 있다. 그러나, 그 어두운 면을 예측하고 부족한 점을 정책적으로 보완하면서 이를 살리는 것 이외에 다른 방법이 없다.

8. 봉건사회, 전체주의로부터 해방시키는 자유주의

봉건사회와 전체주의로부터 해방되려면 인간 한 사람 한 사람을 소중히 여기는 자유주의로 발전해야 한다. 자유주의는 17-18세기 서유럽에서 발견한 이념이고 세계경제를 특징짓는다. 중국, 북한, 쿠바의 공산주의가 아직 살아있지만, 경제의 자유주의를 무시하고서는 국제거래, 대외교역 자체가 불가능하다. 중국은 등소평 이후 사실상 경제는 자유주의이다. 그 덕택에 국제적 지위가 올라가 미국과도 어깨를 겨루게 되었다.

우리가 아직도 공자왈 맹자왈, 삼강오륜(三綱五倫), 삼종지도(三從之道)하는 주자학에 빠져있었다면 어찌 되었을까? 다행히 구한말 김옥균 등 개화파 일부에 의해 자유 이념이 받아들여졌지만, 널리 퍼지지는 못했다. 해방 이후 극심한 가난과 혼란에서 벗어나지 못한 것은 어찌보면 유교와 일제식민지의 유산에서 벗어나지 못한 탓이다. 자유, 자유주의, 자유민주주의가 뭔지 알지 못했기 때문에 대부분의 우파민족주의 정치지도자들조차도 우왕좌왕했다. 그들은 자신의 작은 이익을 지켜줄 의원내각제(議員內閣制)와 간선제(間選制)에만 매달렸을 뿐 자유사상(自由思想)을 잘 이해하지 못했다.

자유주의는 봉건주의의 억압과 구속으로부터 사람들을 해방시키는 공헌을 했다. 왕과 영주의 횡포를 자유주의가 몰아냈다. 그리고 지금도 공무원(국가)이 국민 개개인 위에 군림하고 일일이 간섭하는 규제가 잘못이라는 것을 밝히는 것도 자유주의다. 이 자유주의는 경제적으로 인구증가율보다 높은 생산을 가능하게 만들었고 인류의 수명도 연장시켰다. 자유주의(자본주의)가 일부 나쁜 면이 있다고 투덜대는 사람일지라도 그것이 만들어낸 문명의 이기(利器) 없이는 못산다. 이 혜택은 돈많은 사람이나 권력자만 누리지 않고 전 국민, 인류가 다 누린다. 더 잘 사느냐 아니냐의 상대적 차이야 있지만 자유주의, 자본주의의 덕에 100년 전 할아버지·할머니보다 지금의 손자·손녀가 절대적으로 잘 살게 된 것은 틀림없다. 오늘날 서울 봉천동의 서민도 조선시대 왕자님보다 더 문화적이고 위생적인 생활을 누리고 더 좋은 교육혜택을 받는다. 과거시험 같은 고시에 합격하지 않아도 싸이와 김연아는 그 재능을 펼쳐서 행복하다.

자유주의(자본주의)는 인류에게 가장 많은 물질 풍요를 안겼다. 물질이 해결되어야 정신도 해방된다. 그 위에 정치, 문화, 예술도 가능하다. 물질 부족 문제를 가장 잘 해결하는 것은 기업이고 그 바탕은 자유주의, 자유민주주의다. 자유주의는 개인을 존중하고 개인이 열심히 일하는 것을 격려하기 때문이다. 땀에 대해 보상을 하는 자유주의 아래에서 사람들은 더욱 열심히 일하고 발명하려 애쓴다. 우리 한반도에서 남한이 북한보다 더 부자가 된 이유이다. 남한은 북한처럼 억지로 인간을 개조하려 하는 폭력적인 체제가 아니었다. 킬링필드의 캄보디아와 다름없는 북한처럼 공산화되었다면 남한의 주민은 인간개조의 대상이다. 공산주의, 주체사상의 노예가 되어 공무원(당)이 명령하는 것만 생산하는 수동적인 기계로 되었을 것이다. 그보다는 덜하겠지만 사회주의, 사회민주주의로 갔더라도 궁핍을 면하지 못했다. 자유주의와 공산주의의 중간인 제3의 길은 사실상 없다. 그렇게 타협적인 한가한 체제가 성공적이라면 세계 다른 나라가 왜 다 그 길로 가지 않았을까? 아직도 공산주의, 사회주의에 미련이 남은 것은 자유 대한민국에 한을 가진 선동가들 때문이다.

심지어 최근 경제대국이 된 중국, 인도도 자유주의 경제에 크게 빚지고 있다. 집단농장인 인민공사나 폐쇄경제를 계속했다면 어림도 없는 이야기다. 이들의 국제적 지위를 놀랍게 올려놓고 굶주리던 국민을 먹여살린 힘은 바로 자유주의에서 빌려간 시스템이다. 같은 자유주의 국가에서도 정부 간섭을 줄이고 민간의 자유를 많이 허용한 나라가 더 잘 살고 재정적자 걱정이 적다.

좌파 선동가들은 자유주의 싹을 자르려, 밟아없애려 무진 애를 쓴다. 그러나, 그 씨앗까지 없애지는 못한다. 사람은 누구나 잘 살고 싶어하고 잘 사는 기회가 있는 쪽으로 움직이기 때문이다. 사람의 이 마음에 가장 잘 들어맞는 것이 자유주의이다. 대한민국은 그러한 나라이다. 누구든지 재능과 땀으로 열심히 일하여 남을 만족시키면 명예와 부가 따라온다. 그런 사람이 회사를 만들면 일자리가 늘고 나머지 국민들의 소득도 덩달아 올라간다.

세간의 오해처럼 자유주의가 1%의 부자를 위한 제도인 것은 결코 아니다. 한 번 부자가 되었다가도 재능과 땀으로 계속 노력하지 않으면 그 회사는 망한다. 정치가, 공무원에게 뇌물을 주어 성공한다는 것도 과거의 일부 극단적인 사례에 지나지 않는다. 그 부정한 행위가 성공 전체를 절대 보장 못한다. 오히려 이러한 부정부패는 처벌이라는 매우 큰 위험을 각오해야 한다. 극단적으로는 기업이 퇴출되기도 한다. 그런데 따지고 보면 부정한 뇌물, 부패는 봉건의 조선시대나 공산주의 국가에서 통제가 불가능할 정도로 더했다. 삼정의 문란, 공산당원의 전횡이 왜 생겼는가?

자유주의가 완전하다고 변호할 생각은 전혀 없다. 그러나, 정도를 넘어 자유주의에 돌을 던지는 것도 옳지 않다. 자유주의가 가난한 사람을 다 구제해주지는 못했다. 그러나, 조선의 봉건주의나 북한처럼 공산주의로 남았다면 더 많은 사람이 더 가난해졌을 것이다. 조선시대나 북한 공산체제에서는 양반이나 공산당원 부모를 갖지 못한 사람은 평생 노예처럼 불행하다. 그러니 지금의 가난과 불만족이 자유주의 자체에 대한 부정이 될 수는 없다. 대한민국의 근본을 뿌리째 부인하는 과격한 생각으로 발전해서는 안된다. 봉건사회, 전체주의에서 벗어나게 하는 것은 자유주의 뿐이다.

9. 자유롭게 경쟁하는 환경에서 일자리와 풍요가 만들어져

누구나 경쟁을 싫어한다. 시달리기 때문이다. 그러나, 경쟁을 피할 수는 없다. 먹고 싶은 것, 입고 싶은 것, 가지고 싶은 명예나 권력은 한정되어 있기 때문이다. 그런데 경쟁을 겪으면 그 후에 자신의 능력이 커져있다는 것을 발견한다. 사회나 국가도 그렇다. 기업은 더하다. 우리나라 경제성장을 위하거나 기업의 체질을 강하게 하려면 경쟁에 노출시키면 된다. 물론 경쟁력이 없는 기업은 쫓겨날 것이다. 그러나, 살아남은 기업은 이전보다 훨씬 더 영리하고 효율적인 조직으로 바뀌어 있을 것이다.

흔히 말하듯 자유주의 사회에서의 경쟁은 약육강식의 무자비한 동물적 경쟁이라고 오해하기 쉽다. 그러나, 왕정이나 봉건사회, 계급투쟁의 공산주의 사회야말로 약육강식의 무자비한 경쟁사회이다. 거기에서 인정받으려면 관리가 되는 길 밖에 없다. 공무원 즉 관리가 되면 모든 것이 보장된다. 그러니 사색당쟁으로 무자비하게 반대당파를 모함하고 공산당원이 되면 당원이 아닌 사람과 신분 자체가 달라진다.

이것이야말로 '전부(全部) 아니면 전무(全無)'라는 무자비한 생존경쟁을 부른다. 그리고 비생산적이다.193) 그에 비하면 자유주의 사회는 '타인의 필요를 충족시켜주기만 하면 누구든지 성공할 수 있는' 경쟁을 한다. 그러니 그 경쟁의 방법이 매우 다양하고 무언가 좋은 성공방법을 찾아내려는 생산적인 경쟁이다. 공부로 경쟁할 수도 있지만, 돈버는 것으로도, 축구·야구·골프·피겨스케이팅같은 스포츠, 음악·미술·연극·영화 같은 예술 등 이루 헤아릴 수 없을 정도의 경쟁방식이 있다. 공부를 잘하면 박사, 대학교수, 의사, 법조인, 관료가 되고 돈을 잘 벌면 사업가가 된다. 운동선수, 예술가로도 얼마든지 1인자가 될 수 있다. 봉건주의 조선이나 북한 공산주의 체제보다 훨씬 기회가 많이 주어진다. 또, 패자부활전이 있는 경쟁이다. 물론 모든 경쟁은 피와 땀을 다하여 싸워야 하는 처절한 면이 있다. 그래도 자유주의 사회의 경쟁은 '전부 아니면 전무(all or nothing)'가 아니다. 또 언제든지 아차 하는 사이에 순위가 뒤집혀질 수 있다. 이것이 무자비한 경쟁인가? 이 정도의 경쟁도 없는 사회는 없다. 특히 우리 한국 사회가 발전하려면 국내경쟁을 회피해서는 안된다. 그리고 인간사회에서 어차피 경쟁이 피할 수 없다면 잘 살게 하고 인류진보에 기여하는 생산적 경쟁을 해야 한다. 아무리 보아도 자유민주사회의 경쟁이 인간적이고 쓸모 있는 경쟁이다.

우리 호주머니가 두둑해지게 부자가 되려면 단순히 종자 돈(자본)이 많다고 되는 것이 아니다. 토지, 노동과 자본 3박자를 결합하고 그 생산요소를 효율적으로 운용하는 재주가 있어야 한다. 여기에 천재적인 사람은 기업가다. 산업혁명 이후 기업가들이 증기기관, 내연기관, 전기, 기차, 자동차, 비행기, 세탁기, 스토브, 전자레인지, 컴퓨터, 산업용 기계, 핵에너지 등을 만들어냈다.194)

그런데 기업가는 자유, 특히 자유주의라는 공기가 없으면 안된다. 기본권(재산권)의 보장, 계약의 자유, 과실책임의 원칙, 법치주의(조세법률주의), 재판의 독립, 작은 정부라는 자유주의 요소이다. 세계의 근대 역사가 그러했다. 우리도 똑같다. 이러한 자유주의, 자유민주주의의 틀 없이는 경제인도 맥을 못춘다. 물고기도 깊고 푸른 물이 없이는 유연하게 헤엄을 못치는 법이다. 우리나라는 해방 이후 건국을 통해 이런 깊고 푸른 물을 만들었다. 북한은 인민민주주의 계획경제로 틀을 잡은 반면 우리는 자유민주주의의 헌법을 만든 것이다. 여기에서 가르마가 확실해졌다. 좁은 통발 속에서 마르크스주의 경제관료가 계산한 만큼만 지시대로 협동농장에서 생산하는가, 푸른 바다에서 개인의 주도적 판단으로 생산하는가의 차이가 생겨났다. 스스로 알아서 하는 것은 위험이 따른다. 그러니 망하는 회사도 있다. 그러나, 무수한 시행착오로 노하우가 생기고 생산방법과 유통의 혁신이 생긴 것은 북한의 협동기업이 아니라 남한의 주식회사였다.

비록 국내에서는 사회에서 혼이 나면서도 그나마 밖에 나가 A학점을 받아 온 것은 우리 기업이다. 이는 특혜성장만으로는 안되는 일이다. 이것이 특혜로만 가능했다면 다른 외국기업, 외국정부도 다 그렇게 했을 것이다. 기업의 횡포, 부정과 비리에 대해서는 엄벌하더라도 우리나라가 자유주의, 자유민주주의 틀을 유지해 주어야 하는 이유이다. 70년대 위험을 감수하고 중동의 사막 건설시장에 뛰어든 정주영 같은 사람은 지금 눈을 씻고 봐도 안보인다. 젊은 대학생은 회사를 만들어 경영해보겠다기보다 안전한 공무원이 되려 하고, 공기업에 가고자 한다. 그걸 위해 스펙 쌓는다고 외국 나가 수천만원 들여 쓸모 없는 어학 연수나 하고 온다. 부모들 등이 휜다. 글쎄 별로 생산적이지 않은 공무원, 공기업 직원되는 게 피끓는 20대의 희망 1순위라니. 나라가 망하는 징조이다. 요즘 우리나라에는 간이 콩알만한 사람들만 있어서인가? 아니다. 기업하기에 적합한 환경이 아니기 때문이다.

우리 한국인은 원래 신명의 민족이다. 최치원 선생도 우리 민족이 신바람 민족이라고 했다. 신바람 나는 환경만 만들어주면 죽을지 살지 모르게 미치도록 몰입하는 게 우리 한민족의 최고 장점이다. 그만큼 열심히 드라이브한다. 김연아, 싸이, 류현진의 열정을 보라. 그런데, 요즘 정부, 국회는 긍정(포지티브)보다는 부정(네거티브)마인드이다. 죄지은 사람 혼내더라도 열심히 땀흘리는 사람은 일할 맛 나게 하는 법률이 만들어져야 한다. 그 법을 만드는 기초는 자유주의, 자유민주주의 정신을 이해하는 마인드다. 생각이 자유주의에 적대적인 국회의원이라면 기업을 적대할 것이다. 더 큰 기업에 대해서는 더 적대할 것이다. 그 결과는? 큰 기업을 안 만들고 작은 기업도 창업하지 않는 것이다. 돈이 있으면 은행에 넣어둘 게다. 그 이자로 여행이나 하며 여생을 편히 살고자 마음먹는다. 만약 기업을 하더라도 계약의 자유를 더 허용하는 타이, 베트남, 말레이시아로 회사를 옮길 것이다. 옮겨간 회사는 본사만 한국에 있지 이미 한국회사가 아니다. 그 회사가 이윤을 남겨도 타이, 베트남, 말레이시아 근로자의 배만 불린다. 그 책임이 매국적인 기업가에게 있나? 글쎄다.

우리는 누구나 잘 살고 싶어한다. 또, 중국과 일본에 얕보여서는 안 됨을 절실히 느낀다. 신앙의 자유도 소중하게 생각한다. 어려운 이웃도 돌보아야 한다. 세계에서 번듯하게 존중받고 싶어한다. 그러면서 이 모든 것의 주춧돌인 자유주의, 자유민주주의에는 너무 인색하다. 심히 자유주의, 자유민주주의에 대해 깎아내리는 말을 많이 한다. 해방 이후 대한민국에서 벌어진 온갖 잘못은 자유민주주의가 그 책임이라는 듯 생각한다. 그러나 그게 아니다. 만약 자유민주주의가 그 모든 추한 것의 책임이라면 우리는 이미 존재할 수 없다. 벌써 중국이나 일본의 식민지가 되거나 굶어죽는 나라로 되고 말았을 것이다. 자유주의, 자유민주주의는 이 땅에서 너무나 냉대를 받는다. 이대로 가면 안 된다. 사회주의, 평등지상주의가 도덕적이라는 생각이 지나치다. 엘리트일수록 자유적대적이다. 자유주의를 깎아내리는 것이 지성인다운 듯 여긴다. 자유주의에 대한 근거없는 이 편견은 결국 부메랑으로 우리 가슴에 상처로 꽂힌다. 우리를 가난의 틀에 가둘 것이다. 중국·일본·미국·러시아의 멸시에서 벗어나지 못하게 할 것이다. 어려운 이웃은 더욱 고통스런 빈곤에 갇힌다. 양극화는 심해지고 여유로운 이웃의 따스한 손길은 줄어들 것이다. 이것을 원하는가? 이것을 원하지 않는다면 자유주의, 자유민주주의를 긍정해야 한다. 자유주의는 인류를 전근대사회의 고질적인 가난에서 벗어나게 했다. 재산권을 보호해 주고 자유롭게 계약할 수 있게 하니까 열심히 일하면 누구나 부자로 될 수 있게 했다. 맬서스가 예언한대로 인구가 기하급수적으로 늘어나도 식량생산이 더 증가하니 아사하지 않았다. 전근대사회에서는 왕자 공주도 어릴 때 엄청나게 사망했다. 그러나, 자유주의가 가져온 근대사회에서는 서민의 아기도 질병으로부터 해방되었다. 모든 사람이 질병의 고통으로부터 벗어나고 장수를 누렸다. 이는 자유주의가 모든 사람을 열심히 일하게 하고 그 결과 새로운 발견, 발명이 가능한 때문이다. 15세기만 해도 중국이 유럽의 나라들보다 더 잘 살았지만 18세기에 결정적으로 뒤집어졌다. 20세기에는 중국이 오히려 유럽의 식민지로 떨어졌다. 중국사람들이 게을러서일까? 아니다. 중국은 봉건주의, 전제체제였던 반면 유럽국가들은 자유주의라는 새로운 틀을 가졌기 때문이다.195) 재산권 보장이 없고 수탈만 하는 중국의 봉건사회에서 일반 민중들은 열심히 일할 의욕을 잃었던 탓이다.

흔히 반(反)자유주의자들이 상상하듯 물질의 완전평등한 분배는 불가능하다. 설령 가능하다고 하더라도 도덕적 타락을 가져온다. 사회, 국가, 민족 전체에 바람직하지 않다. 이러한 방식의 분배는 심지어 공산주의 국가에서도 역사상 단 한 번도 이루어진 적이 없다. 이 시점에서 우리는 자유주의에 대한 편견과 오해에서 벗어나야 한다. 그리고 자유주의, 자유민주주의는 비겁하지 않다. 잘못된 결과를 남에게 전가하지 않는다. 스스로의 행동에 자신이 책임을 진다. 이것이 사회구성원들에게 주는 신호는 엄격한 자기관리를 하라는 것이다. 자신의 생각과 행동에 대해 가족이나 문중이 아니라 스스로 책임을 지게 하면 의타심이 사라진다. 또 도덕적으로 풀어지지 않고 부정부패가 줄어든다. 술·담배·도박·마약의 유혹에 넘어가지 않고 육체와 정신을 새 도전에 대비한다. 경쟁의 결과에도 승복한다. 이런 사회에 희망이 싹튼다. 이러한 환경에서만 일자리가 많아지고 풍요가 깃든다. 가난을 벗고 이웃을 돌보게 하는 복지도 가능하다. 이런 풍토에서 나오는 국제정치적·문화적 여유는 강대국인 중국 일본에 굴복하지 않도록 자존을 드높일 것이다.

10. 자유민주주의는 반드시 지킬 가치가 있다

한 사람이 진정으로 신봉하고 있어서 자신의 존재와 동일시하는 가치관이나 이념이 있다고 할 때 그 이념상 도저히 용납할 수 없는 행동에 대해서 관용하라는 말은 바로 그 사람의 정체성을 포기하라는 것과 다를 바 없다.196) 이는 우리 사회나 국가에 대입해서도 같은 결론이 나온다. 어떤 가치도 절대적인 가치를 지닌다고 하기 어려워서 관용적인 태도를 취하는 것을 자유민주주의에서는 허용한다. 이것이 자유민주주의의 장점이다. 그러나, 자유민주주의는 자유민주주의를 부정하는 사상에까지 상대주의를 취할 수는 없다. 자유민주주의의 관대함이라는 틈을 비집고 들어와 자유민주주의 자체를 부정하는 사회주의나 공산주의에 대해서는 상대주의를 취할 수가 없다. 어떤 관용이나 가치 상대주의도 기본적인 틀을 부정하는 것에는 자유를 인정할 수 없는 것이다. "자유의 적에게는 자유가 없다."[197]

한 국가나 사회가 존속되고 장기적인 국정목표의 실현을 위하여 또는 상황적 특수성에 따라서는 강제적 수단을 통하여 자유주의를 부정하는 잘못된 주장을 제지할 수 있어야 한다. 그런데 강제적인 수단의 동원을 무조건 폭력으로 규정하는 것 자체가 그 잘못된 행동을 영속적으로 보장하라는 주장이다. 이는 관용이라는 이름으로 폭력을 용인하라는 것과 다를 바 없다.[198]

생각건대, 현재 우리에게 있어서 자유민주주의에 대한 가장 심각한 위협은 봉건주의나 전제정이 아니다. 자신도 민주주의라고 선전하는 공산주의(소위 인민민주주의)이다. 민주주의는 사회주의나 공산주의와 어울릴 수 없다고 보는 것이 다수의 견해이다. 그러나, 근대적 의미의 민주주의가 왕정을 극복한 공화정에서 시작한 것이기 때문에 부르조아 민주주의 이후에 출현한 사회주의나 공산주의(신민주주의, 인민민주주의 등으로 표현함)를 민주주의가 포함하는 것으로 사용되는 용례도 있다. 이처럼 민주주의 안에 공산주의, 사회주의가 포섭되는 것으로 인식되는 풍토가 여전히 있기 때문에 민주주의의 이름으로 공산주의를 주창하는 반(反)자유주의자가 생겨났다. 이들은 한국사회를 개조하자고 한다. 만약 사회주의나 공산주의 또는 김일성 주체사상이 대한민국과 한민족 전체의 탈궁핍과 발전에 유용하다면 그 사상대로 하자. 그러나, 그렇지 못할 것이다. 그러니 자유민주주의의 외줄 밖에 없다.

공산주의의 취약점은 인간 역사의 흐름을 유물론적 관점에서 경제적 면만 바라본 것이다. 사회와 인간의 복합적 특성을 보지 못했다. 맑스의 비판대로 헤겔의 지나친 관념론이 소외극복에 도움이 되지 못한 것처럼 맑스의 유물론에 입각한 경제결정론 역시 소외 극복의 해결이 되지 못하였다.[199] 인간이 모두 다르다는 것은 어머니의 뱃속에서 생겨날 때부터이다. 그러한 우리가 공동사회를 만든다고 하여 달라질까? 공산주의 창시자 칼 맑스는 사람이 갖는 어려움과 소외감을 계급혁명에 의해 없앨 수 있다고 했다. 그러나, 이와 같이 단순한 방법으로 소외를 극복할 수는 없다. 70년 공산주의 실험기간 동안 무산계급 독재사회가 소외감을 없애기는커녕 집단적으로, 전인민적으로 궁핍에서 오는 소외감을 절절히 느끼게 했을 뿐이다.

칼 맑스 이후의 독일 프랑크푸르트 학파와 실존주의 학자들은 자본주의라는 틀에서뿐만 아니라 현대의 과학기술의 특징 안에서 소외의 원인을 밝히고자 하였다. 확실히 이들의 주장대로 과학기술과 관료제도가 사람을 깊이 존중하지 않는 풍토를 가져올 수는 있다. 그런데 과학기술, 관료제도는 어디에서 왔는가? 이들이 인간의 본성에서 만들어진 것이라면 이들 시스템이 인간본성에 더 부합하게 되도록 노력해야 하는 것이지 그 자체를 없앨 수는 없다. 기술은 태풍, 홍수, 가뭄, 맹수의 공격 등 냉혹한 자연에 맞서 싸워야 하는 인간들이 이루어낸 지적 창조물이다. 기술의 발전이 없었다면 우리는 여전히 돌로 사냥하다가 맹수에게 뜯겨죽는 비참한 운명에서 벗어나지 못하였을 것이다.

또, 반(反)자유주의자들은 말하기를 경쟁의 결과로 소수인들에게만 자본축적을 가져와 독점을 재현시키게 되어 결국 모든 사회는 유산자와 무산의 노동자 계급으로 분열되었다고 한다. 반(反)자유주의자들이 공장이나 회사가 많은 부를 생산할수록 노동자는 더 값싼 상품으로 전락한다고 한 그 비관론(悲觀論)은 매우 비현실적이라는 것이 증명되었다. 이러한 비관론이 우리 한국사회에 스며든다면 미움, 투쟁 밖에 있을 수 없다. 한 배를 탔다고 하는 동류의식은 오간 데 없고 배를 뒤집어서 모두 물에 빠지더라도 서로 머리를 잡고 싸우게 된다. 사랑보다는 증오를 가르쳐 우리 사회는 쪼개질 수 밖에 없다. 반(反)자유주의자들은 노동자가 자신이 만든 생산물의 소유를 하지 못하면 소외되고 노예처럼 자본가에게 예속되므로 둘은 서로 싸울 수 밖에 없다고 하였다. 그러나, 생산활동과 생산물의 결과로 모두 함께 굶주림에서 벗어나는 것은 왜 도외시하였을까?

노동활동으로부터 노동자는 소외될 수 밖에 없다고 칼 맑스는 가르쳤다. 하지만, 오히려 노동활동을 할 수 있을 때 굶주림, 자기소외로부터 벗어나 경제적 안정을 보장받고 가족, 친구들에게도 자존심을 세우게 된다. 오늘날처럼 일자리를 걱정해야 하는 우리들에게 공산주의 계급이론은 너무나 몽상적, 비현실적, 이간적(離間的)이다.

 노동자의 노동이 자기자신을 위한 것이 아니라 타인을 위한 것이라고 반(反)자유주의자들이 비판하는 것도 이해가 안된다. 내가 일하는 것이 나 자신만을 위한 것이 아니라 가족을 위하고 이웃을 위하며 나라와 민족을 위한 것이 됨은 당연하지 않은가? 나 자신의 노동이 타인을 위한 것일진대 타인의 노동 또한 나를 위한 것이다. 자본가라고 하여 책상머리에서 펜대만 굴려 사업을 성공시키는 것이 아니다. 자본을 가진 사람은 자본으로, 노동력을 가진 사람은 노동력으로, 지식을 가진 사람은 지식으로, 기술을 가진 사람은 그 기술로 공동체에 기여한다. 이를 두고 반(反)자유주의자의 말처럼 "노동활동 때문에 소외된다"고 할 바는 아니다.

 반(反)자유주의자들은 극단적으로 사유재산이 모든 악의 근원이라고 하였다. 그렇지만, 재산을 가지고 싶어하는 것은 인간의 본능이다. 이를 죄악시할 수는 없다. 돈이 많다고 사유재산을 남용하여 불공정 경쟁을 하거나 사회에 해악을 끼친다면 엄중히 다스려야 하겠지만, 사유재산 자체는 악이 될 수 없다. 아마도 칼 맑스, 레닌, 스탈린 자신들도 자기네의 생명과 안전을 지켜줄 사유재산을 원하지 않았을까? 사유재산제도를 없앤다고 하여 사랑과 봉사가 꽃필 수는 없다. 우리는 반(反)자유주의자처럼 인간의 본성을 거슬러서는 안된다. 본성이 희망하는 더 높고 나은 미래를 만드는 현실적인 일을 해야 한다. 우리 대한민국 사회는 더 이상 200여 년 전 고전적 자본주의의 비인간적인 특징에 매몰되어 있지 않다. 그러함에도 무산계급의 혁명과 생산기구의 국가적 독점이라는 공산주의의 허황된 실험이 실패하였음을 인정하지 않으려는 반(反)자유주의자들이 아직 우리 땅에 존재한다는 것이 잘 이해되지 않는다.

공산주의에 반대하는 것(반공: 反共)은 자유민주주의의 당연한 논리적 결론이다. 호전적 침략적 공산주의자들을 눈 앞에 둔 국가는 더욱 더 그러하다. 해방 직후 지금까지 반공노선은 대한민국의 아이덴티티를 지키기 위해 필요한 것이었다. 이는 지극히 정당했다. 6.25 전쟁 후 나라가 안정되면서 체제수호의 급박성이 약화되자 북한의 공산주의 세력과 남한의 좌파세력은 민주주의 세력으로 자신을 위장·기만하면서 자기확산의 계기를 상당히 넓혀왔다. 남한 내 사회주의자들은 반공정책이 부수적으로 낳은 1%의 부작용만 강조한다. 이 정책이 국가의 정체성을 지켜내고 경제건설의 주춧돌 역할을 한 99%의 순기능을 전혀 언급하지 않는다. 이들은 지금도 대한민국 뇌수와 심장을 기회있을 때마다 괴롭히고 있다.

체제수호의 뚜렷한 의지가 없고 한반도의 정치지형도에 내재되어 있는 좌파의 어두운 그림자를 이해, 감지하지 못하였던 제2공화국 정부는 좌, 우 모두로부터 지지되지 못하고 붕괴되었다. 제2공화국은 단순히 경제적인 숫자인 GNP로 설명할 수 없는 이념적 공황상태, 무기력한 리더쉽의 정부였다. 우리는 전체주의적 북한과의 생사를 건 긴장된 대결상황 속에서 살아왔다. 지금 이것이 달라졌는가? 아니다.

그럼에도 북한 체제와의 대결 피로증이 있을 수는 있다. 지겨운 남북 대결이 달라지기를 희망할 것이다. 그렇다면 대한민국 정부를 두들겨 패기보다 북한의 세습독재체제, 핵무기 개발을 먼저 비난해야 한다. 이것이 정상적이고 상식적이다. 반공이념이 때로는 경제동원 체제에 이용된 바가 있었다고 하더라도 반공정책 자체가 잘못이었다고 평가할 수는 없다. 이는 밥 안에 일부 재가 묻었다 하여 밥 전체가 못먹을 음식처럼 매도될 수 없는 이치와 같다. 해방 이후 지금까지의 반공노선 자체를 죄악시하는 평가가 있다면 이는 반공노선 자체를 무력화(無力化)하려는 공산주의자의 숨겨진 본능, 의욕 때문이다.

우리 목숨의 안전한 보장은 군사력만으로는 태부족하다. 목숨을 스스로 지키고자 하는 단단한 마음이 없다면 군대와 경찰도 아무 소용이 없다. 중국, 베트남 공산화의 예를 잘 알지 않는가? 그런데, 대한민국은 민주화 이후에서조차 자유민주주의에 잘 적응하지 못하고 있다. 이는 좌파의 오류와 선동 민주주의를 지적할 수 있는 자유주의 운동이 잘 만들어지지 못했기 때문이다. 자유주의 그룹은 자유주의가 무엇인지 잘 전달하는 노력과 함께 건전한 민주세력과 사회주의·공산주의 세력을 분리하여 대응해야 한다. 그리고 백 번 양보하여 사회민주주의 사고(思考)를 허용할 수는 있지만, 이는 어디까지나 자유민주주의의 근간을 지키는 범위에서만 가능하다. 자유민주주의는 우리가 마음을 모아 지켜줄 가치가 있다.

11. 자유민주주의가 무산계급 독재의 인민민주주의보다 더 도덕적

러시아 공산주의 혁명은 짜르의 가혹한 통치에서 벗어나기 위한 것이었다. 그만큼 동기는 도덕적이었다. 노동자가 힘든 노동에서 해방되고 가난한 사람들이 모두 부자가 될 것이라는 환상 때문이었다. 그러나, 혁명을 지도한 공산당은 완전한 존재가 아니고 모순투성이 인간일 뿐이었다. 그 혁명의 엘리트들은 전위적인 사람이라 하여 당을 지도하고 국민(인민)을 그 지도에 복종하라고 명령했다. 이들은 혁명의 성공 이후에도 권력과 부를 국민과 나누려 하지 않았다. 또, 이들의 지성은 오류로 가득했다. 재화와 서비스를 필요한 만큼 생산해야 하는데 넘치거나 부족하게 계산했다. 이러한 시스템에서 국민의 자발적인 참여가 있을 수 없다. 경제가 망할 수 밖에 모두가 잘사는 세상이 된다더니 모두가 가난뱅이로 되었다. 비록 약간의 맹점과 모순이 있더라도 자본주의, 시장경제가 우수하다는 점이 다시 한번 더 증명된 순간이다.

우리 한국사회가 혁명으로 좋아질까? 좋아진다면야, 유토피아가 된다면야 혁명을 못할 것도 없다. 필자 또한 20대 내내 혁명의 환상으로 살았었다. 그런데 급격한 혁명이 급격한 발전으로 되지 않는 게 문제다. 그 혁명이 그 전보다 나은 것을 만드는 게 아니라 퇴보시킬 것 같아서 문제이다. 인간은 하루아침에 발전하지 않는다. 꾸준히 노력하고 대화하여 화합하고 한 계단 한 계단 올라가면서 발전하는 존재이다. 인간의 역사가 그러하다. 변혁 즉 혁명을 원하는 사람은 기존 질서에서 권력을 갖지 못해 불만을 품은 2인자인 경우가 대부분이다. 혁명을 하여 세상을 피바다로 물들이는 것은 부도덕의 극치다. 그 반면 열정으로 좋은 물건을 발명해내서 시장에서 팔아보라. 이 모범을 보고 다른 사람들도 더 좋은 물건을 만들어내려 하고 좋은 물건을 사기 위해 더 애쓸 것이다. 인민민주주의 혁명보다 이것이 비교할 수 없을만큼 발전적이고 도덕적이지 않은가? 사회주의 혁명을 지도하기 위해 헛된 땀을 흘리기보다 좋은 모범을 보이기 위해 앞서나가는 창조적 노력을 함이 개인적으로 사회적으로 국가적으로 더 낫다. 이것이 자유, 자유주의이다. 이 발전이 거북이처럼 지지부진, 느리다고 생각한다면 오해다. 대한민국의 모든 국민, 한민족에게 자부심과 자극을 주어 노력하게 합의하는 이것이야말로 한반도에 사는 우리가 가장 빨리 발전하는 길이다.

어떤 사람도 욕망을 다 이룰 수는 없다. 어디에나 나보다 뛰어난 사람, 더 열심히 하는 사람이 있기 때문이다. 그런데 남이 나보다 더 잘 살면 시기질투에 몸을 파르르 떤다. 특히 스스로에 대해 재능이 많다고 생각하는 사람일수록 그렇다. 이런 사람들은 자신의 처지에 결코 승복하지 않는다. 사회 구조가 잘못이어서 그렇다고 변명을 하고 싶어진다. 급기야 자유주의, 자본주의 자체에 원인을 돌리고 자신의 지적인 영향력을 행사해 다른 사람들을 모은다. 현실에 부족을 느끼는 젊은이들은 그 최대 참가꾼이 된다. 부자 사촌(富者 四寸)에 대한 시기질투심에 성냥불을 그어댄다. 이것이 대중정치라는 이름으로 정당화된다. 사회는 정치화되고 사람들은 열심히 일해 성공하기보다는 대중선동으로 쉽게 권력과 부를 가지려 한다. 국민 모두 일하지 않고 먹겠다는 부도덕한 집단최면에 걸리는 것이다. 이런 분위기가 되면 열심히 혁신하여 투자하고 공장을 짓는 기업가는 강력한 정치권력 앞에서 의욕을 잃는다. 옛날의 로마, 지금의 남유럽도 혁신과 의욕이 보상받지 못했기에 쇠망했다. 양 극단을 비교해 보자. 자유민주주의와 인민민주주의, 어느 편이 더 도덕적인가?

공산주의는 유토피아가 아니다. 유토피아를 빙자하여 국민을 폭력으로 대한다. 더 말을 안들으면 강제수용소, 정치범 수용소에 보내 개나 돼지와 같은 짐승 취급을 한다. 유토피아로 가기 위해서 자유의지를 가진 인간의 본성을 말살해야 하나? 인간의 본성, 현실을 인정하지 않는 이상주의자는 폭력을 행사한다. 자기 말을 듣지 않는 사람은 가차 없이 배제하는 사이비 교주가 된다. 자신이 세운 왕국에 들어오지 않음은 아직 교화가 부족한 탓이라고 꾸짖는다. 공산주의는 유물사관, 계급투쟁론, 국가소멸론, 프롤레타리아 독재론 같은 사이비 진리를 받든다. 그러니 사이비 종교와 비슷한 길을 간다.

사람은 열심히 일한 대가로 뭔가를 받지 않으면 일하지 않는다. 또, 자신이 번 재화를 당장 다 써버리지 않고 모아두었다가 훗날 더 요긴

할 때 쓰려고 한다. 이것이 모이면 사유재산이 된다. 이를 사회가 인정하면 사유재산권이 된다. 이런 사회에서 사람은 자기 행위에 대해 책임을 진다. 그러니 사유재산권 보장은 자연의 질서에 가깝고 인간 본성에 따른 결과이며 도덕적인 제도이다. 이를 부정하여 소유 욕구를 제거하는 폴포트의 킬링필드가 더 도덕적이었나? 재산권이 인정되면 상속(相續)도 허용된다. 그러면 자기 노력 없이 부를 대물림받아 편하게 사는 사람이 나온다. 우리 사회는 이것에 부정적이다. 그래서 '부의 대물림'이라는 말이 나왔다. 눈꼴시게 미운 것은 사실이다. 회사에서 상사 눈치보며 허리가 휘도록 일해도 겨우 살까 말까한 월급쟁이가 있는데 아버지 잘 만나 잘 산다니? 아예 사회를 확 뒤집어 버려? 그러나, 어쩔 수 없다. 인간사회에서 상속을 없앨 방법은 없다. 이미 고대 그리스 이래 모든 철학자들도 머리를 쥐어뜯으며 고민한 바다. 상속을 인정하지 않으면 사람들은 번 것을 아끼지 않고 허랑방탕 다 써버리고 만다. 사회적으로는 자본이 모이지 않는다. 이런 결과에 대해 좀 시기질투가 나지만, 너무 약올라 하지 않아도 된다. 사회가 상속인의 비윤리적 소비를 제재하는 방법은 얼마든지 있다. 또, 상속받은 사람이 허랑방탕하면 금방 추락하게 되어 있다. 부모가 노력하여 이룩한 재산도 자식이 지키려면 그 부모만큼 노력해야 한다. 노력하지 않는 상속인에게 혹독한 대가를 치르게 하는 것 또한 자유주의, 자유민주주의 경제질서다.

공산주의 내지 사회주의 사상은 자유주의 다음으로 세계를 지배할 것이라고 했다. 그러나, 알고보면 자유주의 이전시대로 돌아가자는 것에 다름 아니다. '남이 잘되면 내가 안된다'는 생각이기 때문이다. "네가 부자가 되면 나는 가난하게 된다"는 논리(착취이론)가 경제론, 정치론, 국가론에 배어있다. 능력에 따라 일하라는 명제를 주었지만, 자기 능력을 최대한 동원하여 일하는 사람은 하나도 없게 되었다. 인민의 수준이 낮아서? 인민에 대한 교양사업이 부족하여? 천만에. 인간이 무엇인지 전혀 몰랐기 때문이다.

자유주의는 본래 가급적이면 전쟁에 반대한다. 서로 죽고 죽이는 전쟁은 자유주의에도 심각한 손상을 가져오므로 전쟁보다는 서로 교환하는 무역이 이익에 들어맞는다고 본다. 때로 불공정한 무역과 식민지 전쟁이 있었던 것은 제국주의 정치제도 탓이다. 즉, 민간에게 맡겨야 할 경제문제를 모두 정치적인 일로 장악한 '너무 큰 정부'가 일으킨 일이다(예, 아편수출을 위해 중국을 침공한 영국, 나치 히틀러의 독일, 무솔리니의 이태리, 군부가 장악했던 일본 등). 이들 침략국은 자유주의 국가였다고 할 수 없다. 그러니 탐욕과 전쟁을 모두 자유주의의 필연으로 가르침은 옳지 않다. 자유주의는 인간의 노력을 경제로 보상하려 할 뿐, 무지막지한 전쟁으로 해결하려 하지 않는다. 인류 역사 200만 년 동안 전쟁 위험 없이 산 적은 한 번도 없었다. 그러나, 자유주의자는 인간의 재능과 노력 차이에 따른 불만을 총과 대포로 뒤집으려 하지 않는다. 무지막지한 전제주의, 계급투쟁의 인민민주주의보다는 자유주의가 세계평화주의, 도덕주의에 훨씬 더 가깝다.

인간 세상에서 똑같이 잘 살면 얼마나 좋으랴? 그러나, 이런 세상은 한 번도 없었다. 앞으로도 없을 것이다. 다만, 가난한 사람이 더 부자가 될 수 있게 기회를 만들 수는 있다. 바로 자유주의 경제에서만 이다. 자유주의에서는 누구나 남에게 필요한 일로 열심히 일하면 부자로 될 수 있는 기회가 있다. 필자가 자란 시골 마을에서도 열심히 일한 농부가 자식을 서울의 일류대학에 보내기도 했다. 동생을 국회의원으로 만든 지게꾼도 있었다. 그 반면 자유주의에서는 비록 물려준 재산이 있어도 허랑방탕하면 금새 가난에 내몰린다. 이것이 공평한 사회, 정의로운 세상이 아닌가? 아주 이상에 딱 맞는 것은 아니지만, 이 정도면 인간세상에서 그런대로 괜찮지 않나?

그 반면, 양반사회, 계급사회(사회주의나 공산주의 사회)에서는 이러한 땀의 보상, 계층간 자유로운 이동이 안된다. 과거에 급제한 양반이나 당원 가족이 아니고서는 아무리 애써도 허사다. 가난하게 살 수밖에 없고 착취대상이 되고 만다. 관아와 노동당 정부의 실세에게 정치권력과 경제적 풍요는 독점되기 때문이다. 자유민주주의, 인민민주주의 중 어느 쪽이 더 선(善)하고 도덕적인가?

자유민주주의(정치), 시장주의(경제)는 완벽하지 않다. 허점이 많다. 가난한 사람이 부자를 따라잡는 것이 쉽지 않다. 부자는 대를 이어 부자가 된다. 속 뒤집어지는 일이 한 둘 아니다. 그러나, 더 나은 제도가 아직은 발명되지 못했다. 부의 평등을 보장하고 고매한 인민의 도덕을 실현한다고 하여 더 나은 발명품인 줄 알았던 공산주의는 알고 보니 국민들 밥도 못먹이는 불량품이었을 뿐만 아니라 부도덕하게도 폭력으로 인간성을 말살하려 했다.

12. 남한과 북한, 어느 쪽이 더 도덕적인가?

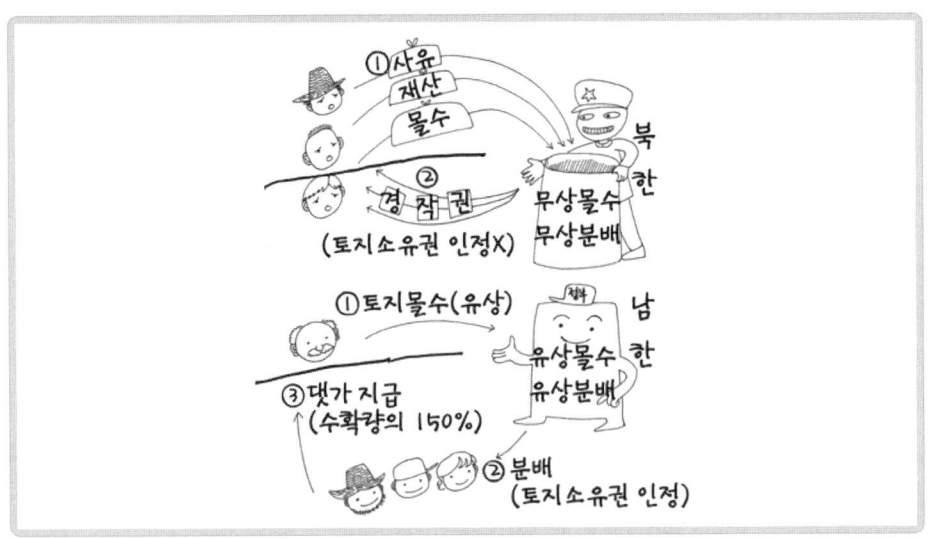

 대한민국과 북한의 인민공화국 중 어느 체제가 더 도덕적인가? 북한은 체제를 만들 때부터 개인의 자유 부정에서 출발했다. 대신 대한민국은 재산권 등 개인의 자유를 긍정했다. 우리는 자유롭게 살기를 원한다. 특히 재산의 자유가 없다면 다른 사람에게 의존하는 삶에서 벗어나지 못한다. 중세에서 근대로 되면서 '신분에서 계약으로' 바뀐 가장 중요한 요인이 재산권이다. 열심히 일한 결과물인 재산이 없다면 열심히 일한 보람이 없고 열심히 일할 이유도 없다. 물론 재산을 통해 다른 사람에게 영향력을 행사하기도 하지만 이는 고대의 노예나 중세의 농노를 짐승처럼 부린 것과는 본질적으로 다르다. 그리고 그 폐해마저 없애고자 한 것이 수정자본주의였다. 재산을 가진 사람들이 거들먹거리고 자식들에게 부를 대물림하고 해외에서 애를 낳는 등 위화감을 조성하기도 한다. 그러나, 이런 것은 여론의 뭇매를 피해가지 못한다. 그리고 사유재산을 아예 부정하여 전 인민을 노예로 삼는 공산주의체제의 비인간성에는 비교도 할 수 없다.

6.25 전쟁 중에 자진하여 월북한 사람보다 자진하여 월남한 사람이 훨씬 많다. 왜 남으로 온 사람이 더 많을까? 수준이 낮아서? 고차원적인 공산주의 학습이 모자라서? 아니다. 이들은 양쪽을 모두 경험하였고 계급 대립사상(공산주의)의 억압성과 폭력성을 몸서리치게 알았기 때문이다. 대한민국의 자본주의 체제가 일부 문제가 있지만 그래도 공산주의보다는 훨씬 인간적이고 살 만하다는 것을 생사를 넘나든 체험으로 알게 된 사람들이다. 스스로 월북한 사람은 자신의 계급대립 사상(공산주의)에 너무나 매달린 사람들이 대부분이다. 이들 또는 그 후손은 상당수가 후에 북한정권으로부터 배신을 당하여 숙청되었다고 전한다.

그에 더하여 6.25 동족상잔의 파렴치한 전쟁은 공산주의가 얼마나 반민족적이고 잔학한지를 교훈적으로 알려주었다. 이들은 공산주의하면 고개를 설레설레한다. 지금도 좌익, 좌파가 6.25 전쟁 체험세대를 싫어하는 중요한 이유이다.

북한이 무상몰수(無償沒收)·무상분배(無償分配)의 토지개혁을 함에 비해 남한은 유상몰수(有償沒收)·유상분배(有償分配)를 했다. 어느 쪽이 더 도덕적인가? 좌익, 좌파의 학자들은 북한이 식민지 잔재를 씻어내는 데 훨씬 철저했고 인민의 복지를 더 위했다고 주장한다. 그러나, 북한의 소련군정은 토지개혁을 하면서 남한 그리고 미군정과 한 마디 상의도 없었다. 북한에서 한 것이 무상몰수는 맞다. 그러나 무상분배가 아니었다. 분배한 것은 토지 소유권이 아니라 오로지 경작권이었을 따름이다. 그나마 곧 국가가 빼앗아 협동농장에 포함시켰다. 이 무상분배가 소작인을 포함한 농민들에게 환영받지 못한 것은 일종의 눈가림으로 한 것이기 때문이다. 토지의 비옥도, 위치의 차이를 무시한 채, 획일적으로 농가 호당 토지가 분배된 것은 진정한 토지분배를 할 의도가 없고 잠시 분배하는 척하다가 협동농장에 귀속시키려 한 것을 말해준다. 북한은 1958년에 농업 협동화를 하여 농민의 토지를 전부 국가가 몰수했다. 1930년대 소련의 토지개혁도 그랬다.[200] 북한의 이 토지개혁은 실체가 없었다. 북한 주민을 위한 것이었다고 과장되게 알려진 것이다. 이 때 토지를 빼앗긴 사람들이 정든 고향을 떠나 남한에 왔다. 거의 100만명에 달하는 이 사람들은 후일 북한 공산주의와의 대결에 적극적으로 앞장섰다. 지금도 종북좌파의 위험성을 가장 잘 아는 사람들이다. 그리하여 좌파들은 나이든 사람들, 특히 이 사람들을 싫어하는 것인지도 모르겠다.

이 공산주의의 토지개혁이 아니었다면 한반도에서 대화와 타협에 의해 두 체제를 접근시킬 방법이 있었을 것이다. 그러나, 전 주민을 무산계급화(공산화)하는 북한의 토지개혁에 의해 사실상 통일정부를 만드는 일은 불가능해졌다. 순수한 학자라면 정읍시에서 이승만이 말한 것을 비난하여 남북분단의 죄목을 뒤집어씌우기 전에 이런 역사적 진실을 용기있게 밝혀야 한다.

이에 비해 남한의 토지개혁은 유상몰수, 유상분배였다. 왜 강제로 빼앗고 공짜로 나누어주지 않았느냐고 할지 모른다. 그러나, 개인의 재산권을 존중하는 자유의 사상은 국가라고 하여 남의 것을 함부로 빼앗을 수 없어서 유상몰수를 하였다. 그리고 전혀 공짜로 주는 것은 있을 수 없기에 유상분배 방식을 택했다. 유상분배는 수확량의 30%를 5년에 걸쳐 갚도록 하는 것이었다. 논 1마지기에 생산되는 쌀이 10가마니라면 5년에 걸쳐 15가마니의 쌀을 갚아 주면 된다. 이것이 너무 무거운 부담인가? 그렇지 않다. 아무리 혜택을 받아 토지를 거저 받는 소작인이라고 하여도 이 정도를 비싸다고 한 적은 없다. 이러한 재산권 존중의 합리적인 제도개혁이야말로 북한의 과격하고 허울뿐인 토지개혁보다 도덕적인 것이었다. 농지개혁에 의해 소작농들도 마침내 자기 땅을 가진 자작농이 되어 국민으로서의 자부심도 자라나지 않았는가?

소련은 애초 북한지역에 특정한 이해관계도, 욕심도 없다고 했다. 북한인 스스로 주체적인 통일국가 건설을 위해 노력하도록 돕겠다고 말했다. 미국의 이해에 앞장선 이승만 세력이 단독정부를 세워 북한지역에도 반쪽 정부가 세워질 수 없었노라고 주장했다. 그러나, 사실은 정반대이다. 1945년 12월 25일자 소련군정 총정치사령관 슈킨은 보고문서에서 "....한반도 이북지역에서... 소련의 정치, 경제, 군사, 사회적 이익을 .... 영구히 지킬 인물들로 구성된 정권을 구축하기까지... 반대세력의 와해를 위한 토지개혁을 실시하고 .... 중앙집권적인 조직을 서둘러 구성해야" 한다고 스탈린에게 건의하고 있다.201) 북한의 소련군정과 공산주의자들은 공산주의에 반대하는 사람들을 친일파, 반동분자로 몰아 숙청했다. 조만식도 그 중에 속한다. 자유주의, 신앙의 자유, 기업경영의 자유, 사상의 자유는 설 땅이 없었다. 일제시대보다 더한 억압체제를 만들고 쌀, 보리, 콩까지 공출해갔다. 일제가 시행한 마을 단위의 생산책임제를 증산돌격대로 이름만 바꾸어[202] 주민의 일거수 일투족을 통제해나갔다.

일본의 패전 후 똑같이 한반도에 군대를 진주시켰지만, 미국은 소련에 비해 준비가 덜 되어 있었다. 미국 국무부와 국방부의 손발도 잘맞지 않았다. 미국 국무부는 미군의 군사력이 강하므로 한반도를 4개국의 신탁통치로 해도 미국이 잘 통제할 수 있다고 생각했다. 이처럼 한국에 대해 준비가 덜 되고 허둥지둥했던 미군정과는 달리 소련군정은 점령지 관리정책에 매우 잘 준비되어 있었고 많은 동유럽국가들을 충실한 위성국으로 만든 풍부한 경험이 있었다. 소련은 북한 진주 당시에 북한 주민(인민)들에게 자유와 독립을 강조하고 산업복구와 재건에 매진하라고 지극히 호의적인 포고문들을 발표했다. 이러한 소련군정의 포고문이 남한의 미군정 포고문과 비교되어 소련군은 해방군, 미군은 점령군이라는 증거로 설명되곤 했다. 소련군정은 인민들에 대한 매혹적인 포고와는 달리 막후에서 주둔지에서 소련의 이익을 충실하게 그리고 영속적으로 지킬 정권을 만들어나갔다.[203] 당시 북한에 도입한 제도들은 소련의 사회주의 제도였고 주민들의 동의를 전혀 받지 않은 상태에서 소련군정이 일방적으로 추진하여 이식한 것이다. 이처럼 소련군정이 점령초기부터 추진한 북한정권의 소비에트화는 스탈린의 한반도에 대한 양보할 수 없는 욕심이었고 소련 국가정책의 궁극적 본질이었다. 그러니 그들이 추진한 미소공동위원회나 그 배후 조종을 받은 남북협상이 한반도의 조선인(한국인) 이익대로 민족주의적 관점에서 진행될 리 없었다.

북한에서는 서울에서 미소공동위원회가 진행되고 있던 바로 그 때에도 별도로 정권수립과정이 진행되고 있었다. 북한이 정치제도를 공산화함에 사용한 선거도 매우 비민주주의적이었다. 이미 결정된 후보에 대해 찬성 아니면 반대만 할 수 있었다. 그나마 선거 참관인이 두 눈으로 빤히 지켜보는 상태에서 별도로 설치된 찬성함과 반대함에 투표하자는 것이었다. 북조선 인민회의(우리로 말하면 국회)는 이렇게 만들어졌다. 해방 이후 1년만에 북한은 이미 모든 세력을 장악하여 공산주의의 토대를 튼튼하게 다져놓았다. 그 이듬해(1947년)부터는 자신감을 가지고 남한에 대한 공략에 나섰다. 이래도 북한 정권이 남한의 정권보다 더 정당성이 있고 도덕적인가?

13. 근현대사전공 학자는 대한민국을 긍정해야

우리 국민 특히 근현대사 전공 학자는 대한민국을 긍정함이 국민된 도리이다. 그런데 지금 대한민국은 역사전쟁 중이다. 특히 대한민국이 잘못 세워진 나라라는 불순한 생각과의 전쟁이다. 이러한 불순한 생각을 널리 퍼뜨리는 사람은 두 부류일 것이다. 첫째, 대한민국 자체를 무너뜨려 북한의 조선민주주의 인민공화국에 충성을 바치려는 세력이다. 둘째, 그 정도는 아니지만 대한민국 내 권력구조에서 이승만, 박정희의 계보를 제거하여 자신에게 유리한 권력구도로 재편하려는 세력일 것이다. 전자는 대한민국의 적(敵)이다. 그러나, 후자도 순수하지 못한 것은 마찬가지다. 그러나, 솔직해지자. 2차대전 후의 100여 개 신생국 중 대한민국은 민주주의 국가로 성공한 몇 안되는 나라가 아닌가?

현재 남한과 북한은 여러 가지 형태로 체제 경쟁(또는 전쟁)을 하고 있다. 사실상 남한의 승리로 싸움이 끝났다고 보기도 한다. 그러나, 순진한 생각이다. 그렇게 만만치가 않다. 경제력만 조금 나을 뿐 군사력은 우리가 뒤진다. 나아가 사상전은 우리가 확실히 졌다. 북한은 온갖 방법으로 남한내의 좌파들에 대한 사상공세로 영향을 키웠다. 좌익, 좌파들은 남한의 우파 정부가 싫다는 정략적 계산과 감정적 이유로 북한정권이 잘못임을 알면서 편들기도 한다. 비록 마음속에서 북한의 주체사상, 선군주의에 대해 찬성하지는 않지만, 남한정부를 협공하여 고립시키는 것이 이득이라고 본다. 남한의 우파정권을 약화시키고 좌파 정권수립에 유리하다는 얕은 계산에서일 것이다.

그리하여 역사적으로 대한민국이 잘못 태어난 나라, 정통성과 정당성이 없는 나라라는 생각을 널리 퍼트리려 한다. 이승만을 깎아내리고 김 구를 이승만보다 높이고자 노력하는 것, 대한민국 건국이 1948년에 일어난 것이 아니라 1919년 상해 임시정부 수립 때라고 주장하는 것도 그 일환이다. 대한민국의 정통성을 부정하고 건국의 정당성을 의심스럽게 하는 데는 대한민국 임시정부와 김 구 선생을 동원하는 것이 가장 효과적이다. 민족주의 정서를 통해 역사를 왜곡하려는 것이다. 이는 고도의 정치술이다. 대한민국 건국시에 가장 아팠던 아킬레스건을 다시 건드리는 것이다.

이것이야말로 북한 노동당이 가장 바라는 바이다. 대한민국 국민의 애국심은 많은 상처를 받았다. 대한민국은 잘못 생겨난 분단 사생아, 정의가 실패한 나라, 기회주의가 득세한 나라라는 인식을 초, 중, 고교 학생들에게 심어주는 것보다 더 효과적인 대한민국 분열방법은 없다. 군인, 학생, 회사원, 교사, 교수들이 대한민국을 진정한 조국으로 생각하지 않는 효과가 나타나기 시작했다. 아무리 남한이 북한에 비해 경제력이 앞섰다고 하여도 사상전에서 패배하는 한 망하는 것은 하루아침이다. 이는 장개석의 중국, 티우의 월남이 공산주의자에게 패망한 예에서 잘 보았다.

해방직후 2천만 동포 전체가 알고 있지는 못하였지만, 대한민국이 지향한 자유민주질서는 이전 조선왕조의 봉건주의, 일제의 천황신민주의, 군국주의, 소련지배의 북한 노농독재주의보다 훨씬 앞선 것이다. 다만, 1945년 8월을 기준으로 볼 때 가장 빠르게 성장한 정치단체는 자유민주단체가 아니었다. 여운형의 건국준비위원회(건준)였다. 그 다음은 박헌영의 조선공산당이었는데 빠르게 건준에 침투하여 그 지도부를 장악했다. 건준 안의 우파 민족주의 세력은 자진탈퇴하거나 축출되었다. 흔히 말하듯 건준이나 이 때의 조선공산당, 인민공화국(인공)이 민중적 요구에 부응했다는 주장도 있다. 그러나, 당시의 인적 구성, 지도부의 변화, 이들이 한 역할, 이념을 볼 때 이는 사실이 아니다. 인민공화국은 스스로 남한의 정부임을 주장했으나, 전혀 합법적인 과정을 거치지 않았고 박헌영을 필두로 한 좌익집단에 불과했다. 이들 좌익들은 열세를 만회하고자 자신의 노선과 전혀 관계 없는 우파 지도자들 이름을 도용(盜用)했다. 즉, 이승만을 주석, 김구와 김규식을 내무장관과 외무장관으로, 재정부장에 조만식, 문교장관에는 김성수를 세웠다. 당사자의 동의가 전혀 없었다. 그러니 좌우익의 범민족 합작정부는 순전히 위장·과장된 것이다.

한편 미군정은 남한의 좌우익 인사들을 모아 좌우합작정부를 구성하려 하였다. 그 정도로만 해도 적어도 남한에서는 공산주의를 막을 수 있을 것으로 생각했다. 그래도 미군정은 국무부와는 달리 조금은 현실적인 면이 있었다. 그리하여 이승만 같은 영향력 있는 민족독립운동가가 필요하다고 보았다. 당시 미 국무부는 이승만의 독립운동기 소련공산주의 비난, 임시정부 승인요구 등 때문에 그와는 매우 불편한 관계에 있었다. 그리하여 이승만의 귀국에도 미군정은 전혀 협조하지 않았다. 이승만은 공산당과 한민당을 포함한 좌우진영을 망라(후에는 좌익 탈퇴)한 200여 개 정당, 사회단체를 모아 독립촉성위원회(독촉)를 조직했다.

소련군은 북한에 진주하면서 이미 지방에서 자발적으로 만들기 시작한 인민위원회를 인정하고 각도 임시인민위원회(후의 임시정치위원회), 5도 행정국을 통해 조선인의 자치적인 행정활동을 허용하는 듯 했다. 그러나, 사실은 소련주둔군의 지시를 소련파인 '43인조 회의'에서 집행했다. 이 회의에서 법령문의 해설을 먼저 하고 그것을 공산당 또는 인민위원회 등에서 김일성 등이 제안하고 토의했다. 마치 자주적 행정을 하는 모양새만 갖춘 것이다.

북한의 일사불란한 사회주의적 움직임과 달리 남한에서는 자유주의가 순탄하지 못하고 미군정은 완비된 계획도 없었다. 남한의 우파도 독립운동 세력사이에 대립하고 이합집산했다. 정치적으로 자유주의를 지도할 만한 세력은 거의 없었다. 이 공백을 틈타 남한의 좌익들은 관공서 습격, 총파업, 철도 도로 통신시설 파괴 등으로 자유민주질서 수립을 방해했다.

한편 1947년 11월 14일 유엔총회는 한국에 대해 남북한 전지역에서 유엔의 감시하에 인구비례에 의한 자유선거를 실시하기로 결의했다. 이렇게 구성된 국회에서 통일정부를 수립하자고 했다. 통일이 되면 남북한에 주둔한 외국군대(미군과 소련군)는 철수하기로 하고 선거를 감시하기 위해 유엔한국임시위원단을 파견했다. 이에 대해 이승만,

김구, 김규식 등 우익은 모두 환영했다. 김구 역시 매우 적극적으로 찬동을 했다는 것은 특기할 만하다. 김구는 만약 소련의 방해로 북한에서 선거를 할 수 없게 된다면 남한에서만이라도 선거를 실시하여 정부를 구성해야 한다고 할 정도였다. 그러나, 그 후 북한의 김일성은 유엔위원단의 입북을 반대했다. 남한의 좌익들도 그와 보조를 맞추어 유엔위원단의 활동을 조직적으로 방해하고 선거보이콧, 파업, 폭동을 전개했다. 다른 한편 김일성은 남북협상을 하자고 했다. 김일성의 이 남남갈등 전술은 상당히 효과가 있었다. 남한의 김구와 김규식은 의외로 동의하고 협상에 임했던 것이다. 김구와 김규식의 노선변화는 매우 충격적인 일이었다. 이후 대한민국의 정부수립, 건국에 주는 상처도 매우 컸다. 그 당시의 김구와 김규식은 다른 면모도 있지만 그래도 순수했을 것이다. 이러한 순수한 민족주의자들은 어디에나 있다. 문제는 이 순수함을 이용하는 고도의 책략가(김일성, 박헌영, 소련 군정)가 배후에 있고 현실 정치는 노련한 책략가가 주도할 가능성이 크다는 것이다. 해방 직후에 특히 그랬다.

김구는 1947년 12월 22일 남한의 선거에 반대한다는 성명을 발표했다. 김규식은 그보다 앞서 남북정치단체대표 회의에 찬성한 상태였다. 김구와 김규식은 유엔위원단의 활동을 공개적으로 비판하고 소련이 반대하는 총선거를 그만두라고 하였다. 후에 김일성은 편지로 김구와 김규식을 평양으로 초대했다. 4월 19일부터 26일까지 평양에서 열린 남북협상(전조선 정당사회단체대표자 연석회의)에 남북한의 56개 정당과 사회단체의 대표 696명이 참여했다(남한대표 151명, 북한

대표 545명). 그런데 회의 진행과 의제에서 북한의 김일성만 완전히 주도권을 행사했다. 남한에서 북행(北行)을 한 김구와 김규식은 완벽한 각본 아래 무시되었다. 이 각본은 소련 군정이 짰다. 소련 군정은 막후에서 모든 것을 콘트롤하면서 유엔위원단의 활동저지, 미소 양 군대의 철수 후 남북한 선거를 주장했다. 남북협상에 참여한 56개 정당 사회단체들은 전조선정치회의를 만들어 통일적 민주정부를 구성하자고 했다. 이 남북협상은 소련의 종전 주장을 되풀이한 것이다.

얼핏 보아 소련 군정의 주장은 한민족의 자주성을 어지간히 존중한 듯했다. 그러나, 이는 북한 점령 초기부터의 스탈린, 스티코프의 점령 핵심목표(북한만이라도 소련의 이익을 지킬 수 있게 해야 한다는 목표)를 전혀 알지 못한 데서 나온 것이다. 감정적 민족주의자들은 이들의 이중성(전략과 전술의 구별, 핵심목표와 대중선전·선동의 구별)을 전혀 오해했다. 남한에서의 혼란과 달리 소련은 군정기간 동안 북한의 공산주의 세력이 잘 조직되었다고 보았다. 남한 내부에서도 박헌영 등 남로당 세력이 커서 미군과 소련군이 동시에 철수하면 한반도 전지역에서 공산세력이 승리할 수 있다고 자신했다. 그래서 위와 같은 정치적 수완이 이루어진 것이다. 민족협상, 민족대단결이라는 이름 아래서 고차원적인 정치협상 제안이 나온 것은 이런 맥락이다. 이미 한반도 전지역에서 공산화가 상당히 성공한 단계에 와 있었다. 이 당시 좌파들은 미국을 제국주의 국가, 남한의 우익을 친일분자로 매도했다. 민중들에게는 민족의식과 계급주의를 한데 묶어 선전을 했고 (즉, 공산주의자가 가장 민족주의적이라는 터무니없는 선전) 이는 남남갈등을 유발하는 데 막강한 효과가 있었다.

소련이 미소공동위원회에 임한 것이나 북한의 공산주의자가 남북협상을 제의한 것은 고도의 정치공작이다. 미소공동위원회가 파탄난다면 그 책임을 미국에게 전가하고 공산주의자가 자유주의자보다 더 제3세계의 인민을 위해 노력하는 듯 보이려는 계산이었다. 또, 북한 공산주의자가 남한의 자유주의자보다 민족주의적이라는 메시지를 주어 통일문제의 주도권을 장악하려는 것이었다. 이승만과 기독교 신자들 그리고 이미 북한지역에서 공산주의자를 경험한 후 견디지 못해 월남한 반공인사들은 남북협상 제의를 믿지 않았다. 그러나, 순수하고 이상주의자였던 김구, 김규식 선생 같은 이에게는 이러한 정치술이 상당한 효험이 있었다. 이 점이 그 당시 자유민주주의자들(우파)이 가장 준비하지 못한 아킬레스건이었다. 좌파 민족주의 공세에 대한 자유민주주의자의 준비 부족은 지금도 비슷하다고 필자는 느낀다.

결과적으로 김구와 김규식 등 순수한 우파 민족주의자들은 북한과 소련군정의 고도의 정치에 이용만 당한 모양새가 되었다. 현실정치는 순수한 마음만으로는 부족하다. 만약 김구, 김규식 선생이 북한 김일성이 제안한 남북협상을 단호히 거부하고 유엔주도하의 남북한 총선거를 하자던 처음의 결심을 끝까지 지켰다면 어땠을까? 그랬다면 북한의 공산주의 정권수립에 상당한 타격을 주고 대한민국 건국의 정통성에 큰 도움이 되었을 것이다. 안타까운 일이다. 이런 부분이 아직도 남아 대한민국의 정통성에 반대하는 사람들이 대한민국 안에서 활개를 치고 다닌다. 김구 선생이 존경받는 것은 민족주의자였기 때문이다. 그러나, 그 존경받는 김구 선생께서도 민족주의의 뜨거운 열정이 앞서기만 하여 북한의 조직적, 전제적 공산화 진행을 살피지는 못했다. 생각건대, 남한의 감정적 민족주의 정서가 대한민국 수립(건국)을 깎아내리는 것은 단견이다. 감정적 체제비판일 뿐이다. 그리고 그 당시 북한의 상황을 오해한 것이다. 이러한 오해를 풀고 근현대사 전공학자는 대한민국의 정통성을 긍정해야만 한다.

14. 해방직후 북한체제의 일사불란한 준비, 남한정국의 혼란

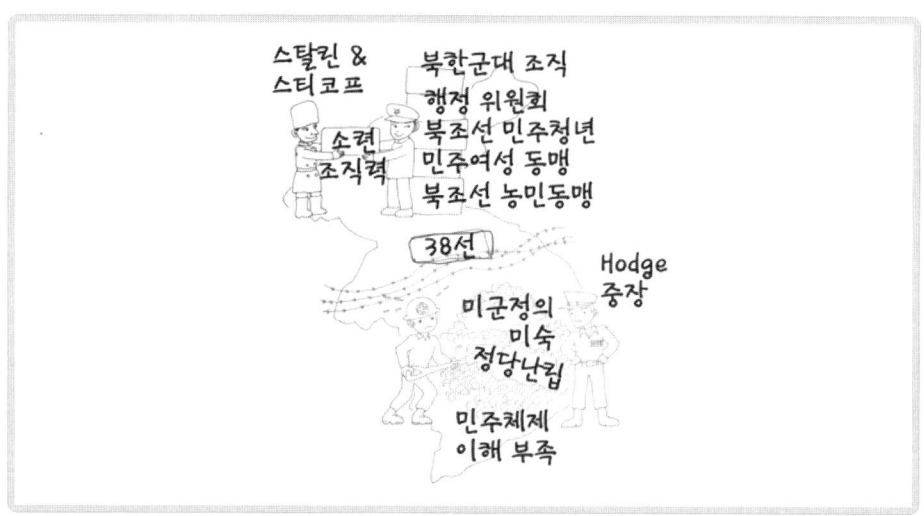

남한의 건국(정부수립)이 많은 이해단체와 정당들, 우파내부의 복잡한 역학구도 때문에 어려움과 혼란을 겪은 것과 달리 북한 체제 수립은 매우 순조로왔다. 소련군의 진주 당시부터 이미 모든 것이 스탈린

-스티코프에 의해 착착 준비되고 있었기에 그 뼈대에다 장식만 갖추면 되었기 때문이다. 1945년에 북조선공산주의 청년동맹(이는 소련의 콤소몰 조직을 본따 만들었다. 후에 북조선민주청년동맹으로 바뀐다), 북조선직업동맹이 창립된다. 이어 북조선민주여성동맹, 북조선농민동맹(1946.1)이 만들어진다. 이러한 일은 공산당 세력이 주도했고 이 사회단체들은 소련을 본땄다. 이는 전 주민을 국가단체 속에 집어넣겠다는 계획이다. 각종 직업별, 연령별로 주민을 조직한 것은 정치적으로 인적자원을 마음대로 장악하는 일이었다. 결과적으로 전 주민을 독안에 몰아넣듯이 권력 안에 집어넣고 틀어쥐었다. 해방 직후 남한의 우왕좌왕하는 모습과는 다르게 1945년부터 북한은 일사불란한 사회주의화의 걸음을 딛고 있었다.204)

북한은 이미 1946년과 1947년에 만들어 둔 행정조직을 합법화하는 과정을 1948년 4월부터 거쳤다. 1948년 4월 28일과 29일 북조선인민회의는 남북한 전체에 적용할 조선민주주의 인민공화국 헌법초안을 만들었다. 이는 소련당국이 면밀하게 사전검토한 것이다. 1936년의 스탈린 헌법을 본따 만들었다. 김구, 김규식 등과 남북협상을 하면서도 공산주의 헌법을 별도로 만들고 있었던 것이다. 북한군을 만든 것은 공식적으로는 1948년 2월 28일이라고 한다. 그러나, 실제로는 1946년 7월부터 북한 군대가 만들어지고 있었다. 당시 최용건이 보안간부 훈련소의 총사령관으로 되면서부터 군대가 육성된 것으로 보아야 하기 때문이다. 이 기관은 김일을 문화부 사령관, 무정을 포병부 사령관으로 하여 평남, 평북, 함남, 함북에 훈련소를 설치하고 신병훈련을 했다. 훈련병들은 이미 군복을 입고 훈련 후에는 남포여단, 38경비대, 강계포연대, 나남사단 등에 배치되었다.205)

소련 군정은 이와 같이 스탈린의 지시하에 소련의 이익을 지킬 정권수립을 착착 진행했다. 그러면서도 다른 한편 미군정과 한국인의 통일정부를 수립한다는 명목으로 미소공동위원회를 협의한 것이다. 여기에 참여할 정당과 사회단체의 자격에 대해 소련군정은 모스크바 3외상회의에 찬성한 단체와 정당만 인정하자고 했다. 당시 신탁통치에 찬성한 남로당과 같은 좌익만 참석시키자는 주장이었다. 미군정으로서는 도저히 받아들일 수 없는 조건이었다. 소련군정과 미군정이 미소공동위원회에 참가하는 자격과 절차에 대해 다툼을 하는 중에도 꾸준히 북한의 군대양성 등 소비에트화(소위 '민주개혁 작업')는 진행되고 있었다. 소련 군정의 속마음은 친소좌익 단체와 정당만으로 조선임시자치정부를 만들든지, 북한지역만에서라도 소련에 봉사할 정권을 만드는 것이었다고 추측할 수 있다.206) 소련은 북한 내부에서 공고한 친소정권을 한 단계 한 단계 다져가면서 미군정과는 타협에 나섰다. 소련으로서는 미소공동위원회가 잘 되어서 한반도 전체에 사회주의 정권이 들어서면 더 좋고, 만약 안되더라도 북한만에라도 소비에트 정권을 창출한다는 복안이었던 셈이다. 훗날 따지고 보면 미소공동위원회와 남북협상은 공산주의자들이 내려놓은 결론에 부속된 평화주의 제스처(소련군정의 입장) 또는 위장된 민족주의(북한 공산주의자의 입장)의 립 서비스에 불과했다. 남북한 통일 정부수립을 한다는 명목으로 정치선전을 해왔다는 움직일 수 없는 증거이다.

북한은 헌법 제정 후에도 다시 남북협상(남북지도자협의회)을 제안하였다가 남한의 지도자들이 거부하자 의회구성을 위한 선거를 실시하기로 하고 형식적이나마 남한에서도 선거를 한다고 선동했다. 남한에서는 지하연판장 선거가 이루어졌다. 밤에 조작하거나 대리 날인하는 부정선거 방식이었다. 형식적 선거, 부정선거를 통해서 572명의 대의원을 뽑아 이미 그 전에 초안을 만들어 둔 조선민주주의 인민공화국 헌법을 선포했다(1948년 9월 9일). 소련헌법 구조를 모방한 위성국가 북한의 헌법이 만들어지고 소련의 독재자 스탈린의 영향력이 북한 전역에 미쳤다. 김일성을 비롯한 북한의 지도자들은 스탈린을 찬양하며 그와의 연대의식을 나타냈다. 북한 헌법은 주권이 인민에게 있다고 하면서도(제2조), 경제를 계획하도록 하고 인민경제계획을 실시할 때도 국가 및 협동단체의 소유를 근간으로 한다고 한다(제10조). 그리고 공민의 의무로 조국 보위의무를 부과하면서 조국과 인민을 배반하는 것은 최대의 죄악이며 엄정한 형벌에 의하여 처단된다고 하여(제28조) 죄형법정주의와 법치주의를 근본적으로 부정했다. 이게 바로 '코에 걸면 코걸이, 귀에 걸면 귀걸이'다. 어떤 것이 조국과 인민을 배반하는 것인지 알지 못한 상태에서 누구든지 예외 없이 엄정한 형벌에 의해 처단될 수 있는 독재구조이다. 조선왕조 때 '코에 걸면 코걸이, 귀에 걸치면 귀걸이'하던 원님 재판구조와 똑같이 닮았다.

　다른 한편 남한의 경우 좌익세력의 극심한 방해에도 불구하고 5.10 선거는 성공적으로 치루어졌다. 유권자는 96.7% 등록하고(유엔위원장의 자료는 79.7%)다양한 정치성향의 사람이 입후보하였다.[207] 전국 200개 선거구에서 후보자의 평균 경쟁률은 4.7대 1이었다.208) 좌익세력은 선거를 방해하기 위해 통신과 교통시설을 파괴하고, 투표소를 습격했다. 경찰과 우익인사를 공격하여 선거 당일에만도 경찰 51명 등 공무원 62명을 살해하고 수 백 개의 관공서를 파괴했다.209) 가장 방해가 심한 제주도에서는 좌익세력 때문에 투표가 불가능했다. 그런데 대부분의 지역에서 유권자의 참여도는 높아서 선거일 등록자의 투표율은 89.8%였고 총유권자 대비로는 71.6%에 달했다. 전반적으로 공명하고 자유로운 선거였다. 무소속의 당선자가 거의 절반에 달한 것도 그런 연유에서였다.210)

  5.10선거의 결과 선출된 198명의 제헌의원은 1948년 5월 31일 국회를 구성하고 헌법과 정부조직법을 제정할 준비를 갖추었다. 6월 3일에는 헌법기초위원 30명과 전문위원 10명으로 구성된 헌법기초위원회가 만들어졌다. 유진오씨가 만든 안과 권승렬씨가 만든 안을 절충하였는데 유진오씨가 만든 안이 주된 것이었다. 그 내용은 국회를 양원제로 하고 정부형태를 의원내각제로 하며, 위헌법률에 대한 심사권을 대법원에 주는 것이었다. 그러나, 그 후 토의를 거치면서 이승만 박사의 의견에 따라 국회의 단원제(單院制), 대통령중심제, 위헌법률심사권을 헌법위원회에 주는 것으로 바뀌었다. 6월 23일에는 이러한 내용이 국회 본회의에 보내져 활발한 토론이 이루어졌다. 수많은 수정안이 나와 헌법의 빠른 제정이 불가능해 보이기도 하였지만, 8월 15일까지는 정부수립(건국)이 필요하다고 하여 심의가 빠르게 진행되었다. 그 결과 6월 30일에는 제1독회(讀會)를 하고 7월 11일에는 제2

독회, 7월 12일에 제3독회를 하여 국회를 통과했다. 7월 17일 국회의장이 공포하고 공포한 바로 그 날부터 시행했다. 이 헌법은 자유권의 보장, 권력분립, 단원제(單院制) 국회, 대통령중심제(또는 이원적집정부제), 통제경제 정책 등을 주요내용으로 하였다. 이 헌법은 정치적인 부분은 미국과 프랑스의 헌법, 경제적인 부분은 독일의 바이마르 공화국 헌법을 많이 본땄다.211) 외국 헌법의 장점을 각각 따오다보니 정치(자유민주주의)와 경제(통제경제주의)의 지향점이 다르게 되었다. 특히 노동자의 이익균점권을 보장한 것은 자유민주주의에서 있을 수 없는 사회주의적인 내용이었다. 그런 연유로 제4차 개정할 때 폐지되었다. 이처럼 건국 당시의 여러 제도들은 신생국의 특징인 미숙과 혼란 그 자체였다. 이와같이 미숙한 부분은 제도의 운영경험과 국민들의 지혜에 따라 발전해나가야 할 것들이었다.

한민당이 정부형태에서 내각책임제를 선호한 것은 특기할 만하다. 한민당은 자신의 약점 때문에 대통령제보다는 내각책임제가 유리하다고 보았고 나아가 대통령 선출도 직선제보다는 국회에서의 간선제를 주장했다. 이러한 점 때문에 이승만과 한민당은 사사건건 대립한다. 우파 내부에서도 이처럼 보조를 맞추기 어려운 이해대립 때문에 북한의 일사불란한 정치와 달리 남한에서는 극심한 정치혼란에 휩싸였다. 이것이 자유민주주의의 약점이다. 어느 정도 성숙한 단계에서는 자유민주체제가 안정적이지만, 미숙한 자유민주주의는 갖가지 주장과 이해관계를 다 허용하다보니 특히나 대한민국과 같은 신생 독립국에서는 혼란스러운 정국을 벗어나지 못했다.

15. 자유민주주의의 홀씨, 반도의 남단에 겨우 뿌려져

　서양 근대에서 발아한 자유민주주의가 해방을 맞은 우리나라에도 그 홀씨가 뿌려졌다. 위와 같이 어려운 과정을 거쳤다. 우리는 자주적으로 개화를 이루지 못한 나라이다. 조선왕조가 근대문명 수용에 뒤쳐지다가 이웃 일본의 침략을 맞아 나라를 빼앗겼으니 근대시대의 자유민주주의를 경험할 겨를이 없었다. 상해에 수립된 대한민국 임시정부에서 그나마 자유민주주의의 근간으로 국정의 지표를 삼아 대통령제, 의회제도, 내각 등의 기구를 두고 운영했다. 나라를 빼앗긴 상태에서 남의 나라 중국에서 임시정부를 운영하다보니 그 자유민주주의의 운영은 미숙할 수 밖에 없었다. 일제 하에서부터 러시아 혁명의 영향을 받은 조선공산당의 계급혁명사상을 배제하고 자유민주주의의 정부형태를 도입한 것은 거의 기적에 가깝다. 자유민주주의가 서양에서 수 백 년에 걸친 피의 역사로 발전한 것에 비하면 우리는 너무 쉽게 얻었다. 일반 국민에게는 소비에트가 조종하여 북한에 만든 인민공화국 체제처럼 남한의 자유민주주의 체제 또한 익숙하지 않았고 낯설었다. 두 체제 다 수입품인 까닭이다. 우리 스스로 새로 만들어낸 게 아니다. 그러니 시행착오가 있을 수 밖에 없었다. 노동당의 독재를 규정한 북한은 어찌보면 조선왕조 때 왕을 섬기는 신하, 일제시대 천황에게 복종하던 것과 비슷하여 쉽게 동화되는 면이 있었다. 그러나, 남한(대한민국)의 자유민주주의는 많은 훈련과 타협, 지혜, 국민교육이 필요했다.

민주주의의 경험이 전혀 없었던 우리에게 있어서 자유, 자유민주주의가 낯설게 느껴진 것도 무리는 아니다. 그러나 이런 제도의 도입마저 신생국에서 모두 국민투표로 결정될 수는 없다. 민주주의가 다수결이라고 하지만 그나마 국회에서 지식인들이 모여 헌법안을 만들었기에 자유민주주의의 줄기를 세웠다. 계급주의자, 공산주의자가 볼 때는 이러한 헌법제정에 적대감정을 가질 것이다. 그러나, 국민의 전체 의사에 의해 선출된 제헌의원이 민주적인 결단을 하여 자유민주주의 헌법을 만들어낸 것은 당시 선각자의 훌륭한 점이다. 만약 이들이 이 노력을 하지 않았다면 우리 한반도는 전지역이 공산주의 세력에 의해 장악되고 헌법도 노동자의 독재를 정하는 것으로 되고 말았을 것이다. 생각만 해도 아찔하다. 조선시대 말엽에 전해진 근대시민사상이 우리 선각자의 마음에 싹터 훗날 상해 임시정부, 해외의 독립운동기지에서 자유, 민권, 민생의 정신으로 살아남은 게 다행이다. 이것이 건국 헌법으로까지 전해진 것이다. 제헌헌법은 비록 미국, 프랑스, 독일의 제도를 본딴 것이기는 하여도 우리 자신의 신념이 전혀 없이는 하루아침에 이루어질 수 없는 일이었다. 비록 소박하고 미숙한 그릇이지만 이 그릇이 공산주의를 거부하고 어렵게 지킨 진화(進化)의 출발점이다. 우리 한국인, 한민족은 이 출발점에 서서 장차 국민을 가르치고 배워서 가난에서 벗어났다. 다른 나라, 이민족과 어깨를 나란히 겨루는 자랑스런 나라를 만들었다. 삼성, 현대, POSCO, LG, SK와 같은 세계굴지의 자유기업을 일구어내고 박지성 김연아, 싸이와 같이 폭발하는 젊은 열정의 스포츠맨, 예술가를 키웠다. 만약 우리 대한민국이 건국시 공산주의 헌법을 만들었다면 어찌 되었을까? 상상하기도 싫다.

한반도가 왜 분단되었나? 그 책임을 누가 져야 하나? 분단은 제2차 대전의 결과로 미국과 소련이 한반도를 나누어 점령할 때 이미 결정된 것이나 다름 없다. 미국도 소련도 자신이 점령한 부분을 양보할 의사가 추호도 없었다. 소련의 스탈린이 1945년 9월 북한 지역에 소련의 이익을 지킬 정권을 만들라고 지시한 때 이미 비극적인 분단은 피해가기 어려운 운명으로 다가왔다. 그 당시 우리 민족 내부의 어떤 힘으로도 이를 저지하기가 어려웠다. 우리 독립운동가들조차 일제하에서 자유민주주의 세력과 공산주의 세력으로 나뉘어 활동하다보니 분단의 조짐이 있을 때조차 힘을 모으지 못했다. 같은 한민족이면서도 이념이 달라진 것이 이토록 큰 비극을 불렀다. 일반 민중은 뭐가 뭔지도 모르는 상태에서 두 개의 강대국과 한민족의 지도자들은 건널 수 없는 이념의 골로 나뉘어 있었다.

그 당시 두 이념의 대립에서 어느 쪽이 선한가, 악한가를 판단하기는 어려웠을 것이다. 그 때에는 대부분의 국민들이 여전히 조선시대의 유교질서, 삼강오륜 의식에서 벗어나지 못하고 민주주의가 뭔지, 자유주의가 무엇인지도 잘 알지 못했다. 지식인들도 예외가 아니었다. 심지어 지식인들마저도 공산주의에 대한 의존의식, 평등지상주의에 대한 감정적 동경이 있었다. 그리하여 모스크바에까지 유학하여 공산주의를 배우고 모택동을 옌안까지 따라갔으며 일본 동경에 유학하면서도 일본 공산주의자와 국제연대주의를 꾀했다. 이것이 조국의 독립에 도움이 되리라 여긴 오해와 착각을 당시의 사람들은 잘 알지 못했다. 일제 식민지를 36년간이나 경험했기에 공산주의 세력은 우리 민족 사이에서 가장 잘 조직되고 일반대중에 침투한 세력이 되었다. 그에 비해 자유민주세력은 이념을 적극적으로 조직화하지 못하고 민중에 대한 침투력도 약했다. 즉, 식민지의 비인간적인 환경에서 자유민주주의는 대중들에게 그 지향점으로 제시되기 어려웠다. 그러니 조직화가 어려웠던 것이다. 그에 반해 공산주의 세력은 억압과 착취에 시달린 우리 한민족에게 감정적으로 쉽게 수용되었다. 이것이 바로 해방 이후 좌익이 우익에 비해 숫자면에서 우세했던 원인이다. 그러나, 공산주의에는 그 속에 모순과 폭력성, 반인간성(反人間性), 반민족주의(反民族主義)가 숨어 있다. 이들 공산주의자들은 미국을 제국주의 국가로 보고 미군정하의 대한민국을 그 식민지라고 말했다. 그렇다면 소련은 왜 제국주의 국가가 아닌가? 소련군정 치하 북한은 왜 식민지가 아닌가? 이들은 민족 전체를 사랑하고 아우르기보다는 오로지 무산자(노동자) 일색의 폭력혁명을 내세웠다. 공산주의의 도식적 역사발전 이론에 한반도를 끼워맞추려 애썼다. 일찍이 이승만과 김구가 임시정부에서부터 공산주의자와는 일체 타협하지 않았던 이유가 여기에 있었다.

후세 사람인 우리는 훨씬 더 잘 안다. 북한의 토지개혁은 매우 잘못된 일방주의였고 반민주적인 인민 노예화의 시초였음을. 분단의 씨앗을 먼저 뿌린 것은 스탈린과 소련 군정의 계획된 소비에트였음을. 그리고 자유민주주의 선택이 훨씬 선하고 현명한 것이었다는 것을. 자유민주주의와 시장경제가 아니었다면 국민 모두가 착취와 가난에서 벗어나지 못했을 것이다. 그렇다면 이제라도 우리는 대한민국 건국의 정당성, 자유민주주의의 발전을 옳다고 긍정해야 한다. 아직도 해방 정국의 혼란시기처럼 북한의 계급주의 체제에 미련을 갖는 것은 있을 수 없지 않은가?

만약 이승만 대통령이 미국 국무부와 대립하면서도 공산주의와 대결하지 않았다면 미국은 소련의 주장대로 좌우합작의 연립정부를 세웠을지도 모른다. 만약 그랬다면 이는 한반도 전체가 적색화되는 중간단계가 되었을 게다. 자유민주주의자가 공산주의자와 타협하여 통일한국을 세우지 않은 것이 매우 잘못된 것일까? 만약 그렇게 생각한다면 분단의 책임을 남한의 자유주의 세력에게만 덮어씌우는 것이다. 그렇다면 왜 공산주의자는 남한의 자유주의자와 타협하여 통일국가를 세우려 노력하지 않았나? 한반도 전체가 공산주의로 건설되었다면 한민족은 자유와 재산권, 종교의 자유가 말살되는 동유럽국가처럼 되었을 것이다. 한반도는 소련, 중국 모두와 이웃하므로 두 공산주의 강대국에 대한 종속은 동유럽보다 훨씬 더했을 게다.

 흔히 좌파는 자유민주주의로 싹틔운 기업을 비난한다. 그러나, 대한민국이 이나마 발전한 데는 자유, 자유주의에서 배양된 기업의 역할이 결정적이었다. 부정부패, 정경유착도 있었다. 모두 면죄부를 주자는 것은 아니다. 그런 잘못에 대해서는 이미 충분한 벌을 받았다. 앞으로도 그러한 부정부패가 있으면 감옥갈 각오를 해야 할 것이다. 또, 기업가의 허랑방탕은 다른 경쟁 기업의 시장점유율 잠식으로 벌써 징벌받고도 남는다. 도덕적으로 경계할 수는 있어도 기업의 손발을 묶는 입법을 하는 것은 합당하지 않다. 경제민주화를 빙자한 손발 묶기의 뒤에는 해방 이후 지금까지 기업의 역할에 대한 부정적인 시각이 도사리고 있다. 우리 기업도 예전처럼 활기가 느껴지지 않는다. 지난 20년 동안 하도 매를 맞아 그런지 눈치꾼이 다되고 생명력이 시들시들해졌다. 지금 그럭저럭 굴러가지만 언제 시장에서 망할지 모르는 게 기업의 생태계다.

 이들 기업이 자유로이 경쟁하고 많은 공장을 지어 실업자를 구제하도록 함이 합당한 대우이다. 근거없는 반(反)기업정서에서 벗어나지 않으면 안된다. 잘못은 비판하더라도 밥그릇을 걷어차지는 말아야 한다. 기업을 부정하는 깊은 뿌리는 근본적으로 반(反)자유주의, 반(反)대한민국의 사상에서 나왔다. 남이 자유를 누리는 것을 싫어하는 마음, 남이 나보다 잘되기를 원치 않는 역사관은 치졸한 것이다. 이러한 마음에서는 대한민국의 성장 엔진이었던 창의와 기업가 정신을 죽이도록 미워할 게다. 그러나, 그 미움은 부메랑이 되어 자신과 가족을 빈곤의 노예로 내몰 것이다. 우리는 반도 남단에 겨우 뿌려진 자유주의의 씨앗을 큰 꽃으로 피워내야 한다. 이것이 자유민주주의의 정치가 필요한 이유이다. 진정한 한민족 민족주의는 이 큰 꽃이 피어야만 가능하다.

16. 이념없는 투명정치인? 결국 개인욕망이라는 새 이념에 빠지리니

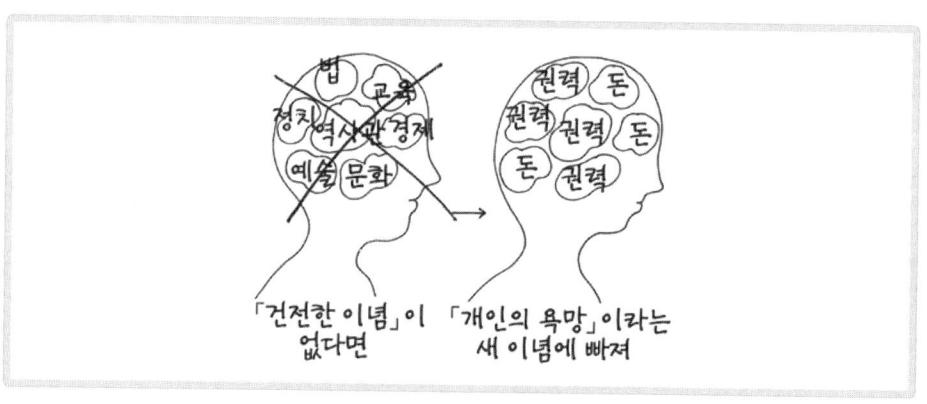

신념이나 이념이 없으면 동물적인 욕망만에 지배된다. 신념, 이념이 없다면 가는 길은 뻔하다. 쉽게 타락하는 길이다. 사람은 누구나 자신을 둘러싼 세상을 어떻게 볼 것인지 생각한다. 이것이 틀을 갖추면 세계관 다른 말로 이념(ideology)이 된다. 이념은 세상에서 어떻게 생각하고, 어떻게 행동하고, 또 어떤 친구를 사귈 것인가를 결정한다. 정치적, 경제적 판단에도 결정적 영향을 미친다. 이념은 정치, 법, 경제정책, 노동정책, 교육정책, 한국의 근현대사 사관, 연극, 영화, 음악, 미술 등 구석구석에 스며든다.

우리 인간 사회에는 각자 가정환경, 사회적 여건 등에 따라 다른 이념을 가진 사람들이 모여있다. 한국 사회도 그렇다. 그런데 한국 사회는 5천 년 동안 고통을 받고 어렵게 지내왔다. 한국 사회를 책임지고 나아가는 사람은 건전한 이념을 가진 사람이어야 한다는 것은 여기에서 나온다. 어정쩡한 기회주의자로는 안된다. 대한민국이 아무리 자유민주주의 국가라고 할지라도 정치지도자가 이를 지켜줄 마음이 이념화되어 있지 않으면 사실상 자유민주주의는 휴지조각과 같다.[212]

자유주의, 자유민주주의를 신봉한 이승만도 이 씨를 개화(開花)시키려는 노력에는 실패하였다. 당시 북한과 남한 내 공산주의자들과 대결하려면 가장 중요한 것이 자유민주 시민의식이었음에도 이 의식 함양노력을 기울이지 못했다. 그는 그런 일을 하기에는 너무나 노쇠했다. 어떤 지도자라도 나이가 너무 든 이후에 국민운동을 벌인 사례는 없다. 우리 대한민국의 자유민주주의 길은 참으로 더디었다. 이 개화(開花)는 그 이후 30여 년을 더 기다려야 했다.

자유민주주의에 투철했던 이승만 자신도 집권 후에는 권위를 내세우고 오만에 빠진 나머지 처음 자신에 협조한 우파 인사들마저 등을 돌리게 만들었다. 그리고 종신집권을 무리하게 추진하고 부정선거를 감행했다. 이러한 것이 우파에게 주는 경고 의미는 크다. 비록 이념과 봉사정신이 투철했던 사람이라고 하여도 한 순간 개인 욕망의 늪에 빠질 수 있다는 것이다. 이념과 봉사정신 없이 기술(技術)과 지식(知識)만으로 고위직(高位職)에 오른 사람은 더 말할 것도 없다.

우파가 건전한 정신과 자유민주주의 이념으로 잘 조직되지 못할 때는 권위를 잃는다. 그 공백은 급진좌익 세력이 차지한다. 4. 19 민주혁명도 자유민주주의를 희구한 청년 학생이 앞장서 이룩한 것이다. 그러나, 자유민주 세력이 건전한 민주주의로 잘 인도할 역량이 부족했기 때문에 점점 왼쪽으로만 기울어갔다.[213] 이는 비단 4.19 직후 뿐만이 아니다. 1980년, 1987년 민주화 물결이 일 때 순수한 민주주의 열망에도 불구, 자유민주주의의 이해부족과 북한의 전체주의, 인권말살에 대한 인식 부족은 곧바로 급진좌파, 주사파의 득세로 이어졌다.

그런데 근간에는 우리나라에 이념이 없는 투명정치가를 자처하는 중립정치가, 장차관들이 등장했다. 즉, 자유민주주의와 인민민주주의의 대립, 북한의 왕조세습의 위협에 무관심하다는 인사들이다. 정말 그게 가능하고 있을 수 있는 일인가? 정말 그렇다면 이들은 자신의 욕망추구라는 새 그릇에 풍덩 빠질 것이다. 사람이란 누구나 행동지향이 있게 마련이다. 그런데 정치이념이라는 행동지향이 없다면 결국 욕망충족이라는 행동지향으로 나가고 만다. 특히 정치가가 가진 권한은 막강하다. 경제정책이나 교육정책 등 어떤 정책이라도 전문가가 만들지만 이를 집행하려는 의지를 정치가가 갖지 않으면 물거품이 된다. 양식있고 올바른 이념을 가진 사람인 줄 알고 선출하거나 임명했는데 알고보니 아무런 이념이 없는 무색무취한 정치가라면 어찌 되는가? 또는 무책임한 포퓰리즘의 인사라면? 필시 국가 발전의 방향으로 나가지 않고 일시 편안한 대중영합적인 정책과 타협한다. 자신은 평안과 영달을 누리고자 한다. 보신주의, 이기주의에 빠진 타락이다. 이념이 없는 인사? 십중 팔구 자신만의 욕구충족이란 사이비 이념에 충실한 사람으로 변해간다.

17. 이념을 싫어한다고? 대한민국은 자유 이념에서 탄생한 나라인데도?

어떤 지도자는 말한다. "나는 이념을 싫어한다", "나는 좌우 이념 다 싫고 중도이다" 과연 대한민국에서, 아니 한반도에서 그럴 수 있을까? 대한민국이 무너지면 평생 피땀흘린 노고도 헛되이 무너진다. 이를 모르거나 알면서도 모르는 체하는 사람들이 흔히 그런 말을 한다.

만약 당신 자신이 해방 직후 지도자였다면 북한에 공산체제가 굳어지고 있을 때 어떤 대응을 했을까? 공산통일, 소련 위성국가화? 아니면 자유민주주의 수호? 그 선택문제에 맞닥뜨려졌을 게다. 실제로 당시의 지도자는 이 선택에서 자유로울 수 없었다. 그 급류에서는 좌우 이념을 떠난 순수한 민족주의가 설 공간이 없었다. 이는 김구, 김규식의 좌우 합작이 김일성에게 이용, 기만당한 것에서 볼 수 있다.

좌우를 떠난 이러한 순진함은 실패임이 입증되었다. 그런데도 "나는 이념을 싫어한다"는 말이 가능했을까? 70년이 지났지만 지금도 같다. 생각건대, 이런 말을 하는 사람의 내심(內心)에는 우파이념이 있을 것이다. 다만, 용기가 부족할 따름일 게다. 우파 즉, 자유민주주의가 좋다는 설득은 참으로 쉬운 일이 아니다. 반공주의 하면 아주 간명하게 홍보가 되는데 자유, 자유주의, 자유민주주의 하면 말이 어려워진다. 입헌주의, 법치주의, 민주주의 역사, 선거제도, 공화와 토론, 성숙한 시민의식 등 설명할 게 너무 많다. 해방 이후 대한민국 수립과정에서, 60년대 이후 경제건설 과정에서, 그리고 21세기 지금도 다르지 않다.

대중에게는 짧고 강렬한 설명이 설득력있다. 길고 장황한 홍보는 이미 홍보의 실효성이 떨어진다. 해방 직후 그리고 50, 60년대에 "인민의 세상, 평등의 세상"이라는 사회주의 구호에 맞서 자유, 자유민주주의를 홍보하는 것이 쉽지 않았을 것이다. 현재 지식인조차 자유민주주의 또는 민주주의만으로는 잘 설득되지 않는데 70년 전, 60년 전에야 더 말해 무엇하랴? 그런데 지식인조차 잘 이해하지 못하던 자유민주주의의 우월성, 민족구원 투수(民族 救援 投手)의 성격을 남한의 발전 결과만이 설명했다는 것은 아이러니다.

좌파=정의, 우파=기회주의라는 도식화는 좌파의 아전인수(我田引水)이다. 자주경제, 민족경제라는 허울 아래 건국과 경제발전 모델을 부정한 세력, 폐쇄경제, 인민경제가 선(善)이고 개방경제, 국제협력은 악(惡)이라는 사상에서 그러한 터무니없는 도식이 나왔다. 사실 앞에서 설명한대로 이 땅의 사회주의는 민족주의의 본령과는 거리가 있다. 일제시대 사회주의 지식인, 사회주의 운동가들은 민족독립국가의 이념보다는 사회주의 통일국가를 구상하고자 부심하였다. 이를 두고 사회주의 운동 즉, 민족주의 운동으로 포장하는 것은 언어도단이고 아전인수이다. 이는 사회주의 홍보를 위해 민족주의라는 대중 포용적인 상징물로 화장(化粧)한 것이다.

5천 년 동안 춥고 배고픈 나라의 백성으로 살았기에 이 땅의 지식인조차 사회주의의 유혹을 이기기 어려웠다. 일제시대, 해방 직후와 50,60년대에 그러했다. 지금도 마찬가지다. 여전히 춥고 배고픈 상태에서 벗어나지 못하였기 때문이다. 수 천 년 가난의 긴 시간이 우리를 이렇게 만들었다. 좌파학자들의 지적대로 해방 직후 민중적 정서는 사회주의가 다수였을 것이다. 그러나, 그 사회주의의 선택이야말로 우리 민족이 더욱 굶주리는 낭떠러지로 가는 길이었음을 지식인조차 파악하지 못했다. 배고픈 민중 60%가 평등지상 인민의 나라(사회주의국가)를 원했다고 하여 그 길이 곧 진리의 길, 구원의 길은 아니다. 좌파 지식인들이 즐겨 말하는 '민중적 요구'란 이 때 왜 사회주의로 통일하지 않았느냐는 말로 이해된다. 그러나, 때로는 민중의 다수도 오류(誤謬)를 범한다. 민중의 다수도 100% 예지력(叡智力)을 갖출 수는 없다. 굶어죽는 길, 북한 주도의 통일을 여는 길을 상상한 오류(誤謬)도 여기에 속한다. 우리 배고픈 민족을 살리는 길은 쉽고 평탄한 사회주의, 평등지상주의가 아니라 좁고 가파른, 그래서 땀과 눈물을 요구하는 자유민주주의에 있었다는 것을 인식한 지도자는 소수였다.

1990년대 전후에 사회주의 국가들은 붕괴하였지만 일제시대부터 강고하게 우리 지식인 사회에 뿌리내린 사회주의 사상은 쉽게 씻어지지 않았다. 게다가 북한체제의 존속으로 남한의 좌파 지식인은 사회주의 사상의 지향점을 잃지 않은 상태이다. 그리하여 현재 남한의 주체사상종교 맹신자(주체사상파)들은 일제시대 러시아 혁명에 감명받은 좌파지식인이 사회주의에 끌리고 충성을 맹세한 것의 연장선에 있다. 사상적 매력을 느끼고 충성맹세한 대상이 아무리 핵폭탄을 개발하고 20만 명을 죽음의 수용소에 개 돼지처럼 가두어 고문, 살인, 강간을 해도 그를 한없는 충성심으로 우러러본다. 이 일편단심 사랑을 일반 민중은 이해하기 어렵다. 이러한 좌파지식인에게 미래지향적으로 생각하자고 한들 그 설득은 쉽지 않다. 좌파 지식인을 설득하려면 과거에도 무산계급 우월주의보다는 자유주의, 자유민주주의, 의회주의, 대한민국이 선택한 진로가 더 우리 민족의 이익에 부합하였다는 설명이 필요하다.

　공산주의, 김일성 유일사상(주체유일사상)도 우리 한민족 8천만 명을 살릴 수만 있다면 얼마든지 선택할 수 있다. 그러나, 무산계급 지상주의, 자유경제활동을 부인하는 핏발선 관료 계획경제로는 4대 강국에 맞서는 강한 나라(이것이 필자가 주장하는 '진정한 민족국가'이다)를 만들 수 없다. 좌파들은 자유를 억압한 상태에서의 무산자 중심 폐쇄경제를 자주경제, 민족경제라고 미화한다. 그 예로 북한의 50년대, 60년대 자력갱생 경제건설을 암시하곤 한다. 그러나, 자유생산과 교환을 제한하는 경제, 외국과의 협력을 이단시하는 폐쇄경제는 빈곤

경제, 민족기아 경제로의 지름길이다. 우리의 60년대 이후 수출공업화 정책, 대외협력을 종속, 친미경제라고 비난하는 것은 좌파의 변함없는 트집잡기에 불과하다. 이들은 그 정책을 친미, 종속이라고 비난하면서 우파를 매국노로 옭아매려는 정치적 공세까지 겸한다. 일제 이후 사상대립이 지속되어 온 상태를 우리의 지혜로 극복해야 한다. 우리가 내전(內戰)을 한다면 공멸이다. 내전(內戰)은 나아가 한민족의 절멸(絕滅), 영원한 약소국으로의 전락을 가져온다. 이에 우리는 내전(內戰)을 하지 않고도 국민통합을 해야 한다. 평화적 설득을 통해 어려움을 이겨내야 한다. 그 설득의 축으로 민족주의의 이념, 민족에 대한 사랑을 꼽고자 한다. 이는 민족의 운명에 대한 혜안, 설득으로 가능하다. 우파가 민족주의로 더 무장하고 자기 욕심을 민족에의 헌신으로 승화시키면 좌파가 설 그루터기가 없어질 것이다. 그 민족주의의 뿌리에 자유민주주의가 있다. 이념을 부정하는 사람들은 대한민국이 자유의 이념에서 탄생했고 앞으로도 그 자유의 이념 없이 자랄 수 없는 나무임을 잘 알아야 한다.

생각건대, 이념이 없음은 자랑할 일이 결코 못된다. 대한민국의 기둥을 바로 세우려는 자유주의 이념이 있어야만 한다. 그 기둥을 세운 후 자유롭게 선택하고 열심히 땀을 흘려야만 한다. 그리 하여도 우리 국민, 그리고 한민족은 살아날까 말까하다.

18. 일부 특권층의 오만과 사치는 자유민주주의의 적(敵)

자유주의, 자유민주주의는 가난한 우리 한국인이 여기까지 올라오게 한 비결이다. 그런데 너무 빠른 속도로 달리다보니 도덕과 절제를 잘 배우지 못한 것도 사실이다. 빠르게 잘 달리는 것이 능사가 아니다. 교통신호를 지키고 제한속도를 넘지 않는 절제가 있어야 훌륭한 운전이다. 사회지도층은 국민들의 표상이다. 이들의 이미지는 개인들의 생각과 행동에 바로 영향을 준다. 그런데 우리 사회에는 지도층에 대해 긍정적인 평가가 적은 것이 사실이다. 일부 특권층의 부도덕과 사치는 우리나라처럼 좁고 사회적 일체감이 강한 나라에서는 파급효과가 크다. 당장 근로의욕을 떨어뜨리고 젊은이들에게 부도덕한 기운을 퍼뜨린다. 계층간 냉소적인 기류가 일게 하고 법을 지키지 않아도 된다는 사람도 늘어난다. 그렇지 않아도 사회에 불만이 가득한 사람한테는 '울고 싶은데 뺨 때려주는' 역할도 한다.

어떤 부잣집 사모님은 자기 딸을 보호한다고 엄청난 범죄를 저지르고 무기징역형을 살면서도 반성하기는커녕 그 고약한 버릇을 버리지 못해 신문에 대서특필되었다. 형무소에 있어야 할 중범죄자가 12개 병명의 허위 진단서를 끊어 대학병원 특실에서 생활했다고 한다. 그리고 어떤 국제 학교는 부정입학을 대가로 돈많은 학부모에게서 1억원씩 받고 성적을 조작하였다고 보도되었다. 공무원의 경우 지방자치제가 정착되면서 자치단체장, 지방의회의원들의 구조적 부패는 점점 커지고 있다. 법으로 규제해야 하겠지만 법이 모두 다 할 수 있는 것은 아니다. 인식과 행동은 과거의 문화, 현재의 경험에 의해서 규정되는데 이를 실정법으로 모두 제어하지는 못하기 때문이다. 생각건대, 건전한 가치(價値)의 침해는 사회의 동질성(同質性)을 파괴한다. 나아가 통합의 정신에 해를 끼친다. 이는 공동체의 존속과 가치보호를 어렵게 하는 독버섯이다.

성공한 사람들은 그 성공의 이유가 있을 것이다. 더 재능이 있고 더 땀을 흘렸을 것이다. 밤잠을 설치면서 투자계획, 판매전략을 짰을 것이다. 그러나, 그것만으로는 충분하지 않다. 자녀들에게 더 사회적으로 책임감 있게 가르치고 못된 친구들, 타락한 동료의 유혹을 이겨야 한다. 사람은 신(神)이 아니기에 쉬운 일은 아니다. 그러나 우리가 이 산을 넘어야 대한민국이 바로 섬을 알아야 한다. 한 두 사람의 비리(非理) 문제가 아니다. 나라와 민족이 분열되지 않고 힘을 합해 대양(大洋)을 항해하는 문제이다.

우리나라에도 고래(古來)로 노블리스 오블리제를 실천한 훌륭한 유산이 있다. 경주 최부자집의 사회모범 사례는 그 대표적이다. 이들은 사방 백 리 안에 있는 사람 중 굶어죽는 사람이 없게 하고 흉년에는 재산을 늘리지 말라고 가훈을 정했다. 그리고 자칫 오만해져 사치하기 쉬운 인척을 다스렸다. 즉, 최씨 가문의 며느리들은 시집온 후 3년간 무명옷을 입게 하였다고 한다. 근검절약, 욕심자제, 사회봉사의 표상이라 할 만하다. 그 이외에도 기업인 유일한씨, 경북 영양의 조지훈 가문, 안동 김성일 집안, 구례 류이주 등이 지도층이면서 사회적 모범을 보인 좋은 예다. 조금만 마음을 쓰면 얼마든지 우리도 할 수 있는 일이다. 정치인, 고위 관료, 기업인일수록 더욱 감사하고 타인에게 자신을 낮추며 사치를 경계해야 한다. 그러면 더 존경받는다. 다른 사람들은 성공한 사람을 따라 하게 되고 더욱 열심히 일하는 분위기가 생긴다.

대한민국 국민, 한민족이 똑같이 1/n로 나누어먹는 것은 불가능하다. 이런 나라가 되면 아무도 열심히 일하지 않는 타락이 일어나기 때문이다. 그러나, 일부 특권층만 모든 것을 누리는, 사치해도 되는 나라가 되어서도 안된다. 누구나 노력하면 성공할 수 있다는 가능성과 용기를 주는 사회가 되어야 한다. 사실 많은 상류층 사람, 노블리스가 일반인보다 훌륭할 것이다. 그러나, 그 사회적 책임감과 의식이 자신만을 향하지 말고 이웃을 향하는 것이 있어야 한다. 그래야 일반인들이 승복하고 그 성공에 대해 박수를 보낸다. 법적 의무를 회피하고 달콤한 사탕만을 삼키는 행동을 한다면 경멸을 불러일으킨다. 부자끼리의 사치경쟁, 권력 파이 키우기 경쟁에만 몰두한다면 어느 누구도 그 사회적 권위를 인정하지 않으려 한다. 사실 자기 손으로 성공한 사람

자신은 잘 사치방탕하지 않는다. 얼마나 힘들게 일해야 성공하는지, 성공이 어떤 가시밭길을 요구하는지 몸으로 아는 사람들이다. 오히려 그를 남편, 아버지·할아버지를 둔 덕으로 잘먹고 잘사는 부인, 아들, 딸, 손자, 손녀의 문제인 경우가 대부분이다. 그러나, 이 경우에도 그 남편, 아버지, 할아버지의 면책(免責)은 없다. 그렇게 방치하고 키운 사람이 잘못이다. 사회는 잘못 자란 아들, 딸, 손자, 손녀만 비난하지 않는다. 그 아버지와 할아버지까지 모두 비난한다. 그리고 이는 옳다.

기성세대가 정당하게 일한 공적까지 무시하고 정당성을 부정할 수는 없다. 그러한 근본부정으로 흐르면 사회주의, 평등지상주의(공산주의)의 망령이 젊은이를 몰아간다. 월남의 좌익혁명은 바오다이 황제가 향락을 추구하는 방탕한 생활을 하고 지도층이 오만부패하자 그 때까지 주저하던 지식인과 민중의 민심이 결정적으로 이반한 것이 큰 원인이 되었다. 만약 당시 월남의 지도층이 국민의 훌륭한 모범을 보였다면 좌익혁명, 베트남 전체의 공산화, 다시 도이모이의 경제 끌어올리기라는 수난의 악순환을 피할 수 있었을 것이다.

대한민국의 자유민주주의를 부정하고싶어 안달하는 노회(老獪)한 좌파들에게 지도층의 오만과 사치는 호기(好機), 빌미가 됨을 알아야 한다. 상류층의 흠 하나가 근본적인 좌파혁명의 씨를 낳는다. 기성세대에게 실망하는 젊은이의 여린 감정(感情)에다 대한민국을 부정하는 좌파 혁명가의 근본 악(根本 惡)을 접붙이기는 쉽다. 일부의 오만과 부조리, 사치가 결코 자유민주주의의 근본 결함은 아니다. 그리고 사실 우리 인간은 불완전하고 유혹에 약한 존재이기에 다른 나라 어디에나 존재하는 문제이다. 이는 과거의 역사에서도 같았다. 고대 로마는 그 절정기일수록 매관매직, 연줄, 부패, 사치가 만연되어 있었다. 그 당시 총독은 세금, 정복 등을 통해 많은 부를 획득했다. 크랏수스, 시저, 아우구스투스가 그 중심에 있었다. 또, 로마의 빈부차이와 상층부의 사치는 널리 알려져 있다. 기원전 1세기 시저의 통치기에 최상위 부유층의 수입은 일반서민층에 비해 1만 500배가 많았다고 한다. 서기 1세기에는 1만 7천배로 늘어났다. 이는 1880년대 영국 산업혁명의 절정기인 6천배를 훨씬 넘는 수치이다.214) 이러한 고대 로마도 최소한의 노블리스 오브리제가 있었기에 유지될 수 있었다. 그런데 그 후 이기적이고 사치 향락을 즐기는 풍조가 만연하게 되었다. 저급하게 타락한 지도자들이 시민군제를 버리고 게르만 출신의 용병에 의지하게 되자 로마는 운명을 다하고 무너졌다. 어느 시대, 어느 나라든지 강건하고 검약한 시민정신 대신 사치 방탕한 기풍이 깃들면 망한다(Tacitus).

우리 한국사회 지도층 일부의 오만과 사치가 도저히 좌파혁명을 정당화할 수는 없다. 그러나, 우리처럼 지정학적 열세(地政學的 劣勢)를 운명처럼 공유하는 한민족, 대한민국 국민들은 더욱 계층문제(階層問題)에 민감하다. 좌파들은 이 기회를 놓치지 않는다. 그러니 자칫 도덕적 해이가 깃들면 안된다. 건전한 마음으로 무장되어 있어야 공직이, 회사가, 성당과 교회, 사찰이 바로 선다. 권력자, 부자가 매우 성심을 다하여 주의해도 주변사람들이 가만두지 않는 것이 세간 인심이다. 그러니 지도자일수록 선(善)한 사람을 옆에 두어야 한다. 그리고 절제하고 마음이 가난해야 한다. 국민을 위화감(違和感)으로 몰아가는 어리석음과 오류에서 벗어나야 한다.

우리나라 사람들은 무엇이든 마음 먹으면 바로 해낸다. 해방 후 자유주의 나라를 만들었고 잘 살기 위해 땀을 흘렸으며 민주화를 향해 질주한 저력이 있다. 이 저력을 한번 더 발휘해야 한다. 한층 더 차원 높은 건전한 문화, 남을 배려할 줄 아는 성숙한 이웃으로 살아가는 문화를 만들어야 한다. 이것이 우리나라에서 자유주의, 자유민주주의가 더욱 깊이 뿌리내리는 길이다.

19. 영혼 없는 우파는 좌파의 먹이가 되어 좌파의 힘만 키워

주변을 둘러보면 진정 자유, 자유주의의 영혼도 없이 다만 출세만을 위해 우파진영에 줄을 댄 사람이 너무 많다. 나는 이들이 진정한 우

파, 자유주의파라고 여기지 않는다. 좌파가 유리해지면 또다시 좌파에 기웃거릴 것이 분명하기 때문이다. 이들은 언제든지 좌파의 먹잇감이 된다. 이들은 공부를 잘 한 엘리트인 것이 분명하다. 그러나, 치명적인 약점이 있다. 머리는 있어도 가슴이 없다. 왜 대한민국이 소중한지 모른다. 알아도 자신의 출세 영달이 최고의 명제이다. 우리 사회가 이토록 좌경화하는 데는 이들의 역할이 큰 몫을 했다. 국회의원, 고위 행정관, 대학교수, 판사, 검사, 변호사, 의사, 약사, 한의사, 대기업 임원 등 소위 남들이 부러워하는 직업은 이들 차지다. 평생을 호화롭게 살 수 있는 재능과 특권을 가졌으면서도 자신을 낳아주고 길러준 대한민국이 위기에 처했을 때는 커튼 뒤에 숨어 눈치만 살핀다.

정계(政界)나 관가(官家)를 볼 때 사실 우리 사회는 이러한 슈퍼 엘리트들이 없어도 잘 돌아간다. 이 영역은 꼭 수재(秀才)들만 있어야 할 필요가 없다. 공산주의나 사회주의처럼 수퍼 엘리트가 당(黨)과 정(政)의 지도자가 되기보다는 개인 영역에서 자유롭게 발명하고 창업을 하는 것이 더 나은 사회가 우리 자유민주주의 사회다. 정치가나 공무원이 힘이 세지면 시민들이 괴롭다. 센 힘을 지니면서도 어떤 디딤돌 위에서 우리나라가 발전했는지 고민하는 영혼이 없다면 위험하기조차 하다.

자유의 땀으로 이 사회가 굴러감을 아는 영혼이라면 국민이 한푼 한푼 내는 세금을 아껴써야 한다. 연 300조가 넘는 세금 중 엄청난 비율을 민간(기업)이 내는데도 더 기부하고 더 많은 세금을 내라고만 재촉하는 것은 도리가 아니다. 더 많은 재정수입을 위해서는 더 많이 외국에서 벌어와야 하는 현실을 알아야만 한다. 만 원 한 장 벌기 위해 얼마나 혹독한 경쟁을 외국기업과 벌여야 하는지 인식해야 한다. 높은 회전의자에서 서류에 싸인만 해왔으니 모를 수도 있다. 이런 사람들이 좌파 수중으로 넘어가는 날이면 더 큰일이고 끝장이다. 무뇌아(無腦兒)가 좌파의 지도 지시를 받아 기계적으로 민간을 장악하는 아이로봇이 되기 때문이다.

포퓰리즘으로 나라를 이끄는 영혼없는 엘리트와 이들을 추종하는 국민이 있는 한 미래는 어둡다. 그리하여 알고보면 우리 대한민국의 적(敵)은 우리 내부에, 아주 가까이서 은밀하게 똬리를 틀고 있었다. 많이 배우고 가진 엘리트일수록 영혼이 있어야 한다. 눈을 세계로 멀리하고 가슴을 뜨겁고 깊게 한 바탕 위의 진취적인 성취만이 우리 불쌍한 한민족, 가난한 민중을 구원할 수 있다. 이러한 영혼이 우파의 참된 영혼이다. 진정한 우파가 되려면 나라와 민족에 대한 책임감이 있어야 하고 앞으로 차고 나가는 용맹성과 진취성이 있어야 한다. 좌파의 치졸한 시기·질투로서는 나라를 이끌 수 없음을 알고 이들과 싸워야 한다.

참된 영혼으로 무장한다면 이들 우파는 보수 이미지를 넘어선다. '보수'(保守), '보수주의'(保守主義: Conservatism)라는 말은 역사상 긍정적이고 좋은 말이다. 그러나, 우리나라에서는 구한말 양반계급의 이익을 지키려 한 완고한 유학자, 수구파(守舊派)를 연상시킨다. 나쁜 이미지다. 더 이상 영혼이 있는 우파는 보수라 불려서는 안된다. 좌파의 용어전술에 말려서는 안된다. 이미 상당한 정도 보수라는 말이 쓰이고 있지만 이제라도 보수라는 말보다 우파, 우익, 자유파, 자유민주파, 대한민국파, 애국진영 등으로 불려야 한다. 영혼이 없으니 좌파매체가 매도하는 말을 아무 고민없이 우파매체도 따라 적고 있다. 우파정권이 이루어놓은 의무교육, 토지개혁, 경제개발, 의료보험, 아파트 분양가 상한제 등은 어떤 것보다 더 진취적이고 시대를 앞서간 진보적 아이디어다. 이를 보수라고 영혼 없이 표현하는 것은 그 뜻이야 어떻든간에 대중들에게 나쁜 이미지를 심는데 일조한다. 오히려 개념없는 좌파가 진보라고 불리고 있으니 참으로 지나가는 개나 소가 웃을 일이다. 좌파가 진보라 하는 것은 역사발전단계로 자본주의보다 공산주의가 더 후에 나타날 진보적 체제임을 선전하는 말일 뿐이다. 우파가 영혼을 가질 때 좌파의 모략 선동이 온통 한물간 공산주의 이념을 그럴듯하게 사회주의로 포장한 것이거나 지역이기주의를 부추기는 민족 분열적, 반민족적인 것임을 눈치채게 된다. 이들이 민주주의라고 우기는 내용을 보면 대부분 사회민주주의 내지 인민민주주의의 아류이다. 또, 인민민주주의 편을 들지 못해 안달하는 것들이다(광화문에서 외치는 김일성 만세를 보장하라는 국가보안법 폐지운동, 북한이 주장하는 미군의 철수동조 등).

영혼없는 우파는 좌파가 "새는 두 날개로 나는 것이니 사회도 두 이념이 공존해야 한다"는 말에 잘 속아 넘어간다. 만일 새가 좌파의 주장대로 두 가지의 서로 다른 방향으로 날개짓을 했다가는 땅바닥에 처박히고 만다. 새도 사람의 두 팔, 두 다리같이 두뇌의 명령을 통일적으로 수행할 뿐이다. 좌파, 좌익처럼 대한민국을 정통성없는 나라라고 하거나 애국자였고 우파였던 김구 선생을 내세워 이승만을 부정하려는 시도는 이러한 비유와 어울리지 않는다. 하늘의 참새나 독수리가 두 날개를 통일적으로 저어 생존의 목표인 사냥을 달성하는 것과 전혀 다른 혼란전술, 교활한 이솝우화일 뿐이다.

영혼이 잘 자리하지 못한 우파는 확신이 없어서 눈치만 늘었다. 이리저리 좌고우면(左顧右眄), 이 눈치 저 눈치를 본다. 사람은 눈치가 있어야 출세한다는 생리(生理)가 몸에 배었다. 이들이 변명하는 말은 "이 시대가 어느 시대인데 이념 타령이냐?", "체제경쟁은 끝이 났다", "나는 이념논쟁보다 일 위주로 살겠다" 등이다. 자유주의 이념을 이 땅에 제대로 심어보기나 했나? 심어보지도 않은 자유주의 이야기가 거문고, 가야금 타령으로나 들린다고? 체제경쟁이 끝났다고? 자유주의, 자유민주주의가 한가로운 정치학 논쟁? 핵폭탄을 가진 공산주의자가 하루아침에 대한민국과 한민족을 콩가루로 만들 수 있는데도? 내가 좌파라면 이들을 제일 좋은 사냥감으로 삼는다. 사냥을 해도 사살하지 않고 생포한다. 그리하여 다른 사냥감을 잡는 매(사냥 매)로 길들여 유용하게 써먹는다. 이런 '똑똑한 바보'는 매우 쓸모있기 때문이다.

사실 지금까지 우파운동이 전직 장차관, 법원장, 검사장, 시장, 군수, 대학총장, 대형교회의 목사, 국회의원, 장군 등 휘황찬란한 경력의 노인들이 주도한 것은 우파에게 영혼이 없어서였다. 북한 공산주의에 반대하는 사람, 햇볕정책을 비판하는 사람, 김대중이나 노무현이

싫은 사람, 북한인권 운동을 하는 사람, 대한민국 현대사를 자랑스러워 하는 사람, 포퓰리즘 광우병 시위가 싫었던 사람, 시장에 대한 정부의 간섭이나 강성노조의 폭력에 진절머리를 낸 사람들이 뭉친다.215) 북한의 도발이 있으면 더 뭉치기 쉽다. 그러나, 이러한 운동은 지속성이 없다. 통일된 푯대, 이념이 없기 때문이다. 경력이 화려한 명망가의 이름으로만 운동을 한다는 것은 영혼이 없는 것이다. 사람의 마음은 변화무쌍하기 마련이고 이기적인 것인데, 이것을 믿고 운동을 하다보면 갈등이 생긴다. 갈등은 헤게모니 싸움으로 번진다. 조금만 이해관계가 달라도 서로 비난하고 분열한다. 요즘은 좌파가 분열로 망하는 것이 아니다. 좌파는 일치하여 단결하고 돕는다. 그러나, 영혼으로 뭉치지 않고 인간관계로 주워모은 우파는 분열하고 서로 헐뜯는다. 좌파로부터 조그만 이익을 준다는 손짓만 있어도 달려가서 기꺼이 그들의 먹이가 된다. 이런 일은 선거가 있을 때 더 잦다. 좌파보다는 우파가 더 어지럽다. 서울시 교육감 선거가 대표적이었다. 우파는 단일화가 잘 안된다. 겨우 겨우 내부 경선을 하여 단일화가 되고 나서도 승복을 잘 안한다. 경선이 불공정했다는 둥, 선거비용 보전을 받을 지지율이 된다는 둥 각종 핑계를 둘러대고 또 후보로 기어나온다. 결국 같은 진영 표를 갉아먹고 다 패배하는 도화선이 된다. 어찌 이런 추악함으로 단일 깃발의 좌파를 이길 수 있으랴? 두 번씩 패배했던 대통령선거도 다 이렇게 영혼이 없는 무뇌아(無腦兒)의 우파가 너도나도 대장을 하겠다고 나선 탓이다. 비참하게 패배한 후에도 패배를 분석하고 국민 앞에 용서를 비는 백서(白書) 하나 제대로 내지 않았다. 반성하기 싫다는 것이다. "내 탓이오" 하면 다음의 기회주정치마저 어렵다는 얄팍한 계산에서이리라. 뚜렷한 신념 즉 영혼이 없기 때문에 개인의 욕심을 제압하지 못한다. 공동의 적을 맞아서도 자기헌신, 희생이 없다. 이해관계로 한 번 틀어지면 평생의 원수가 된다. 아마 북한 공산정권이 핵무기로 전쟁을 개시하기 전에는 화해가 어려울 듯싶다. 나아가 우파는 열심히 전선에서 싸우다가 희생을 당해도(벌금형, 방송하차, 해직, 파면, 모욕 등 수난) 도와주지 않고 팔짱 끼고 구경한다. 전우애가 없다. "너 왜 너무 오버하다가 다쳤냐?"는 식이다. 라이벌 하나 제거했다는 쾌감을 누리고 있는지도 모른다. 이런 식이니 우파 희생자는 이중(二重)의 상처(傷處)를 받는다. 기업의 경우 기업을 때려잡자는 좌파가 무서워 그들의 요구를 순순히 들어준다. 우파들에게는 그렇게 인색할 수가 없으면서. 정치가도 비겁하기는 마찬가지다. 참으로 영혼이 없으니 어찌하랴? 이해관계, 계산에 밝은 처세만 살아남았다. 영혼없는 우파는 좌파의 먹이가 되어 좌파의 힘만 키웠다.

20. 자유 이념만이 평등도 가능하게 해

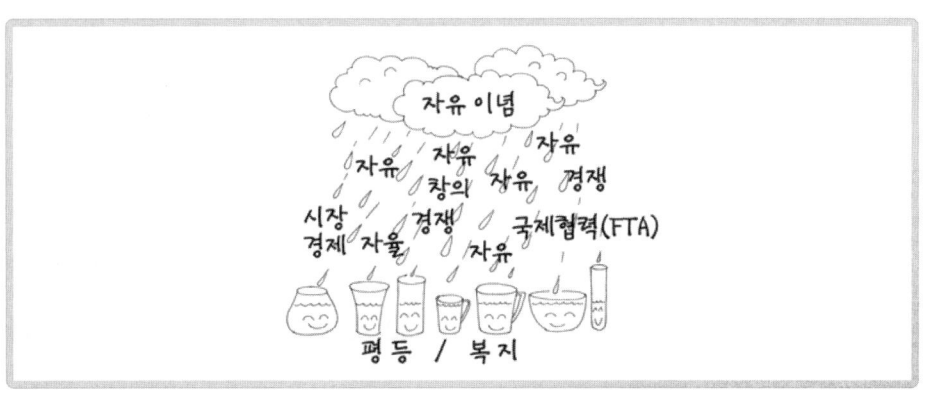

우리나라의 기초는 어디까지나 경제적으로는 자유주의, 정치적으로는 자유민주주의이다. 자유주의는 사람이 어떤 목적을 달성하려면 반드시 자유가 필요하다는 것에서 나왔다. 그리하여 왕이나 황제, 히틀러, 김일성 같은 절대적 권위를 부정한다. 그리하여 절대주의, 토지귀족 정치에 대항하고 양심과 신앙의 자유를 주장한 것이 그 출발이다. 자유주의나 자유민주주의는 모든 것을 물질로만 설명하는 유물론도 반대한다. 자유로운 정신적 성장을 더 중요하게 생각하고 물질 앞에 정신이 있어야 한다고 믿는다. 자유주의가 자유만을 숭상하는 것은 아니다. 자유를 누구나 가져야 한다는 점에서 평등도 전제로 한다. 그러나 아무 노력도 하지 않는 사람, 적게 땀흘리는 사람이 많은 땀을 흘리는 사람과 똑 같이 배급받아야 한다는 무조건적 평등(평균적 정의)이 아니라 노력에 따라 배분하는 평등(배분적 정의)을 지지한다.216) 이 자유주의를 마르크스는 죽어라 반대했다.217) 그러나, 베른스타인 같은 사회주의자는 자유주의를 인정하지 않을 수 없음을 고백했다. 그가 내세우는 사회주의조차도 자유주의를 이어받는 것이라고 했다.

우파는 나라가 어떻게 여기까지 왔는지 알아야 한다. 열심히 뛰어 성공한 사람들이 모진 비난을 받기보다는 칭찬받는 나라가 되어야 한다. 열심히 하는 사람이 대우를 받아야 더 열심히 하는 사람이 나온다. 열심히 해도 비난만 받는다면 사람들은 눈치를 보고 앞서나가려 하지 않는다. 잘하는 사람, 성심있는 사람을 깎아내리는 사회풍조로는 무엇 하나 제대로 이룰 수가 없다. 이를 올바로 보지 못하는 우파는 좌파들의 선동에 놀아난다. 사람은 누구나 결점이 있다. 완벽한 사람이 없다. 그런데 성공했다는 이유로, 성심성의로 일한다는 이유로 남한테 따돌림(세칭 왕따)을 당하는 것은 지나친 평등주의의 소산이다. 자유의 정신을 가지고 오늘보다 나은 내일을 위해 새벽에도 들판에 나가는 우파가 있어야 한다. 그리고 이런 우파는 자신이 옳다고 확신하는 영혼을 가지고 있어야 한다. 그래야 좌파의 평등주의가 불러온 시기, 시샘, 따돌림을 이길 수 있다. 그렇지 않다면 그 땅의 열매를 좌파에게 빼앗길 것이다.

자유민주주의가 일부 불평등한 결과를 가져올 수는 있다. 자유와 평등을 동시에 골고루 가지면 얼마나 좋으랴? 그러나, 그런 사회는 인류역사상 없었다. 우리는 평등해지기 위해서도 자유의 소중함을 알아야 한다. 자유가 심은 열매나무가 없다면 평등하게 나눌 열매도 안 생기기 때문이다. 자유는 수레의 앞바퀴, 평등은 뒷바퀴이다.

평등을 달성하기 얼마나 어려운지를 아는 영혼이 없다면 사회의 복잡성을 모르는 사람이다. 모두가 평등하게 가난할 것인가(공산주의)? 또는 약간 불평등하기는 하지만 자유의 정신으로 나아가는 사람과 함께 모두가 전진할 것인가(자유민주주의)? 양자의 선택을 할 수 밖에 없다. 유토피아가 사실은 없다. 왜 노동의 힘든 고통으로부터 해방되는 세상이 오지 않는가? 왜 사막에 술이 넘쳐나는 유토피아, 잘 생긴 남자애가 손짓하는 그러한 파라다이스가 없는가? 그 답은 자명하다. 우리 인간 자신이 그토록 유토피아적이지 못하기 때문이다. 우리는 유토피아의 육체, 정신을 소유하지 못한 매우 어리석고 불완전한 존재에 지나지 않는다. 자신이 이룩한 것보다 더 많은 것을 요구하는 탐욕에 가득찬 존재가 바로 우리 인간이다. 이것이 현세, 이승, 사바세계의 리얼한 모습이다.

그렇다면 자유의 정신으로 내일을 개척하는 부지런한 사람이 있어야 한다. 그것도 많이 있어야 한다. 상생(相生)하고 동반성장(同伴成長)하려면 먼저 살아나가고(生) 성장(成長)하는 이웃이 나와야 한다. 사촌이 논을 사면 배 아파할 게 아니다. 사촌이 논을 사면 나도 논에서 모심고 추수할 일자리가 생기니 기뻐해야 한다. 사촌이 논을 사면 나도 벤치마킹하여 논 사는 방법을 배울 수도 있다. 우리 대한민국은 북쪽의 조선민주주의 인민공화국과 이 점이 달랐다. 이런 논두렁길로 우리가 콩을 심고 팥을 수확하며 오늘까지 왔다. 우리는 자유민주주의의 논, 공장에서 일하는 노동자인 것이다. 이 노동으로 우리가 밥을 먹고 자녀를 키우고 산다. 물론 자유민주주의라는 논, 공장에는 여러 모순도 있다. 완벽하지 않다. 그러니 법치주의가 필요하다. 잘못에 대해서는 책임을 예외 없이 무겁게 물려야 한다. 그러나, 변화와 발전을 원한다면 자유민주주의의 논, 공장에 의존할 수 밖에 없음도 알아야 한다. 오히려 요즘에는 우리나라 일본보다 공산주의 중국이 이 변화와 발전 원리를 더 잘 터득한 것으로 보인다. 헌법상 공산주의를 취하고 있지만 이는 정치적인 면일 뿐이다. 중국은 사실상 자본주의, 시장경제의 나라이다. 등소평이 내세운 선부론(先富論)은 평등보다 자유의 가치, 불균등 성장(不均等 成長)을 강조하고 경쟁력 있는 도시와 산업에 먼저 역점을 둔 정책이다. 물론 빈부격차가 생긴 것은 큰 문제이다. 그런데 만약 선부론(先富論)이 아니었다면 중국은 인민 모두가 가난한 영원한 3등국가에서 벗어나지 못했다. 민주주의를 하더라도 평등의 가치에 너무 기울면 경제는 발전할 수 없다는 것이 세계사의 교훈이다. 차별을 없애고 평등세계를 건설하고자 한 공산주의가 왜 실패했는지, 경제적 평등을 추구한 북유럽, 서유럽, 남유럽 국가의 사회민주주의 복지모델이 왜 경제침체를 겪을 수 밖에 없는지 아는 사람이 영혼이 있는 사람이다.

칼 마르크스가 자유주의, 자본주의를 비판한 세계관은 아직도 살아서 맹위를 떨치고 있다. 세계인은 다들 자본주의하면 모순투성이, 착취의 대명사, 괴물처럼 본다. 그러나, 마르크스가 아무리 웅변했어도 자본주의가 왜 200년 동안 망하지 않고 회사를 설립하고 이윤을 남겨왔는지 알아야 한다. 자유로운 정신, 창의의 마음이 인간을 가난, 질병, 고통으로부터 해방시켜왔다. 자본을 모으면서도 위험은 최소화하고 경영조직을 합리화하여 이윤을 분배하는 체제, 창의적 조직은 여기서 나왔다. 우리 대한민국은 이 자유로운 정신, 창의의 마음, 기업정신을 헌법에서 보장한 나라이다. 계급간의 착취가 아니라 각자의 노력, 투자재산, 아이디어, 경영의 재능을 합쳐 시너지 효과를 낸 나라이다. 마르크스는 자유로운 혁신없는 세계에서 인간이 200만 년 동안 얼마나 고통을 겪었는지 설명하지 못한다. 그리고 인간이 인간을 사냥하고 왕이나 귀족이 평민이나 노예를 부린 참혹한 역사를 단순하게 그려낸다. 그가 영국의 공장과 탄광에서 고통받은 어리고 가

없은 노동자에게 느낀 연민(憐憫)은 백 번 이해한다. 그러나, 그 반작용(反作用)으로 자유가 영원히 박탈된 사회를 그린 것은 너무나 근시안적이다. 그가 그린 세상은 유토피아였지만 현실의 인간은 유토피아적이지 못했다. 유토피아를 빙자해 자유도 평등도 없는 생지옥(生地獄)을 만들었을 뿐이다. 마르크스의 마음과 뜻은 좋았지만 결과는 좋지 못했다. 매우 슬프지만 이것이 우리 인간, 호모 사피엔스 사피엔스의 한계다. 진정 평등해지고자 한다면 자유이념을 말살하지 말아야 한다. 역설적으로 들릴지 몰라도 이것이야말로 평등의 역사가 남긴 교훈이다.

21. 자유주의의 장점, 민족주의의 장점과 합쳐야

우리 인간들은 미련하고 탐욕으로 가득차 있다. 그렇지만 생존을 위해 상호 협동한다. 그래서 무엇인가를 만들어낸다. 조금씩 조금씩 생산, 분배, 유통, 소비, 투자에 익숙해지면서 재산을 모아 가난, 질병을 이겨낸다. 자녀를 가르치고 더 나은 집을 짓고 옷을 만들어 남는 것은 교환하거나 판다. 병들거나 늙더라도 그 전에 벌어놓은 것을 가지고 대비한다. 그런데 이런 외길을 따라 걸으며 만드는 인간세상은 생각보다 더 복잡하다. 가난과 질병을 100% 이겨낼 수 없고 의식주 해결 정도도 개개인의 능력과 노력에 따라 달라지기 때문이다. 자연스레 인간사회에 갈등이 생겼다. 생존의 문제에 갈등이 생기니 모든 일들이 합의하기 어려울만큼 복잡해졌다. 이를 평등지상주의(공산주의)라는 단칼로 해결해보려고도 했다. 그러나, 그것도 안됨을 알았다. 이처럼 어렵고 복잡한 세상에서 우리가 산다. 이 점을 안다면 좌파의 선동이 얼마나 단순한지, 터무니없고 비현실적인 구호인지를 깨닫게 된다. 그럼에도 불구하고 일반적으로 대중들은 국가가 가진 능력 이상의 것을 요구한다. 이러한 요구를 선거 때마다 한다. 이 요구를 선거 공약에 반영하지 않는 후보는 낙선한다. 이것이 포퓰리즘이 사라질 수 없는 이유이다. 사정이 이러하므로 경제가 발전하고 가난에서 벗어나는 일은 생각보다 어렵다. 한민족 5천 년 역사에서 경제가 발전한 것은 몇 년 동안이었던가? 우리가 삼시 세끼 끼니문제를 해결한 것은 5천 년 역사에서 매우 예외적인, 일시적인 일에 불과하다. 어쩌면 다시 옛 날로 돌아가는 것이 슬프지만 자연스러운(?) 과정인지도 모른다. 우리 영혼의 깨어남과 피나는 노력이 없다면.

자유민주주의의 논, 공장의 가치를 무시하면 아무 것도 이룰 수 없다. 우리가 지금처럼 포퓰리즘 행진을 계속할 때 가난을 면하기는 어렵다. 시계를 거꾸로 돌려 삼시 세 끼 밥끼니를 때우지 못하던 50년대, 60년대로 돌아갈 것으로 본다. 이미 그런 징조가 나타난다. 젊은이들의 일자리가 없어지고 있다. 9급 공무원 채용시험이 수 백대 일의 경쟁이라고 한다. 필자가 고등학교를 졸업할 때는 대학에 안가는 친구도 시험을 봐서 9급 공무원이 되었었다. 확실히 80년대보다 지금의 일자리가 적다. 젊은이들에게 직장이 없고 직장이 있어도 언제 짤릴지 모르니 결혼을 늦추고 아이 낳기를 기피한다. 이는 기업의 고용능력이 점점 떨어지기 때문이다. 근본적으로 열심히 하는 사람을 왕따시키는 포퓰리즘의 영향이다. 열심히 하는 기업을 홀대하고 적대하니 다들 우리나라를 떠나 외국에 공장을 짓고 외국인을 고용한다. 성심성의로 열심히 공부하는 학생을 더 잘 가르쳐 좋은 학교에 가도록 지도하면 학생들을 줄세우는 것이라고 비난한다. 공교육이 무너질 수밖에 없다. 자연스레 돈 많이 드는 사교육 시장은 불야성(不夜城)으로 번성했다. 부모들 등이 휜다. 돈 없는 부모는 부모노릇도 못한다. 그러니 경제적, 교육적 불평등(不平等)은 더욱 가중되었다. 평등을 얻으려다가 자유도 평등도 모두 잃었다. 그러니 자유의 가치를 잊지 말아야 한다.

그러나, 자유주의는 개인을 매우 중시한 결과 개인주의(個人主義)가 지나칠 우려가 있다. 또, 책임감과 사랑이 부족할 수 있다는 것이 문제이다. 원래 자유주의는 봉건 전제주의, 토지귀족의 탐욕과 개인주의를 비판한 데서 출발하였다. 그러나, 그 자신도 사회적 책임감이 부족할 수 있었고 개인주의가 지나칠 수 있었다. 그에 반발한 공산주의,

사회주의는 한없는 사회적 책임감을 요구했다. 이처럼 자유주의의 대척점에 선 공산주의는 개인을 부정했다. 그리고 개인에 대한 폭력마저 정당화했기에 봉건 전제주의보다 더욱 잔혹했다. 그러니 공산주의나 사회주의는 도저히 자유주의의 대안(代案)이 될 수 없다.

이러한 점에서 우리는 민족주의(民族主義)가 필요하다. 개인의 존엄성, 자유를 부정하지 않으면서 자유인의 윤리적 도덕적 동기를 제공하는 것이 민족주의이기 때문이다. 우리 한민족에게 있어서 민족주의는 자유주의의 약점(弱點)을 보완(補完)하는 이념이 될 수 있다. 민족주의는 반드시 큰 정부를 요구하지도 않는다. 아무런 부작용 없이 자유주의, 개인주의의 부족한 부분(도덕적 맹점, 오만함, 지나친 이기주의, 분열주의)을 해결할 수 있는 약초가 민족주의라고 필자는 생각한다.

자유주의(내지 자유민주주의)에서는 경쟁을 피할 수 없음이 자연의 이치라고 본다. 경쟁이 있어야 발전이 있음은 사실이다. 그런데 경쟁에는 탈락하는 사람이 나온다. 이러한 사람에게도 다시 일어설 수 있는 기회를 주어야 한다. 무지막지하게 도태(淘汰)시키는 이분법(二分法)은 너무나 비인간적(非人間的)이다. 한민족 안에서 민족의식으로 서로를 이해한다면 이러한 비인간적인 결과를 막을 수 있다. 승자는 겸손하고 패자는 승자를 인정해주는 공정한 게임룰도 만들어진다. 서로를 인정하지 않고 오만하거나, 시기질투에 불타오르는 싸움도 줄어들 것이다. 특히 자유경쟁에서 승리한 사람들이 사치 방탕하는 일이 도덕적으로 왜 나쁜지를 민족공동체 차원에서 잘 알게 해준다. 자유주의나 자유민주주의가 민족주의, 민족의식을 배제하는 것이 아니기에 이것은 가능하다. 그리하여 한반도의 민족주의는 충분히 자유주의의 약점, 함정을 메운다. 서구의 자유주의가 서구가 아닌 이 곳, 한반도에서 수용됨에는 전통적 가치와 충돌하지 않게 해야 하는 것이다.218) 우리가 내세울 수 있는 안전판은 한민족 민족주의다. 자유주의의 개인적 속성을 약간이나마 우리 정서에 맞게 수정 보완하는 원리가 민족주의인 까닭이다.219) 중국에서 물질의 서구화, 근대화가 가져오는 공허함을 중화정신(유교사상)으로 보완하려 한 것과 같다.220)

어느 사회나 외래의 흐름이 들어오면 그 충격, 폐해를 막기 위해 방어본능이 나온다. 우리 한민족 민족주의는 거의 5천 년에 걸쳐 형성된 생활 의식에서 나온 것이다(비록 민족주의에 대한 각성은 한말에 나왔다고 하더라도). 이러한 의식과 외래의 사상은 조화되는 것이 좋다. 그래야 자유주의, 자유민주주의도 연착륙(軟着陸)할 수 있다. 필자는 우리 사회가 너무 급속히 발전하다보니 가정교육, 학교교육, 사회교육이 잘 이루어지지 않는 현실을 많이 보아왔다. "내가 공부 잘 해서 성공하면 그만"이라는 미숙아(未熟兒)들이 우리 사회의 지도층이 되는 것은 큰 문제다. 자유주의, 자유민주주의를 잘못 이해한 것이다. 비록 자유주의 자체의 결함은 아니지만 자유주의가 얼마든지 오해받을 여지는 있다. 어쨌든 이는 이웃에 대한 이해와 사랑이 부족한 면이다. 그리하여 필자는 이해와 사랑의 결정체인 민족의식을 강조하고 싶다. 이 건전한 의식은 자유주의, 자유민주주의의 부족함을 메워 줄 것이다. 자유주의의 장점과 민족주의의 장점을 합쳐야 한다.

22. 지식인이여, 어서 깨어나야

지식인부터 깨어나야 나라와 배달겨레가 산다. 지식인은 정신적인 노동에 종사하는 자 또는 전문적 지식을 갖추고 전문직에 종사하는 노동자이다. 비록 권력은 없으나 사회에서 혜택을 받은 계층이다.221) 또, 여론형성에서 나름대로 주도권을 행사하기도 한다. 그런데, 지식인도 잘못 판단하거나 자기의 이해관계에 휘둘리는 때가 많다. 지식인이라고 하여 특히 부자(富者)인 것도 아니다. 지식인이 계급사상과 평등 포퓰리즘의 영향에서 자유롭지 않은 것도 이 때문이다. 이는 과거나 현재, 그리고 미래에 똑같다. 그러나, 지식인은 일반 민중보다 더 지혜가 있다. 그러니 국민 전체를 살릴 방향을 판단하고 가르치려고 애써야 한다. 약소국 대한민국의 지식인에게는 이것이 더욱 절실하다. 그리고, 지식인은 어느 한 쪽 편을 들어서 사회갈등을 조장하기보다 화해, 용서, 발전을 위해 노력하도록 해야 한다.

본래 지식인이 무산계급, 즉 프롤레타리아와 자신을 동일시하여 계급사상에 불을 붙이는 것은 맞지 않는다. 어찌보면 허위의식인 것 같기도 하고 편치 못한 곤혹함도 있다.222) 그런데 지식인 자신이 사회의 주류집단에서 소외되거나 주변화(周邊化)될 때 이러한 동일시(同一

視)가 촉진되기도 한다. 예컨대, 시장경제가 발전하면서 인문사회과학 지식인들이 주변인으로 내몰리는 경우가 간혹 생겨났다. 인문사회과학 지식인은 본질적으로 시장경제의 상품을 생산하기에 적당하지 않기 때문이다. 이론형 지식인, 인문사회과학의 지식인들은 상품경제에서 위기를 맞고 흔히 주변화의 압력을 받는다.223) 지식인의 급진화, 좌경화는 여기서 나올 수 있다. 그러나, 다 그런 것도 아니다. 예외도 많다. 인문사회과학 주변화에도 불구, 계급사상의 오류를 지적하고 국민, 민족의 선진화를 위해서는 자유민주사상, 국제협조, 시장경제 원리를 피할 수 없다고 외치는 학자도 적지 않다. 자신의 존재를 넘어 사회전체를 꿰뚫어보고 용기를 보이는 지식인이 진정한 지식인이다. 인간사에 중대한 의미를 갖는 문제에 대한 진실을 그 문제에 대해 뭔가를 해낼 수 있는 대중에게 알리려 노력하는 것이 지식인의 책무이다.224)

과거를 돌아볼 때 일제 식민지에서 마르크스주의가 나타났던 주관적 이유는 조선 내부의 지식인 엘리트로서의 자신과 프롤레타리아 사이의 간격을 좁히려면 마르크스주의가 필요하다고 느꼈던 탓이다. 이는 식민지 지식인에게 문학(文學)과 과학(科學)이 중요했던 것과는 전혀 다른 면모이다. 뒤쳐진 변방의 조선을 세계의 대열에 합류시키는 수단이자 교양인의 내면을 채워주는 역할을 한다고 몰두한 것이 문학과 과학이었는데,225) 그와는 전혀 다른 동기에서 마르크스주의에 빠져든 것이다.

중국에서도 개인적으로 어려운 시기를 겪은 좌파 지식인일수록 흔히 가난한 이웃에 대한 의무감, 배려심이 있다고 한다. 그런데 이러한 의무감의 발로로 모택동 시절처럼 문화혁명을 다시 부르짖는 좌파가 된다면 이해받을 수 있을까? 가난한 민중에 대해 좌파지식인들은 이들이 태어날 때부터 순결하여 때묻지 않았고 우수하며 혁명적이라고 생각할지 모른다. 이들은 하층의식으로 모택동을 이해했고 그를 시적으로 승화하며 민중주의 혁명의 성인으로 모신다. 여전히 이들은 모택동이 한 문화대혁명 유토피아 사상의 오류나 문화대혁명이 중국인에게 가한 고난에 대해서는 털끝만큼의 비판이나 반성이 없다.226) 역설적이게도 자신들이 오히려 진리 편에 있다고 여기고 강렬한 도덕적 우월감마저 지니는 경우가 있다. 이들은 모든 사물을 '정의(正義)'가 아니면 '부정의(不正義)'라는 양극으로 나눈다. 또 인민, 민중의 편에 있다고 생각하기 때문에 자신의 관점에 동의하지 않는 사람은 부도덕하다고 몰아세운다. 또, 인민의 이익을 위하여 투쟁해야 한다고 한다. 이러한 독단은 이들의 심리상태를 극히 편협하게 만들고 대단히 살기등등하게 하였다. 이 심리는 폴포트식의 혁명적 격정과 체 게바라 정신과 같은 급진적 좌파의 사유방식과 일맥상통한다. 그리고 '부자(富者)를 공격하여 가난을 구제한다'는 전통적 평등주의가 공산주의의 정치문화에 내재한 전통적 요소(혁명적 정서)를 불러일으켰다. 이런 생각은 민중을 동원한 평등사회의 실현에 강한 흥미를 보이는 것과 자연스레 연결된다.

좌파의 밑바닥에는 폭동을 일으킨 민중정치의 혁명적 경향, 하층 혁명의식, 민중 동원에 호소하는 내적 충동이 배어 있다.227) 심지어 체제로서의 사회주의(공산주의)의 실패는 인정하더라도 사회주의(공산주의)의 가치유지와 체제의 실패는 별개라고 생각한다. 사회주의의 가치는 영원하다고도 한다. 유토피아는 존재가치가 있다고 여긴다. 이들의 마음에 담긴 미래의 이상사회는 평등하고 착취가 없으며 비인간적인 경쟁이 없고 휴머니즘이 가득찬 사회이다.228) 세계를 부자(富者)와 빈자(貧者)로 나눈 후 부자는 도덕적으로 부패, 타락, 부정한 자이며 빈자는 선량, 순결, 도덕적으로 고상한 자라고 한다. 따라서 부자(富者)에 대한 빈자(貧者)의 혁명(革命)은 자연스럽게 합리화되고 정의로운 것으로 된다. 그런데 이 생각 즉, 부자에 대한 빈자의 혁명사상은 공산당의 혁명 이데올로기와 정확히 일치한다. 그리하여 시장경제와 대외개방정책에 극도로 반대한다. 그러나, 중국 안에서도 이러한 좌파는 환영받지 못하고 비판받고 있다. '날씨가 추워져 감기에 걸리기 쉽다고 외출을 안할 게 아니라 나가서 신체를 단련해야' 하듯이 시장경제의 새 흐름에 맞추지 않으면 중국인의 발전은 있을 수 없다는 비판이다.229) 진정 정직하고 착한 부자마저 부정하고 대외개방에 반대하는 좌파의 방식대로라면 부자가 되기 위해 열심히 일하는 사람은 없게 되기에 더욱 그렇다.

그리하여 시장주의 자체에 대한 좌파 지식인의 비난은 틀렸다. 아직 잠에서 깨어나지 않은 것이다. 지식인 중 자유주의자, 시장경제주의자의 절대다수는 시장화 과정에서 나타날지 모르는 규범상실(반법치주의), 부정부패, 사회적 불공정에는 반대한다. 그리하여 시장주의에 대한 좌파의 근본적 비판은 합리적 근거가 없다.

지식인은 대한민국을 밀어올리고 대외적으로 뛰어나게 자유주의로 이끌도록 해야 한다. 연구실에서의 소극적인 정부비판에 머물러서는 안된다. 이것이 지식인 개인의 성취와 사회적 대의실현을 연결하는 열쇠이다. 그리하여 지식인의 개인성취와 사회적 대의실현이라는 두 과제는 모순충돌관계에 있지 않다. 공산주의, 계급사상이라면 대의실현의 슬로건을 내세워 개인을 가차없이 사회 앞에서 희생시키지만, 계급사상에서 깨어난 지식인이라면 얼마든지 이 둘을 조화할 수 있다. 수신(修身)·제가(濟家)에서 터득한 덕성이 치국(治國)과 평천하(平天下)에서 응용된다. 따라서 지식인은 안정되고 희망을 부르는 대한민국을 만들어야 한다. 대한민국과 한민족을 밝은 생명의 길로 인도하는 것은 한반도에 사는 지식인의 소명(召命)임을 받아들이고 깨어나야 한다.

23. 시지프스 고통과 지식인의 책임

우리 한국사회는 살 만하다 싶으면 곧 위기가 온다. 6.25가 그랬고

IMF 외환위기, 유럽발 금융위기 등이 그렇다. 최근에는 북한이 핵개발에 성공했다. 무거운 돌을 굴려 산 위에 올려놓으면 금새 아래로 굴러떨어져 다시금 올리기를 반복해야 하는 시지프스의 신화 그대로다. 왜 이런 일이 생길까? 지식인이 각성하지 못한 탓이다. 지식인에게 잘못 배운 모범생 제자는 오만한 권력자나 방탕한 졸부(猝富)가 되어 서민의 가슴에 상처를 주고, 그 반대로 지식인 스승으로부터 평등지상주의를 주입받은 제자는 사회주의자가 되었다. 그 어느 쪽도 한국사회에 바람직하지 않다. 이래서는 바닥이 튼튼해지지 않는다. 견고하지 않은 바닥이므로 언제든지 역사전쟁이나 경제위기가 온다.

지나치게 단순하게 본 것 같지만, 대한민국에 시지프스의 고통을 가져오는 3가지 부류를 본다면 다음과 같다. ⅰ) 첫째, 핵, 미사일 등으로 무장한 북한의 정규군사력이다. ⅱ) 둘째, 남한 내부의 주체사상파이다. ⅲ) 그리고 마지막으로 이기주의와 지역주의, 계파싸움주의, 오만함과 권위의식에 빠진 사람들이다. ⅰ)그룹이 자유주의 대한민국에 가장 큰 불안과 고통을 가져오는 적대세력이라고 한다면 ⅱ)와 ⅲ)은 대한민국 내부의 적이다. ⅲ)그룹이 훌륭한 신념과 헌신적 행동으로 바로 설 수만 있다면 ⅰ), ⅱ)도 제압할 수 있다. 그러나, 그렇지 못하면 대한민국을 지킬 수 없다. 그런데, 현재 ⅲ) 중 많은 이들은 민족주의나 자유민주주의의 소중한 가치를 실천하지 않는다. 현실의 정치적·사상적 지형도(政治的·思想的 地形圖: 자유민주주의, 사회민주주의, 사회주의, 인민민주주의(공산주의), 김일성 주체사상)에 대해서도 애써 외면한다. 특히 ⅲ)의 그룹은 사실상 자유민주주의자도 아니면서 부정부패, 이기주의로 일반 국민들에게 자유민주주의 자체에 도덕성 문제가 있는 것처럼 오해를 불러일으키기도 한다. 이들은 출세지상주의, 보신지상주의로 자신을 무장한 무(無)이념, 무(無)이상주의자, 웰빙 족들이다. 그저 현실에 안주하여 돈만 벌고 권력을 손아귀에 넣어 안락을 누리면 된다는 사람들이다. 패망 직전 베트남의 티우나 키 대통령의 의식과 별반 다를 바 없다. 현실이 이러할진대 어찌 한국인이 시지프스의 고통에서 벗어날 수 있는가? 지식인은 이를 알고 책임감을 느껴야 한다.

인간의 진정한 힘은 신념이나 사상에서 나온다. 큰 다툼도 그 사상 차이에서 온다. 이는 이미 탈 선사시대 즉, 역사시대 이후에서 증명된 바이다. 특히 중세 이후 유럽에서 일어났던 치열한 논쟁의 원인은 신념, 즉 신앙상 교리 때문이었다. 총, 포, 칼보다 무서운 힘, 부모·형제·민족의 동질성을 위협할 수도 있는 것이 신념 내지 신앙의 차이였다. 이를 무시하려는 것은 인류역사, 특히 우리의 경우 냉엄한 남북대치 현실에 대한 무지·무감각의 소치이다.

내가 아는 한국사람 중에는 법원 지상주의(法院 至上主義)의 사고(思考)를 가진 판사, 교회 지상주의(敎會 至上主義)의 생각을 지닌 사제(司祭), 대학이면 세상의 복잡한 일로부터 매우 안전한 지대라는 생각을 지닌 교수도 있다. 아마도 법원 안, 또는 교회 안 또는 상아탑 안에서 인생의 모든 혜택을 다 보장받을 수 있다고 생각하기 때문일 것이다. 그러나, 착각이다. 우리 사회의 중심축이 좌익 내지 좌파로 넘어가면 법원 지상주의(法院 至上主義)나 교회 지상주의(敎會 至上主義)가 어디에 있고 대학교수 안전주의(大學敎授 安全主義)가 어디에 있나? 이러한 비겁한 처신, 보신주의가 오늘날 대한민국의 기반을 부실하게 만들었다.

지식인 엘리트들은 대체로 국어, 영어, 수학의 모범생들(소위 범생들)이었겠지만, 윤리도덕이나 사회적 책무의식이 좀 부족함도 사실이다. 자신의 불이익에는 민감하고 신속하게 반응하면서도 나라 자체를 파괴하는 사상적 공세에 대해서는 자신과 상관없다는 듯 방관자(傍觀者)가 된다. 공산주의나 주체사상 등 집단적 폭력에 맞서볼 용기가 나지 않아 비굴하게 이들을 용인하는 경우도 있다. 이러한 이기적 엘리트로서는 대한민국은 언제든 무너질 수 있다. 무너져 내린 무거운 돌을 다시 굴러올림은 후세(後世)의 고통(苦痛)으로 남겨진다. 이런 사람들 1,000만 명이 있어도 사상적으로 무장된 1만 명을 당해낼 수 없다. 싸움에서 적은 숫자의 군사가 숫자도 훨씬 많고 무기도 훌륭한 상대에게 이긴 사례는 무수하다. 싸움은 사람이 하는 것이지 무기가 하는 것이 아니다.

심지어 지식인 중에는 대한민국을 홀대하는 사람도 있다. 부모에게 100% 만족하는 자식이 거의 없듯이 조국 대한민국에 100% 만족하는 국민도 드물 것이다. 그러나, 부모에게 만족하지 않더라도 내 가족에게 협박하는 강도(强盜)에 맞서 싸워야 하듯이 대한민국이 위태로울 때는 나라를 지키도록 애써야 한다. 또, 반공주의(反共主義)를 심히 비판하는 지식인도 꽤나 보았다. 따져보자. 냉전체제가 앞서 존재하였고 그 후 북한의 한반도 적화통일노선, 남한의 반공산주의 노선이 생겼다. 그런데, 반공산주의 노선만 왜 냉전체제의 상징이라고 매도되어야 하는가? 왜 반공노선만 비난받아야 하나? 반공(反共)입장은 엄밀히 말하면 우파(右派)라기보다는 반좌파(反左派)에 불과하다. 반좌파(反左派)의 주장도 못하게 하는 이렇게 편파적인 태도는 의도했건 그렇지 않건간에 순전히 북한의 공산정권에만 유리하고 남한에는 불리하기 짝이 없다. 북한의 대남비방(反대한민국), 자유반대(反자유)에는 왜 한 마디의 비판이 없는가? 내 나라 대한민국이 없었다면 중국, 일본의 식민지인으로 살거나 북한 김일성, 김정일 우상숭배 체제에서 하루 세 끼 옥수수죽도 겨우 먹을 삶이었을텐데 말이다.

사실 사회주의자들이 한국 사회에서 오랫동안 세력을 키워온 것은 지식인들이 무책임하게도 동조(同調)하거나 방조(幇助)한 탓이다. 지식인들은 사회주의의 모순과 폐해를 정곡을 찔러 지적하기보다는 자신들의 입장을 매번 양쪽 날개에서 나타난 좀 더 극단적인 좌파 운동 방향을 향해 이동시켰다. 좌클릭, 좌클릭했다. 공산주의의 위협 아래 고통받는 대한민국이라는 국가와 대한민국 국민의 현실에 눈을 감았다. 그러니 힘겹게 올린 무거운 돌은 다시 굴러내린다. 끊임없는 고통, 시지프스의 사슬이 이어졌다.

24. 지식인과 좌파운동

좌파운동은 독립운동과 민주화운동의 주류였는가? 이는 대단히 중요한 문제이다. 현재 좌파 운동의 도덕성을 인정할 수 있는 단서가 될 수도 있기 때문이다. 이에 대해서 과거의 항일독립운동과 민주화운동은 좌파가 주도하지 않았느냐고 하는 좌파 추켜세우기가 없지 않다. 잘못된 논리이다. 항일독립운동은 민족진영, 사회주의진영, 중도파 진영 등 민족 전체의 총궐기였다. 계급갈등·투쟁론 일색인 좌파가 주도했다고 한다면 대단한 오류이다.[230] 더구나 좌파가 중국, 만주, 러시아 등지에서 항일무장 독립운동을 했다고는 하여도 이는 계급투쟁의 한 수단일 뿐이었다. 민족운동 자체로서는 순수하지 못하다는 평가를 피할 길이 없다. 사회주의자들은 식민지 조선을 해방시키지 못하였다.[231] 일제하 사회주의는 시기적으로 러시아의 볼셰비키 혁명과 일본인 공산주의자의 지적(知的), 혁명적(革命的) 영향을 절대적으로 받은 비주체적 사상흐름이었다. 그리고 국제정세에 적극적·능동적으로 대처하지 못하고 우리 주권의 회복과 민족공동체의 재건에 대한 올바른 비전을 제시하지 못하였다. 또, 해방 공간의 한반도에 마르크스-

레닌주의의 교조적 적용을 하기에 급급했다. 그리고, 이들은 부도덕하기 이를 데 없는 것이 비합법적 폭동운동을 주요 정치 수단으로 하였다(총파업, 5.10총선거를 반대한 제주도 4.3 폭동, 여순반란사건, 대구폭동사건 등). 그리하여 이들을 식민지 조선의 올바른 독립운동 노선 내지 해방공간의 모범적인 운동이었다고 인식한다면 잘못이다.

또 귀기울여 들어보자. 산업화 이후 민주화 운동을 좌파가 주도했다고? 민주화 운동에 참여한 대중들이 공산주의, 사회주의가 좋아서였다고 한다면 땅을 칠 일이다. 학생들은 민간인이 정부를 만드는 나라를 원했다. 국민의, 국민에 의한, 국민을 위한 정부를 만들고 싶어한 것 뿐이다. 부르조아 민주주의, 자유민주주의를 원했을 따름이다. 80년대의 경우 학생운동권은 자신들이 민주주의를 원할 뿐 공산주의자, 사회주의자가 아니라고 애써 학생대중들에게 홍보하고 다녔었다. 이제와서 자기네가 사실은 좌파였노라고? 소수 몇 명은 그랬을 것이다. 그러나, 민주화 운동에 참여한 99%는 순수한 민주주의 열정 때문이었음을 증언할 사람은 무수히 남아있다. 우파는 좌파에 비해 도덕의식, 윤리의식의 열등감이 전혀 없다. 대한민국을 자랑스럽게 자유주의 나라로 만들고 경제혁명, 민주화까지 이루어온 자부심이 가득하기 때문이다. 대한민국 건국사업만 봐도 많은 우파·중도파 독립운동가와 조봉암 같은 합리적 좌파까지도 모두 참여시킨 범국민적 거사였다. 다시 한 번 돌아보자. 대한민국 건국에 참여한 조봉암과 조선민주주의 인민공화국에 투신한 홍명희, 어느 쪽이 옳았던가? 두 사람은 각자 자기 나름의 가치판단 기준과 이유를 가지고 그리고 무엇보다도 엄청난 고뇌와 희생을 각오하고 고통스런 선택을 내렸다. 현실 속에서 우리에게 주어지는 선택은 이렇게 불편하고 고통스럽고 불가피하다. 이 선택의 결과를 판단할 때 공산주의로 기운 홍명희보다 대한민국이 좋았다는 조봉암이 백 번 옳았다.232)

해방 직후 많은 중간파의 작가와 지식인들이 사회주의 진영에 가담하여 월북을 감행함에는 민족의 단결을 구호로 내세운 좌익의 전술이 주효했다. 또 하나의 요인은 당시 이념의 주도권을 장악한 좌파에 무임승차하려 한 지식인의 나약하고 기회주의적인 태도였다. 그러나, 조금 더 강인하고 현명했어야 했다. 소련을 직접 방문한 결과 히틀러의 독일보다 더 가혹한 전체주의 냄새를 맡았던 공산주의자 앙드레 지드처럼 공산주의의 터무니없음을 예감했어야 했다. 그랬다면 당시의 좌파지식인들도 북한과 그 산파인 공산주의 조국, 소련의 실체를 투시(透視)할 수 있었다. 당시 좌파의 논리와 이념을 제대로 이해하지 못하고 자신에 대한 명확한 성찰도 없이 좌익에 몸담은 지식인들은 급박하게 진행된 북한의 전체국가화과정을 미처 받아들이지 못하였다.233) 결국 이들은 극좌파의 비판을 받아234) 숙청되는 비운을 겪었다. 안타까운 일이다.

지금은 해방 직후 아득히 혼미한 때와 달리 암흑지옥같은 북한과 자랑스럽게 성공한 대한민국이 극명한 대조가 된다. 아무리 극좌파라도 북한을 선택하여 가서 살고자 하는 사람은 한 명도 없다. 그러니 북한 정권에게 민족사의 정통이 있다는 터무니없는 역사관과 그를 선전하는 무모함에서 벗어나야 한다. 그런데, 대한민국 건국 이후 우파는 대한민국의 정체성을 명확히 하고 공고히 하려는 노력을 적게 기울인 것이 사실이다. 행정 공무원, 국회의원, 법관, 직업군인, 거부(巨富)의 CEO 등 전문직이나 기술관 중심으로 발달한 실용적 지식인의 우파그룹은 거시적인 국가 형성문제에 큰 관심이 없었다. 그러니 대한민국의 근본을 부정하거나 무시하는 좌파그룹 역사관의 잘못을 지적하고 비판하는 연구가 부족할 수 밖에 없었다. 이러한 기술관료(技術官僚) 중심의 지적(知的), 문화 예술적(文化 藝術的) 공동화(空洞化)는 좌파가 그들의 이념을 확산·심화시키기에 더할 수 없이 좋은 토양이 되었다.

백 번 양보하여 좌파운동을 이해하더라도 대한민국을 긍정하는 바탕 위에 있어야 한다. 그리고, 지식인이 좌파운동을 하려면 진정 노동자의 이익을 위해 헌신해야 한다. 한국사회에서도 각자는 자신의 이익에 대응되는 집단군과 사회계층을 가지고 있기 때문에 이러한 집단과 사회계층을 대상으로 온건한 좌파운동을 할 수는 있을 것이다. 단, 진정 노동자의 이익을 위해 노력해야 하므로 대한민국을 부정하는 일, 시장경제를 부정하는 무책임하고 극단적인 노동운동, 정치운동을 할 게 아니다. 사회개혁적인 방향으로 나아갈 일이다.

그런데 문학 등 문화영역을 보면 참으로 문제가 많다. 소설 등에서 지식인들이 비록 픽션 형식을 빌어서 하는 말이지만 너무나 좌경적인 것은 충격적이다. 자신이 대한민국에 등을 돌리는 것도 모자라서 젊은이를 비롯한 독자(讀者)에게 대한민국에 반대하는 성향을 심는다면 어찌되는가? 대한민국에서는 이러한 것까지 표현의 자유라는 이름으로 무제한 허용하고 있다. 이러한 소설 속의 한반도는 남이나 북이나 온통 공산주의 찬양(讚揚), 대한민국 저주(詛呪)로 가득하다.

이런 글을 읽은 청년과 대학생들이 어찌 대한민국을 온전한 조국으로 생각하겠는가? 이 글들만이라면 대한민국은 이미 무너져야 할 나라, 태어나지 말아야 할 나라이다. 비록 여러 등장인물 중 몇몇이지만 그 주된 흐름은 대한민국에 총부리를 겨누고 칼로 대한민국의 경찰을 테러하는 것을 애국적인 것으로 미화(美化), 암시(暗示)하기에 충분하다. 이러한 정치적인 주제로 쓰는 소설은 소설 그 자체로 끝나지 않는다. 한반도의 사상적 지형도(思想的 地形圖)를 바꾼다. 우리는 분단국가, 위기국가이기에 이러한 조그만 구멍도 나라의 미래에 좋지 않다. "이 정도는 허용하는 것이 자유, 자유주의 국가가 아니냐?"고 할 것이다. 그러나, 소설 속 등장인물이 대한민국을 철천지 원수로 여긴 이현상, 박헌영 등 실명(實名)이다. 이들을 사실상 미화(美化)하는 내용을 자유롭게 읽히는 대한민국은 곧 그 운명이 다할 것이다.

아무리 창작의 자유, 문화의 자유라고 하여도 지식인의 운동은 대한민국을 부정하는 시, 소설, 영화, 연극 방향에서 벗어나야 한다. 대한민국을 희롱(戲弄)하는 작가, 영화인들은 소영웅주의(小英雄主義)를 느끼고 정치적 주목(政治的 注目)을 받을지도 모른다. 그러나 이는 영웅이 아니다. 정치적으로는 흠이 될 것이다. 조국을 욕되게 하고 북한 체제를 유리하게 하며 통일을 더 어렵게 할 뿐이다. 대한민국을 부정하고 깎아내리는 충격적인 내용이 아니라도 얼마든지 좋은 소재(素材)를 구할 수 있다. 훌륭한 시, 소설, 영화, 연극의 소재는 도처에 널려 있다. 이를 찾아내는 것이 진정한 작가정신이고 예술혼이다. 대한민국을 가지고 농단(弄斷)하는 작품이 아닌, 더 문화적 가치가 있는 작품을 창작해 줄 것을 기대한다. 영적 전쟁(靈的 戰爭), 정신 전쟁(精神 戰爭)이 경제 전쟁(經濟 戰爭), 정치 전쟁(政治 戰爭)보다 더 뿌리가 깊고 상처도 오래 간다. 우리는 이 점을 알아야만 한다.

25. 지식인은 앞장서 경제를 일으키고 자유민주주의를 지켜야

경제발전은 한민족의 자존과 대외독립에 결정적으로 필요하다. 경제가 확실히 더 좋아져야 빈곤과 실업에서 벗어나고 노인부양, 병자치료, 출산율 증가가 가능하다. 경제발전을 위해서는 정치적 안정이 절대로 필요하다. 국민의 욕구를 100% 충족시키는 나라는 그 어디에도 없음을 지식인은 잘 알고 있다. 경험세계에 존재하는 모든 것은 불완전하다. 이는 어떤 경우에도 인간의 힘으로 바꿀 수 없는 사물의 본질이다. 대한민국도 마찬가지다. 그리하여 대한민국을 업그레이드하기 위한 논의야 있어야 할 터이다. 이 고민을 넘어서서 공산주의, 주체사상이 더 좋지 않느냐는 황당한 돌출주장은 있을 수 없다. 한반도는 이스라엘처럼 삶과 죽음의 경계, 숨막히는 전쟁터다. 흔히 지식인은 현실보다는 낭만을 꿈꾸고 이상(理想)이라는 파랑새를 좇는다. 그러나, 평등지상주의라는 환상(幻想)과 공산주의 유토피아를 그리는 낭만으로만 한반도를 그린다면 어리석은 떼쟁이 공산주의자에 불과하다. 아무리 낭만적으로 평등사회를 위해 계획경제를 하여도 곧 능력과 자원의 한계에 부딪힌다. 실제로 계획경제를 구상한 공산주의 엘리트 관료도 이것이 인간의 노력가치를 유도하는 경쟁을 잠재워 거대한 죽음의 나라로 만들 것을 예상하지 못했다. 공산주의 혁명가의 몽상(夢想)으로 그려낸 현실은 유토피아가 아니라 인간성 말살의 지옥이었다. 만인평등의 이상(理想)을 희구한다고 하더니 더 큰 불평등 세상을 만들어놓고 그 위에 짜르처럼 군림했다. 계급독재, 1인 우상화와 자신들에 반대하는 인민에 대한 잔혹한 테러, 정치범수용소, 강제노동, 인민재판이 자행되었다. 지식인은 이러한 몽상적 평등주의의 실패를 너무나 잘 알고 있지 않는가?

사회주의자가 반대하는 시장경제는 경제발전의 초기에는 빈부차이를 불러올 수 있다. 이는 시장경제의 발전과정 중에 감수하지 않으면 안되는 불가피한 대가이다. 그러나, 경제발전이 전혀 안된 단계에서 국민전체가 가난의 도탄에 빠지는 것에는 비할 바가 아니다. 빈부격차와 근로자의 소외문제도 점차 노조활동, 최저임금제, 종업원 지주제, 산업재해보험, 실업보험, 예산이 허용되는 범위 내의 공적부조 등으로 줄여나갈 수 있다. 빈부격차가 평등지상주의(공산주의)라는 단칼로 해결할 수 있다면 얼마나 좋으랴? 그러나, 인간사회에는 단칼로 해결되지 않는 일이 너무나 많다. 단칼로 해결하려다가 사람만 잡는다. 이상주의로 현실을 대신할 수 없다. 이미 이 실험이 끝났음을 지식인들은 너무나 잘 안다. 우리 민중은 다시 사회주의 혁명에 목숨 바치지 않을 것이다. 다만, 실업, 정리해고, 고물가, 무주택, 가계부채, 부정부패, 가진 자의 오만과 사치에 대한 분노에서 벗어나고 싶어할 뿐이다. 사회가 더 공정하게 되고 무질서를 막는 법이 잘 지켜지기를 바랄 뿐이다. 우리 사회는 이제 극단적인 좌파의 선동에 쉽게 넘어가 대한민국을 부정하거나 자유민주주의를 싫어하는 나라가 될 수 없다. 우리 국민 모두는 불안 없이 잘 먹고 아이 잘 키우기를 바라는 자유민주주의자들이다. 그만큼 대한민국은 성숙하고 견고해졌다. 해방 이후 좌파 박헌영, 이현상의 선동에 인질이 되던 우매한 민중이 더 이상 아니다.

386세대의 운동권 지식인은 민주화에 몰두했다. 그러나, 건국과 산업화를 스스로의 몸으로 이루지 않았다. 민주화를 이루어낸 것은 대단하다. 그러나, 삶에 필요한 물질 조건(物質 條件)을 스스로 만들어내보지 못한 한계(限界)는 대단히 큰 약점(弱點)이다. 민주화가 아무리 어렵고 중요한 일이었다고 하여도 건국과 산업화보다 앞 서열이라고 할 수는 없다. 건국, 산업화의 토대 위에서 한 계단 더 올라간 것이 민주화이다. 아버지 세대가 이룩한 건국과 산업화가 아니었으면 민주화는 어림쪽도 없었다. 삶에서 민주주의는 중요한 가치이다. 그러나, 이 가치만 가지고서 집을 마련하고 먹거리와 입을 거리, 직장문제, 자녀들 교육문제, 노후대비문제까지 도깨비 방망이처럼 해결할 수 있다고 한다면 오만한 것이다. 무릇 생존에는 경쟁이 있기 때문이다. 국내경쟁, 국제경쟁, 범인류적인 경쟁이 있다. 그 냉엄한 생존경쟁에서 가슴에 손을 얹고 우리 세대가 아버지나 할아버지 세대만큼 땀을 흘려 일했는지 생각해보자. 그러니 민주화 이외에 다른 생존조건을 갖추지 않는다면 가시밭길을 갈 수 밖에 없다. 아버지, 할아버지 세대가 흘린 피땀의 교훈을 배우지 않는다면 생존이라는 힘난한 길에서 낙오한다. 행복의 길은 경쟁력 없이 열리지 않는다. 이는 자연에서 온 이치이다.

청소년에게 내일의 밝은 희망과 생명을 제시하지 못하는 지식인은 떼쓰는 미숙아(未熟兒)로 영원히 머물 것이다. 후세대에게 정부에서 던져주는 서 푼짜리 복지금(福祉金)을 받으라고 할 일이 아니다. 자존심을 가지고 일할 자리를 만들어 주지도 못하면서 청소년에게 행복하게 살라고 말할 수는 없다. 우리에게 최악의 위협은 자연의 도전이 아니라 잘못된 생각을 가지고 있는 미숙아(未熟兒)이다. 이런 점에서 지식인이 지닌 지혜, 용기의 성숙한 미덕은 후세대를 행복과 구원으로 인도하는 열쇠이다.

지금처럼 모든 경제나 사회정책이 수월성(秀越性)이나 창조성(創造性)보다 평등과 균형을 강조하는 것으로 가게 되면 창조적 인재나 혁신을 하는 선도기업이 설 자리가 없어진다. 창조를 하고 앞서 나가는 것이 비하, 조롱거리로 전락하는 사회가 발전할 수 있을까? 평등주의에 치우친 자원배분은 당장은 대중의 칭찬을 받을지언정 내일의 행복은 기약할 수 없다. 그리고 지금 이 시대는 영원한 것이 아니다. 오늘 번성한 꽃과 열매도 눈 내린 후 내년이 되면 잊혀질 뿐이다. 대한민국과 한민족의 운명도 같다. 우리가 멸망한다 한들 이웃나라 사람들은 눈하나 깜짝하지 않고 자기 생업에만 열중하리라. 세계인들은 우리 한민족이 없어져도 아무렇지 않을 것이다. 폼페이가 없어져버려도 로마인들이 아무 일 없었던 듯 무심히 살았듯이. 어찌 똑바로 정신차리지 않으랴?

세상에 완전하고 아무 결점 없는 배우자감이 없듯이 정치체제도 그렇다. 낭만적 이상주의에 딱 들어맞는 정치체제란 아직 인류 역사상 한 번도 없었다. 지금 대한민국에 약간의 문제와 모순이 있더라도 어쩔 수 없는 원인이 있을 것이다. 이것을 필자는 다 알지 못한다. 일제와 해방, 6.25도 몸소 겪지 못한 세대이기 때문이다. 이 모든 것은 일부 문헌과 교육에 의해 알 뿐이다. 그러나, 보지 못하고 겪지 못했더라도 한 가지, 대한민국이 매우 고마운 조국이라는 것은 안다. 자유민주주의를 선택한 것은 백 번 잘한 것임도 안다. 모름지기 우리 세대는 대한민국에 감사해야 한다. 그리고 진정 대한민국의 자유민주주의 원칙에 따라 경제를 다시 한 번 더 일으켜 국민을 먹여살리도록 해야 한다.

[부록]

[희망의 실마리] - 전우현 교수(2012년 1월 26일)

이하는 필자가 15년 정도 이전에 생활수기처럼 메모해 둔 것이다. 필자 혼자 보기에는 별 의미가 없는 것 같고 생각의 조각 조각이나마 다른 사람과 공유하고 싶어서 편의대로 목차를 붙이고 일부 내용을 지금에 맞게 고친 것이다. 글을 더 풍부히 하고 길이 등 모양새를 갖출 수 있지만 오히려 장황하게 되는 것 같아 짧고 긴 것에 관계없이 메모 형식 그대로 두기로 했다. 이는 필자의 강의를 들은 학생들, 특히 곧 졸업을 앞둔 제자들에게 세상에 대한 경계삼아 보낸 글이다. 부록으로 남긴다.

1. 다시 고통과 걱정의 시대로

우리 사회는 정치적 불안정, 경제의 불황, 공무원의 수뢰(收賂)와 교육계의 비리 등으로 걱정이 가실 날이 거의 없다. 필자가 고등학생인 때까지만 해도 1980년도에 이르면 수출 100억$, 1인당 GNP 1000$을 넘어서 걱정없이 잘 사는 때가 되리라고 철석같이 믿었었다. 수출 100억$의 목표를 넘어 무역 1조 달러시대가 되고 1인당 GNP는 이미 2만달러에 가까운데도 우리는 아직도 경제의 문제로 괴로와하고 있다. 아시아의 네 마리 용이라고 한국을 추켜세우던 말도 이제는 옛 말이 되고 말았다. 기술력의 부족과 비용의 상승으로 인하여 우리 기업의 국제 경쟁력은 선진국에 뒤지는 것도 모자라 신흥 공업국들에게 추월당하는 실정이다. 우리는 기아에서 헤매다가 60년대 이래 허리띠를 졸라매고 한국인이 땀을 흘린 결과 보리 고개를 넘었다. 그리하여 기본적인 식생활(食生活) 문제가 많이 해결되었음은 참으로 다행스런 일이다. 그러나 21세기 지금 또다시 먹고사는 문제로 한숨가실 날이 없다. 심각한 실업, 전세값 앙등, 저출산, 보육문제, 이른 구조조정이 가져오는 노후불안이 목하 진행중인 암덩어리다.

한 때는 먹는 걱정이 적어져 부모들이 한결 허리 펴는가 싶었다. 그러다가 자녀들은 본드 흡입이나 성도덕 문란이다 그리고 폭력 소동이다 하여 다시 골머리를 앓게 한 것이 80년대 들어서였다. 또, 그 당시에는 꿈만 같던 마이 카 시대가 열렸다고 열광했다. 곧이어 오렌지족도 등장했다. "덜 일하고 더 먹자"는 청년층, 조금만 힘들어도 견디지 못하는 팝콘 청년세대도 90년대 이후 나타났다. "아빠 엄마, 할아버지 할머니 힘들었던 이야기는 이제 듣기 싫어요, 우리는 우리잖아요"라던 철부지가 이제는 40대, 우리 사회의 중견이 되었다. 여러 문제가 안 나타날 수 없다.

눈에 크게 띄는 사회현상 속에는 항상 근본적인 사회심리가 도사리고 있다. 현재 경험하는 우리 사회의 무기력 현상 속에는 어떤 근본적인 사회병리가 있을까? 바로 우리의 정신이 병들어 간다는 사실이 아닐까? 우리 식수원인 강과 바다가 오염되고 썩어간다면 큰 환경재앙이겠지만 우리의 건전한 기풍이 시들고 정신이 병들었다면 더 큰 재앙이다. 국민정신의 혼돈은 어떤 것으로도 보충.극복되어지기 어렵기 때문이다.

우리를 서글프게 하는 가난의 고통, 전쟁의 불안, 민족의 생존을 위협하는 분단위기는 정치적 혁명이나 경제 정책으로만 해결되기에는 그 심연(深淵)이 너무나 깊다. 대통령 선거로 대표되는 현실정치의 생명은 5년이지만 사상과 교육의 길이는 100년을 넘는다. 그리하여 우리는 이 암덩어리를 국민교육을 통해 수술해야만 한다.

그래도 희망을 가지자! 현안 문제들을 거꾸로 뒤집어 보면 정신이 올바로 선다면 어떤 경제적 난관과 환경의 낙후함도 극복할 수 있다는 것으로 된다.

2. 인간의 존엄함에 대하여

우리 헌법 제10조는 「....모든 國民은 인간으로서의 존엄과 가치를 가지며 ...」라고 한다. 그리고, 우리는 보통 인간의 존엄성이란 말 앞에 다툼 없이 동의한다. 그런데, 이 인간의 존엄성은 우리 자신이 인간이기 때문에 믿고 싶어하는 것인지도 모른다. 기실 자애(自愛)의 발로로 존엄한 가치를 인정받고 싶어하는 것이 우리의 마음 아닌가?
그러나 우리 주변에는 간교한 인간과 파렴치한 범죄인도 있다. 정상인이라면 그들에게서 치받쳐 오르는 증오를 느낄 것이다. 그리하여 모든 사람이 언제나 어디서나 항상 존엄한 모습을 보이지는 않는다는 것을 구체적인 사회생활에서 체험한다. 사실상 인간은 천사의 고결함과 함께 동물과 같은 비열함도 지니고 있다. 우리는 인간이 존엄하게 생각하고 행동할 가능성이 있음을 믿고 그 방향대로 인도하고자 노력할 뿐이다. 따라서 우리는「인간은 모두 존엄하다」는 말을「사람의 올바른 도리를 알고 노력하는 인간은 존엄하다」는 것으로 고쳐 이해해야 한다. 이 새로운 명제에 의해서만 천태만상으로 다양한 인간사회의 모습을 올바로 이해할 수 있다. 또, 선과 악의 구분을 행할 수 있다. 또, 사회문제 발생원인의 가장 큰 부분은 인간 자신에게 있다는 사실에 대해 합의할 수 있다.

선과 악이 뒤범벅으로 섞여있는 모습에서 이것도 좋고, 저것도 상관없다는 어정쩡한 태도는 사회발전을 포기하는 무책임한 자세이다. 구체적인 인간의 모습을 애매 모호하게 보지 말고 실체적으로 정확하게 파악하여 좋은 면을 장려하고, 나쁜 면은 도태시켜야 한다. 그래야 개인과 사회의 발전을 기약할 수 있다.

인간은 무한한 가능성을 지닌 존재지만 그 가능성은 현실로 나타날 때만 빛을 발한다. 진흙 속에 파묻혀진 상태의 보석은 그 가치가 없다. 인간의 존엄성·위대함은 이 가능성을 현실의 모습으로 내보이는 데 있다. 이를 위해서는 피나는 노력이 필요하다. 우리의 행복은 저절로 굴러 떨어지는 호박넝쿨이 아니다. 개인도 그러하고 국가, 민족도 그러하다.

3. 행복의 조건에 대하여 -행복의 사회적 조건-

누구나 행복하기를 원한다. 행복은 모든 사람의 목표이기 때문이다. 어떻게 하면 행복해질 수 있을까? 행복해지기 위해서는 무엇보다 타인의 부당한 억압이 사라져야 하고 가치창조가 있어야 한다.

첫째, 행복하려면 타인의 부당한 억압이 없어야 한다.

근대 이후 세계적으로 노예제도와 봉건잔재가 많이 사라졌지만 아직도 암암리에 지배, 예속의 관계가 많이 존재한다. 억압형태 중 대표적인 것은 북한과 같은 폭정이다. 이러한 폭정은 제3세계에서 아직도 많이 남아 있다. 인간에 의한 인간의 노예화인 폭정과 부당한 억압이 사라져야 행복의 첫 단추가 끼워진다.

둘째, 행복해지기 위해서는 가치창조가 있어야 한다. 즉, 억압이 사라지는 것만으로는 행복의 충분조건이 되지 못한다. (정치적) 억압이 사라진 것은 본래의 인간상태(즉 자연상태)의 회복에 불과하기 때문이다. 그리하여 추가로 더 필요한 것이 가치창조이다. 아무 일도 행하지 않는 무(無)에서 벗어나 노동으로 가치를 창조할 때 인간은 의식주(衣食住)의 자유를 얻게 된다. 어느 누구도 이 의무에서 해방되지는 못한다. 먹고, 입고, 잠자기 위해서 누구나 재화와 서비스를 소비해야 하므로 이 가치창조의 의무를 이행해야 한다.

안정적인 풍요와 안락은 고통을 인내하고 황무지를 개척하는 자에게만 주어진다. 여기에는 가치 창조 자체에 목표를 두는 드높은 이상(理想) 설정과 엄정한 자기관리(自己管理)가 요구된다.

4. 이기심과 이타심의 조화에 대하여

우리는 로빈슨 크루소와 같이 외로운 섬에서 홀로 살아가지 못한다. 그래서 국가, 민족, 지역사회 등 일정한 공동체를 이루어 그 일원으로 산다. 혹자는 국가 없이 더 행복해질 수 있다고도 하지만 인류의 역사적 체험은 국가 없이 개인이 행복할 수 없음을 실증하였다.

그런데, 공동체 일원으로서의 인간은 이기심과 이타심을 모두 갖고 있다. 논자에 따라서 극단적인 이기주의를 옳다고 하거나 반대로 이타심을 언제나 우선시키기도 한다. 그러나, 이기심과 이타심은 조화되어야 한다.

이기심은 모든 인간이 본능적으로 자신을 위하려는 것이다. 이는 사회적 훈련 없이도 발현된다. 또, 본능적이기에 강압적으로 억누를 수가 없다. 어린 아이들이 물건을 독차지하려 하거나 눈을 새파랗게 뜨고 동생들에게 질투를 하는 것을 보더라도 이기심은 타고날 때부터 어쩔 수 없이 가지고 있는 본성임에 누구나 동의할 것이다.

그런데, 우리 인간에게는 이타심도 이기심에 버금가게 존재한다. 고대 중국의 맹자가 말했듯이 어려운 이웃(병든 사람이나 외로운 사람)을 측은하게 생각하고 돕는 마음이 분명히 우리에게 있다. 이타심의 기능은 이기심을 억제·조정하는 데 있다. 이기심이 지나치지 않도록 하고 이기심의 충족과정에서 파생하는 사회적 문제를 제도적으로 해결하는 것이 이타심의 과제이다. 또, 이기심으로 촉발된 경쟁의 과열로 인한 삭막함을 극복하고 인간소외의 해결을 위해 안식처를 마련함에 이타심의 주된 역할이 있다.

그런데 이기심은 이타심에 비하여 훨씬 더 본능적이고 생래적이어서 이타심보다 더 강렬하다. 여기에서 이기심의 이타심에 대한 우위를 인정한다고 하여 이기적인 행위를 정당화하려는 것이 물론 아니다. 이기심의 부당한 충족은 공동체의 틀을 파괴하고 이기심간의 불필요하고 소모적인 충돌을 가져올 것이 뻔하기 때문이다.

또, 이기주의와 이타주의는 근본적으로 달라서 대립하기 쉽다. 그러나, 공동체가 존속하려면 이기주의와 이타주의를 잘 조화하지 않으면 안된다. 이것이 개인의 이기주의적 본성에 부합하면서도 이타적인 태도로 공동체의 발전을 기약하는 길이다. 이기심과 이타심의 조화는 우리 개인과 사회의 행복으로 향하는 중요한 관문이다.

쉽게 말하자면 이기심을 존중하여 그에 좇은 노력의 대가를 공정히 배분하는 반면 건전한 근로 기풍이 훼손되지 않도록 배려하는 것이 이기심과 이타심의 공존 조화의 길이다. 이기심을 무시하여 일에 관계없이 보수를 균등하게만 분배한다면 인간은 별도의 비밀스런 방법으로 이기심을 충족하려 할 것이다. 반면 어떤 사람이 보수를 터무니없이 많이 받아가면 타인의 건전한 근로의욕을 해칠 것이다. 이는 분배문제인데 바로 이 문제를 둘러싸고 인류는 자유주의와 공산주의의 이념 대립, 전쟁, 폭동을 경험해왔다. 우리 한국사회도 해방 이후 주로 이 문제로 다투어왔다.

이기심과 이타심을 잘 조화하지 못하는 예는 공무원이 뇌물을 받고 우리 사회의 불의를 조장하는 일, 직장 동료를 시기·질투하여 불공정 경쟁을 하는 일, 직장 내에서 지연이나 학연의 파벌을 조성하는 일 등과 같은 것이다. 이들은 모두 이기심만 앞세우는 염치없는 것이다. 또한 우리 공동체의 단결을 해치게 되고 또 다른 대립과 소모적인 싸움을 불러 일으켜 공동선을 해치는 악의 근원이다.

5. 국민적 자부심의 근원에 대하여

　우리는 어떤 경우에 국민의 일원으로서 자부심을 갖게 되는가?
　자부심은 소속 집단에 대한 자랑스러운 감정이다. 어떤 집단이 그 구성원에게 기회를 주고 정당한 경쟁을 보장하며 그 집단의 발전이 그 정당성에 의존하여 개인 노력의 가치를 높이 평가한다면 그 구성원은 자신과 집단간의 일체감을 느끼며 집단의 발전을 위해 자신의 이익도 기꺼이 바치는 희생정신을 발휘한다.

　국민적 자부심은 부정과 부패없는 경쟁과 정당성에 의해 조성된다. 개인은 정당한 경쟁 속에서 자신의 이익을 추구하는 동시에 결과적으로는 국가를 위해 봉사하고 국가는 개인의 능력과 노력에 의하여 가치를 공정히 배분하는 제도적 장치를 통하여 개인의 이익추구를 배려하는 상호 작용에서 양자의 일체감도 높아진다.

6. 생존의 기초로서의 생산과 인격평등의 대인관계에 대하여

인간이 먹고 마시고 자기 위해서는 재화나 서비스가 있어야 하고 이를 생산하는 활동이 필요하다. 만약, 생산(일)하지 않고 먹는 자가 있다면 그는 타인에게 빚을 지는 것이 된다. 일하지 않고도 좋은 아파트에 살면서 자가용을 굴리고 주말에는 골프 치러 다니는 사람을 보면 열심히 일하는 사람은 허탈해지고 좌절을 느낀다. 그런데, 우리가 직업인으로서 생산(일)에 몰두하는 동기가 그저 먹고 마시고 자기 위해서 물질을 얻을 목적 뿐이라면 새로운 모습의 노예에 지나지 않는다. 이를 뛰어 넘어야 한다. 일 자체에서 새로운 요소를 발견하여 개선의 실마리를 찾아내고 발전시켜야 한다. 그렇게 되면 생존의 수단을 얻는다는 목표를 뛰어넘는 것이 된다.

인간이 자연을 일부분 극복하였다고는 하여도 아직은 무지한 것, 한계에 부닥치는 것 투성이다. 일찍이 부처는 인생을 고통의 바다(苦海)라고 했다. 그는 인간의 무지와 한계에서 오는 고통을 수도(修道)로 극복할 수 있다고 가르쳤다. 우리가 자신의 일에 전념하여 일가(一家)를 이루는 것도 삶의 고통을 보람으로 바꾸는 것이기에 이러한 수도(修道)의 일종이라 생각한다. 발견과 창조는 우리의 무지와 한계를 극복하는 원동력이 된다. 그리고 발견과 창조를 통한 생산활동은 인간해방과 자유의 밝은 빛을 선사한다.

그런데 인간의 능력은 유한하다. 그 제한된 능력을 가지고 모든 일을 다 잘 할 수 없는 것이다. A라는 일을 잘 하는 甲이라는 사람이 B라는 일에 서투르고, 반대로 B라는 일에 유능한 乙이라는 사람이 A라는 일에 무능할 수 있다. 인간의 어쩔 수 없는 한계 때문이다. 이것이 오히려 인간답다. 그런데 A, B 모두 우리 인간사에 필요한 일이다. 그렇다면 甲과 乙 모두 존중되어야 한다. 그런데 잘 살펴보면 누구나 자신이 서투른 분야의 일에 능력을 보이는 다른 사람을 자연스레 존중한다. 이렇게 하여 함부로 타인을 무시하기 쉬운 인간의 나쁜 행태를 다스리게 된다. 서로 인격을 존중하게 되고 인격의 진정한 평등이 뒤따르게 된다. 이와 같이 공동체 안에서 자연스레 생긴 인격의 상호 존중과 평등 의식은 협동과 단결을 보장하고 높은 차원의 대인관계를 가능하게 한다.

7. 이익의 충돌과 정당한 경쟁에 대하여

공동체 안에서 개인은 자기자신의 이익을 추구할 수 밖에 없으므로 서로 충돌하기 쉽다. 욕심은 무한하고 이를 충족할 수 있는 재화는 유한하기 때문이다. 그러나 개인간의 이익 충돌은 정당한 경쟁을 통하여 해결되어야 한다. 정당한 경쟁과 정당하지 않은 경쟁을 축구 경기에 비유한다면 다음과 같다.

축구 경기는 키퍼를 포함하여 각 팀 11명의 선수가 손을 사용하지 않고 공을 상대방 골대 안에 집어넣으면 점수가 나고 많은 점수를 낸

팀이 이긴다. 각 팀의 성패는 누가 점수를 많이 내느냐에 달려있어서 선수의 지상목표는 많은 점수를 내는 데 있다.

만약 경기의 규칙도 심판도 없다면 축구 경기자는 공을 손으로 들고 뛰기도 하고 경기자 수를 11명보다 많이 늘리는가 하면 상대 선수를 발로 차는 등의 난폭한 방법으로 골인이라는 목표를 달성하려 할 것이다. 이렇게 한 쪽에서 난폭하고 신뢰를 배반하는 행위를 감행한다면 상대팀도 가만히 당하고 있지 않는다. 곧이어 그와 유사하거나 그 이상의 난폭한 방법으로 대항하고 목표를 달성하려 할 것임에 틀림없다. 결과적으로 경쟁 아닌 극한 투쟁으로 발전하여 각 팀은 상대 선수에게 크나큰 부상을 입힌다. 또 한편 예기치 않은 보복 공격을 상대방으로부터 당하지나 않을까 전전긍긍하며 에너지를 과도하게 낭비하는 축구경기를 해야 한다. 물론 경기가 끝난 후에도 승패의 결과에 승복하지 못하고 적대감정은 그대로 남는다.

그에 비하여 정당한 경기는 어떠한가?

각 팀 경기자 11명이 전·후반 각각 45분씩 공을 손으로 잡지 아니하고 상대방을 발로 차지 않는 등 규칙을 지키면서 최선을 다하여 골인을 시키려고 노력한다. 승리라는 목표를 위하여 혼신의 힘을 다하면서도 규칙을 지키고 승패라는 결과에 복종한다. 경기 후에도 상대방을 존중하는 마음을 잃지 않는다.

인생의 다른 경쟁도 같다. 공정하고 정당한 경쟁이 보장될 때만 개인의 노력을 장려하고 공동체의 발전을 촉진할 수 있다. 운동경기가 아닌 사회생활에서는 정당한 경쟁에 필요한 규칙과 심판자가 축구경기처럼 뚜렷하지 않다. 그러나, 대체로 우리가 바라는 사회생활에서의 정당한 경쟁은 노력에 대한 정당한 대가지불 즉, 과다하지도 과소하지도 않은 가치배분이다.

  이는 달성불능의 목표가 아니다. 다만 이 정당성의 필요성을 공동체 구성원 전체가 뼈저리게 느끼고 인성교육에 이를 반영해야 한다. 그렇지 않으면 언제든지 이를 파괴하는 삐뚤어진 구성원이 나오게 된다.

8. 증오(분노)의 승화에 대하여

  사랑은 인간이 가진 것 중에서 가장 아름다운 것이라고 한다. 그래서 성현들은 한결같이 서로 사랑하며 살아갈 것을 가르친다. 심지어 원수까지라도 미워하지 말고 사랑하라고 한다.

  그런데 증오(분노)는 어디에서 오는가? 증오(분노)는 첫째 질투심에서 오고, 둘째 경멸감에서 나온다. 질투심에 의한 증오는 자신의 욕구의 위협에 대한 감정 즉, 자신보다 뛰어난 자에 대한 미움이다. 그리하여 만약 이것이 걸러지지 않고 발현되면 원시적이고 동물적인 가해가 된다. 이러한 증오는 정당화될 수 없다. 정당화될 수 없는 공격행위는 부메랑처럼 즉각 반격을 초래하고 소모적인 야욕의 투쟁고리로 순환할 것이다.

한편 경멸감에서 오는 증오는 추악함이나 나태함 등을 배척하는 감정이다. 추악함과 나태함은 노력하지 않는 태도에서 나타난다. 유혹에 쉬 굴복하고 불의에 타협하며 이상을 포기하는 자세는 노력하지 않는 자의 자세이다. 노력하는 사람이 추악함과 나태함을 배척하는 경멸감은 비난할 수 없는 감정이다. 추악함과 나태함을 경멸하는 마음은 아름다움과 성실을 사랑하는 마음의 반대측면인 까닭이다. 우리는 바람직한 것을 사랑하는 만큼 어쩔수 없이 바람직하지 않은 것을 미워한다.

악을 증오하는 감정 또한 악에 대한 경멸감에서 나온다. 선을 사랑하는 것만큼이나 악을 미워하는 감정도 필요하지 않은가? 잘못된 마음, 썩은 마음을 미워하지 않는다면 사회질서가 바로 설 수 있겠는가? 모든 치유 수단을 다 시도한 다음에도 썩어가는 상처부위는 극심한 고통을 감수하고라도 절단해야 한다. 신체의 온전함을 보전하기 위해서는 상처 안의 고름 또한 짜내서 없애야 한다.

흔히 이해심과 넓은 아량은 미덕으로 간주된다. 그러나 이해심 많은 아량이 미덕으로 되는 것은 이해심과 아량으로 썩은 부분이 치유될 수 있을 때이다. 썩은 부분이 더욱 썩어감에도 아량으로 감싼다는 것은 불의에 대한 정의의 패배이다. 사회 공동체의 입장에서는 불의와의 타협은 공동체 발전의 포기에 지나지 않는다. 흔히 조화라고 이르는 것은 정당한 주장간에 충돌이 있어 이를 조정하려는 것이지 정의와 불의 사이의 타협이 아니다. 불의라는 추악함과 뒤범벅된 고결한 정의는 향기를 잃고 회복되기 어려운 타락의 길로 접어들기 십상이다.

만약 인류 역사에서 추악함을 미워하고 제거하려는 노력이 없었다면 발전이란 존재하지 않았을 것이다. 그 결과 인류는 쉴 새 없는 고통의 수레바퀴를 반복해야 했을 것이다.

그런데 악을 경멸하는 증오는 피할 수 없는 인간의 감정이라 할지라도 역시 질투에 기인하는 증오와 같이 상대방의 감정적 반발을 유발하기 쉽다. 따라서 악을 경멸하는 증오도 증오의 대상인 악행이 약화하고 도태되는 구조를 확립하는 것으로 승화되어야 한다. 이는 추악하고 나태한 가치관을 지니고서는 도저히 보람을 느낄 수 없도록 공동체 구성원 사이에 합의하는 것으로 가능해진다.

9. 사랑, 그 아름다운 것에 대하여

행복을 추구하기 위해서는 자신의 일에서 가치를 창조하여야 하고 타인에게 부당한 위해를 가하지 말고 정당한 경쟁에 의하여 순위를 가려야 한다. 이러한 사회적인 룰을 확립하기 위해서는 개인과 공동체의 피나는 노력이 필요하다. 거기에다 나태의 유혹에 빠지지 않고 나약해지지 않도록 항상 자신을 추슬러야 하기 때문에 쓰라린 고통이 따른다. 스스로 선택한 고독과 고통이 싫다면 상황에 피동적으로 이끌려 다니는 삶을 살게 된다. 아이러니컬하게도 그러한 삶은 또다른 고독과 고통을 불러일으킨다. 또, 그러한 소극적인 태도는 우리의 선대가 겪어온 좌절과 굴종의 삶을 반복하게 만들 수도 있다. 우리 대한민국의 새로운 세대는 좌절과 굴종에서 받는 고통보다 자신의 일에서 가치를 창조하는 고독과 고통을 기꺼이 선택해야 한다.

그런데, 행복을 추구하는 위와 같은 노력과정은 좀 메마른 것이 사실이다. 그리하여 사랑이 필요하다. 인간은 결코 일의 노예가 아니고 가치 창조와 보람만으로 행복해질 수는 없다. 사랑은 우리 자신의 유한성을 타인에 대해서도 느끼는 동류의식(同類意識)이다. 또, 진정한 존경과 예의에 터잡은 감정이다. 사랑의 본질은 사랑하는 사람 자신도 이해하기 어려울만큼 고차원적이다. 특히 아가페의 사랑은 이해관계에 의해 발동되는 것이 아니니 가장 아름다운 감정이다.

사랑은 우리들 인간으로서의 한계를 전제한 것이어서 타인에 대한 관용을 수반한다. 우리 인간이 악함과 선함을 동시에 지니고 있다고 할 때 선함의 중요한 부분을 사랑이 차지한다. 사랑이 없다면 우리 인생이 얼마나 거칠고 메마를 것인가? 이웃에 대한 사랑 없이 직업적 성취만으로 행복해질 수는 없다.

10. 규범(법)에 대하여

사람은 이타적이고 희생적이기보다는 이기적이고 탐욕적으로 되기 쉽다는 것은 생물학적 지식이 많은 사람일수록, 인생 경험이 풍부한 사람일수록 대체로 인정한다. 사람의 마음은 자기 자신에게 유리한대로 하고 싶어하는 데다가 그 마음이 변화무쌍하기조차 하다. 아침에는 된장국이 좋았다가 저녁에는 보기 싫어한다. 불고기를 찾는다. 어제는 甲이란 사람을 좋아하다가 오늘은 乙이란 사람을 더 마음에 들어하기도 한다. 그 변화무쌍한 타인의 마음을 믿고 모든 것을 의지하였다가 어느 날 갑자기 그 마음이 변하기라도 하는 날에는 낭패를 당한다.

조금 더 안정적인 의지처가 있어야만 한다. 그리하여 법(규범)이 있어야 한다. 사회, 국가의 규범은 사람의 마음보다 훨씬 안정적이다. 또 지속적이다. 그리하여 그에 대한 우리의 믿음은 훨씬 더 든든하게 보상받는다. 우리 대한민국 국민들이 믿고 의지해야 할 큰 집은 대한민국이라는 공동체 전체의 규범 즉 법이다. 법치주의, 준법정신이 필요한 이유이다. 이게 잘 되는 나라가 앞서가는 나라이다. 이게 잘 안 되는 나라가 후진국이다.

11. 친절에 대하여

친절은 타인에 대한 기본적인 의무이다. 그리고 우리 공동체가 많은 문제를 안고 있음에도 사람이 살 만한 것이라고 생각하게 하는 윤활유이다. 불친절한 말 한 마디에 마음이 상하고 타인에 대한 감정이 적대적으로 표변한다.

별로 심각한 것은 아니었지만 1997년 8월 무더운 날에 있었던 일이다. 누구에게나 흔히 있을 법한 일을 소개한다.

피부에 가려움증이 생겨 근처 개인병원을 찾았다. 진찰 받고 주사 맞고 약을 받아든 후 문을 나서려다「대머리 증상 상담」이라고 쓴 것을 보고 다시 의사에게 물어봤다. 당시 머리카락이 많이 빠지고 단골 이발사까지도 걱정하던 터였다. 머리카락을 보이며 "이렇게 머리카락이 빠지는데 묘약이 없을까요?"라고 물었더니 "그 정도는 괜찮은 거요...생긴대로 살아요!"라는 대답이 돌아왔다. 그래서 나는 다시 "전문의 의사 선생님이 그렇게 말씀하시면 어떡합니까?" 그랬더니, 이 양반이 벌컥 화를 내면서 "전문의니까 그렇게 말하는 거요. 모르니까 이상한 짓거리를 하는 거지."라고 내뱉었다. 우리는 이런 불친절을 거의 일상사로 겪는다.

그 의사 선생님도 어릴 적부터 똑똑하다고 칭찬 듣고 공부 잘해서 남들이 부러워하는 의과 대학을 다녔을 것이다. 우리 사회에서 지각 있고 유능한 사람으로 인정되는 사람이었을 게다. 그런 사람이 왜 이렇게 되었을까? 전문직으로서의 오만함 때문인가, 일에 너무 지친 탓인가? 한 마디의 불친절이 다른 사람에게 어떤 마음을 심어줄지를 다시 한 번 각자 생각해 보면 좋겠다.

12. 남을 존중할 필요성과 봉건문화에 대하여

간혹 남의 일을 우습게 생각하고 훼방을 놓으면서도 아무렇지 않게 여기는 사람이 있다. 동물세계에서도 다른 개체의 영역을 존중한다.

하물며 인간세계인데도 이를 잘 지키지 않는 경우가 많다. 물론 온 천하를 모두 가져도 부족하다고 생각함이 사람의 본능이기는 하다. 그러니 비뚤어진 사람은 다른 사람의 영역을 침범하고 싶은 유혹을 느낄 게다. 그러나, 다른 사람의 능력과 땀의 결과를 그의 영역으로 존중해주어야 한다. 그를 존중해 주지 않으면 문화와 문명의 발전이란 없다. 이것이 자유, 자유주의의 정신이다. 그런데, 남을 무시하는 병폐가 특히 집안, 문중질서라는 봉건적 집단주의 규범하에서 행해지는 예가 꽤 많다. 우리의 경험이 증거하는 바다. 이러한 괴롭힘에서 개인이 자유롭게 되어야 한다. 그래야만 창의적인 재능을 발휘하고 그 힘을 더 큰 공동체인 국가나 민족을 위해 사용할 수 있다. 가족관계, 문중관계에서부터 서로 인격을 존중하는 건전한 관계가 만들어져야 사회, 국가도 따라간다. 자유사회, 민주사회의 조건이다.

13. 연고주의(緣故主義)에 대하여

우리의 정신 문화가 아직도 합리적인 공동체 생활에 적합하지 않은 「씨족적 연대 관념」에 터잡고 있다면 빨리 고쳐야 한다. 조국이나 민족을 사랑하는 마음보다 일가 친척에 대한 유대가 더 강한 것이 사실이다. 이것이 지금까지의 우리의 운명이었다. 그러나, 고쳐져야 한다. 이대로라면 어찌 대의(大義)를 위해 일할 수 있을까? 일가 친척에 대한 무한대의 애정과 연민을 요구하는 것은 잘못된 것이다. 어제보다 나은 오늘을 쉼없이 개척해나가야 하는 현대생활에는 잘 맞지도 않는다. 밝고 지혜로움을 구하려면 어두운 것, 어리석은 것과 결별해야 한다. 일가 친족 단위, 나아가서 지역단위, 학교단위의 연대주의는 작은 그릇이다. 더 큰 그릇에 사고(思考)를 담아 사회적으로 행동하는 것과 충돌한다. 마음의 뿌리깊은 귀속은 하나이지 여럿으로 나누기 어렵기 때문이다("마음은 중립을 모른다"). 이러한 혈연주의, 지연주의, 학연주의는 우리의 정치나 경제로까지 뻗어나간다. 어서 벗어나야 하지 않을까?

14. 시간의 절약에 대하여

시간을 아끼자. 시간은 그 자체가 모이면 바로 인생이다. 한 사람의 인물됨을 알고자 하면 오늘 어떻게 시간을 보냈는지 보면 된다. 그러니 시간이 소중함을 알아야 하고 함부로 쓰지 말아야 한다. 그런데, 절약하기에 열흘이 걸리는 이 시간도 낭비하는 데는 채 하루도 안걸린다. 소중한 시간을 절약해 두었다가 폭탄주다, 뭐다 하여 하루 동안 방탕하게 쓰면 다시 그 회복에 많은 시간이 걸린다. 힘겹게 절약된 시간은 한꺼번에 소진되고 만다. 이 방탕한 시간이 모여 지나가면 나이가 들고 몸은 병든다. 인생은 쉽게 늙고 병든다. 누구든 예외없다. 정치가, 경제인, 국가대표 운동선수, 천하장사 씨름꾼, 톱가수, 최고의 한류스타도 예외가 아니다. 늙고 병들기 전에 시간을 잡아야 한다. 이 시간으로 자신의 일에 성취를 해야 한다.

15. 깨끗한 부자(淸富)에 대하여

사회 공동체의 발전은 공동체 구성원이 자기 분야에서 도전하고 끊임없이 분투할 때 이루어진다. 이 노력을 정당하게 평가하고 숭상해야만 사회가 더욱 크게 발전한다. 그렇지 않고 시기 질투가 이 노력을 저해할 때 발전의 동력을 잃게 된다. 그런데, 우리 사회에는 노력에 비해 지나치게 많거나 적은 대가가 주어지는 나쁜 현상 이외에도, 못 가진 자가 가진 자를 사리에 벗어나게 못살게 구는 나쁜 풍조도 없지 않다. 사리에 벗어난 시기와 질투는 타인의 정당한 노력의 대가조차 탈취하려 시도한다. 자신의 나태와 무능함을 타인의 발목을 잡아당기는 것으로써 극복하려는 치졸함이 들어있는 것이다. 이는 노력의 가치를 부정하고 힘써 일할 동기를 약화시켜 사회 전체의 발전을 지체시킬 것이다.

중세 유럽에서는 기독교를 국교로 숭상하여 성경에 나오는 「악마」의 존재를 누구나 믿고 있었다. 그런데 언제가부터 유럽의 각 지방마다 생사람을 「악마」 즉 마녀로 몰았다. 이들을 잔혹하게 처형하는 이른바 「마녀 사냥」의 폭풍이 몰아쳤다. 마녀로 지목된 사람은 흔히 아름답고 매력적인 여성이었다. 종교재판소의 재판관은 그녀의 무고함을 확신하면서도 시기, 질투를 하는 다른 여자들 세력이 두려워 마침내 마녀라는 결론을 내리고 말았다는 이야기가 전해진다.

수고의 대가로 정당하게 부자가 된 사람을 다 나쁘게 보지는 말아야 한다. 졸부는 비난받아 마땅하지만 『깨끗한 부자(淸富)』는 존경받아야 한다. 『깨끗한 부자(淸富)』마저 마녀사냥을 해서는 누가 부자가 되려고 밤새우고 땀흘려 일하겠는가?

16. 개인 인성(人性)의 중요성에 대하여

각기 다른 인품을 지닌 구체적인 사람들이 이 사회의 핵심적 구성요소이다. 그런데 일상생활에서 만나는 많은 타인에게서 삶의 기쁨과 희망을 얻기도 하지만, 다른 한편 쓰라린 상처를 받기도 한다. 수많은 사람을 대하면 그 사람만큼이나 다양한 장단점과 만나게 되는 것이다. 우리는 구체적 생활 과정에서 타인의 무례하거나 도리에 벗어난 행위에 의해 상처를 받고 이 상처는 타인에 대한 적대감이나 인간의 존엄성 자체에 대한 의심으로 발전한다. 정치·경제·사회·문화 현상은 물론 우리 삶을 지배하는 환경이지만 이 환경을 창출하는 것 또한 우리 자신이다. 우리 공동체 내에 인격파탄자가 감소되도록 하는 것이 얼마나 중요한지를 깨달아야 한다. 가증스런 성폭행범, 잔혹한 연쇄살인자 등 인격 파탄자가 저지른 행위의 책임을 사회에만 돌릴 수는 없다. 어떤 이상사회(理想社會)도 이런 자를 다 교화할 수는 없기 때문이다.

개인 인성의 차이가 얼마나 중요한가는 청소년기에 형성된 인성이 거의 죽기까지 계속되고 사회생활, 인간관계에 매우 중요한 영향을 미친다는 데서 알 수 있다. 만 20세 전후에 거의 틀을 갖추는 인성은 그 이후 특별한 체험이 없이는 거의 본질적 변화를 보이지 않는다. 그래서 20세 이전의 인성 교육은 결정적으로 중요하다. 한국 사회 문제의 해결을 바로 한국인의 정신적 역량으로 해결해야 한다면 우리 어린 학생의 인성교육이 얼마나 중요한지 알 수 있다.

17. 발전지체의 정신적 요인에 대하여

우리나라를 이만큼이라도 발전시켜온 동기는 굶주림에 대한 두려움이었다. 즉, 우리는 지금 여기까지 굶주림에 대한 공포를 연료로 하여 달려 왔다. 그 공포가 사라진 지금 더 이상의 발전이 어려워지고 소비, 향락에 탐닉한 면이 있다. 또, 남의 나라가 피땀 흘려 이룩한 문화를 창조적인 고민 없이 수입해서 쓰다가 전통문화의 장점마저 가치관의 혼란 속에서 하나 둘씩 잃어가는 것도 염려스럽다.

우리 공동체의 발전법칙은 『배가 강을 거슬러 올라가는 원리』로 쉽게 설명할 수 있다.

배가 강을 거슬러 앞으로 나아가게 하는 것은 노를 젓는 힘이다. 이는 자기 분야에서 가치를 창조하는 것에 비유될 수 있다. 강물이 아래로 흐르는 자연적인 힘에 더하여 배를 뒤로 젓는 잘못된 뱃사공이 있다면 배가 뒤로 물러날 것이다.

노를 앞으로 젓는 것은 사회 내에서 창조, 개척하는 힘이다. 강물이 위에서 아래로 흘러 내리는 것은 (자연)환경의 도전으로 생각할 수 있다. 만약 노를 앞으로 젓지 않는다면 강물의 흐름에 따라 배가 아래로 밀려 퇴보할 것이다. 이는 사회 구성원이 창조, 개척하지 않을 때 발생한다. 그런데 노를 거꾸로 젓는 비뚤어진 뱃사공이 있다면 강물흐름에 더하여 배를 하류로 삽시간에 밀리게 한다. 사회에서 노를 거꾸로 젓는 행위에 해당하는 것은 나태와 범죄이다. 또, 부패한 정치, 부동산 투기를 일삼는 것과 함께 사치, 향락에 영혼을 빼앗기는 개인의 가치관 문란도 여기에 포함된다. 노를 뒤로 젓는 것은 우리 공동체에 가장 유해한 것으로 공동체의 건전한 근로 기풍을 파괴한다. 정치 권력과 기업의 도덕성의 문제는 워낙 많이 논한 주제이다. 그 바람직하지 못한 행태가 바로 잡아져야 한다는 것은 국민들이 모두 찬성한다. 한편 우리의 배를 뒤로 몰아가는 개인 가치관의 혼란, 이것은 눈에 잘 보이지 않고 그 행위가 뚜렷이 구체화되지 않지만 사회 전체를 병들게 하는 암세포와 같다. 이는 공동체 구성원의 정신을 지배하는 것이기에 정치나 경제 현상보다 더 근본적인 문제이다. 올바른 가치관이 정립되지 않은 정치, 경제적 반대자가 거꾸로 입장이 바뀌어 정치 권력자나 경제적 결정자가 되었을 때는 과거의 독재자나 탐욕스런 기업가 못지 않게 올바르지 않은 행동 양식을 구사할 것이기 때문이다. 이는 정치, 경제의 구조와 제도가 해결하지 못한다.

이러한 정신상태의 황폐함에 대한 본질적인 고민 없이 우리 공동체의 목표를 제도개혁으로만 설정하는 것은 귀중한 노력을 헛되이 하는 것이다. 우리는 지금 발전과 퇴보의 갈림길에서 건전한 민족정신을 필요로 하고 있다. 이 점에 대해 고민하지 않는다면 우리 앞날은 캄캄하다. 우리 후손은 우리가 그랬듯이 또다시 우리를 원망하게 될 것이다.

18. 근로의 가치 경시에 대하여

최근 어려워진 취업난, 조기 퇴직 등의 고통 속에서도 우리는 근로 자체를 신성하게 보는 것을 잊어서는 안된다. 그리하여 근로가 자신의 인격을 실현한다는 시각을 가져야 한다. 그래야 근본적으로 개인과 사회가 더 기회를 갖게 된다. 근로의 가치가 그 대가인 재화 획득과 사회적 지위의 보장에만 있다고 본다면 매우 짧은 생각이다.

필자가 한 때 공사장 현장에서 막노동을 하면서 만나본 대부분의 사람들은 한결같이 자신의 노동 가치를 평가 절하했다. 다른 일을 할 능력이 없어 어쩔 수 없이 내몰렸다고 여기고 있었다. 객관적 사실은 그러할지 모른다. 그러나 그런 자학자괴(自虐自愧)는 자신과 공동체 모두에 좋지 않다. 물론 사회의 모든 이들에게 노동 자체의 가치, 신성함을 설득하기란 쉽지 않다. 그래도 우리가 바람직한 방향으로 나아가려면 이를 설명해 나가고 스스로가 실천해야 한다. 특히 어린 학생들을 이 지 침대로 가르쳐야만 한다. 이런 생각이 한 사람 두 사람에게 깃들기 시작하면 마침내 우리 공동체 전체의 이념으로 될 것이다. 만약 근로자가 노동 자체에서 보람을 느끼지 못하거나 사용자가 노동자를 수단으로만 취급한다면 노동은 고통으로만 느껴질 것이다. 그래서 노사협조는 더욱 어려워질 게다.

하나의 문제가 더 있다. 일단 우리 사회 상층부에 진입하게 되면 더 이상 높은 가치 창조를 하려고 노력하지 않는 경향이다. 이는 우리 공동체의 발전 지체라는 나쁜 결과를 낳는다. 창조적 능력을 일반 대중보다 빼어나게 지닌 이들마저 상층부 직업 취득 이후의 창조적 작업을 게을리하는 결과는 우리 사회에 참으로 치명적이다. 바로 이 점에서 근시안적 교육 목표(대학 합격, 국가시험 합격, 좋은 회사 입사 등)의 쓰라린 결과를 우리는 실망과 슬픔으로써 다시 한번 더 뼈저리게 경험한다.

19. 성선설(性善說)과 성악설(性惡說)의 무익(無益)함에 대하여

인간의 본래 성품이 선한가 악한가에 대해서는 견해가 나뉜다. 오랜 역사를 두고 치열하게 논의된 이 문제는 오늘날에 이르러서도 여전히 중요한 이슈이다. 그러나 인간의 본성이 선이냐 악이냐를 따지는 어려운 문제에 답을 하려고 노력하기보다 인간의 본질적인 성품은 생존 본능에 있음을 이해하는 것이 앞서야 한다고 본다.

보통 100년 안되는 인생을 부여받은 우리 인간은 생명 형성부터 사망에 이르는 사이에 끊임없이 본능적 욕구를 충족시키려 애쓴다. 그리하여 필자의 견해로는 선이나 악이란 것은 생존 욕구의 과정에서 특징적으로 돌출된 예외적 형태일 뿐이라는 것이다. 결국 선하기만 한 사람도, 악으로만 똘똘 뭉쳐진 사람도 매우 드물다. 사람은 원래 생존 본능에 따라 이리 저리 뛰어 다닌다는 것을 간파해내야 한다. 인간은 주린 배를 채우고 싶어서 낚시와 사냥을 하고 마음의 평정을 얻기 위해 종교에 귀의한다. 이를 성선설, 성악설로 설명하기는 참으로 어렵다.

공동체 안에서 생존욕구를 충족시켜야 하는 우리에게 있어 인간의 본성이 선한가, 악한가를 판단하기보다 공동체가 정해둔 바람직한 규칙(즉 법규범)을 지키는 사람과 그 규칙을 위반하는 사람을 판단해내는 것이 더 필요하다. 규칙을 어긴 자는 벌을 받아야 하지만 규칙 범위 내에서 욕구를 충족하는 사람은 칭찬받아야 한다. 예를 들어 남의 쌀 가마니를 훔치는 행위는 벌을 받아야 하지만, 열심히 노력한 대가로 쌀 한 가마니를 버는 것은 장려되어야 한다.

그리하여 '가지지 못한 자 = 선한 사람, 가진 자 = 악한 사람'이라 하는 것은 옳지 않다. 자기 욕구에 따라 잘 살고 싶어 열심히 일하여 재산을 가지게 된 것이 왜 악인가? 인간의 생존욕구에 따른 노력과 분투, 그리고 가지게 된 결과물의 사회적·정치적 평가에 대해 성선설, 성악설은 아무런 기여도 하지 못한다.

그리고 생각건대 이 점에서 계급혁명을 지향하는 운동은 그 출발부터 재산유무에 따른 무리한 선악의 전제를 하였다. 재화를 갖지 못한 것 자체가 선한 상태일 수 없고 이를 가진 자가 악한(惡漢)일 수가 없는데도 말이다. 여기에서 필자는 빈부의 차이를 정당화하려는 것이 아니다. 그리고, 부당한 방법으로 축재하고 노력에 비해 너무 많은 대가를 받아 가는 행위를 묵인하려는 것도 물론 아니다. 다만, '가지지 못한 것 = 선한 상태, 가진 것 = 악한 상태'라고 단순화한다면 이는 시기·질투심의 선동, 사회적 조작에 지나지 아니한다는 점을 명백히 하려 할 뿐이다. 성선설, 성악설에 의해 인간의 본성을 논하기보다 인간 존재의 모순, 다양한 본능을 긍정하려는 것이다. 노력하는 선(善)이 게으른 악(惡)을 이기도록 공동체를 잘 발전시키자고 제안하는 현실적인 선악론(善惡論)이 어떨까?

20. 선행(善行)에 대하여

비록 자연과학적 방법으로 증명할 수는 없지만, 구체적인 사람들과의 접촉에서 우리가 체험할 수 있는 것은 생존욕구가 가장 앞선다는 것이다. 무릇 모든 사람은 도대체 살아남는 일보다 더 중대한 과제가 없는 것이다. 이 점에 많은 이들이 동의해 주리라. 이 생존욕구가 노동을 통하여 발현되고 그에 대한 적정한 보상이 주어지는 구조가 가장 이성적인 사회요, 밝은 앞날을 기약하는 체제이리라.

선행은 바로 이와 같은 사회적 의식구조 위에 서 있어야 한다. 그래야 빛을 발한다. 돈이나 시간이 쓸 데 없이 남아 돌아서 기부를 하거나 봉사활동을 하는 것이 아니다. 그래서 그 선행은 더욱 소중하다.

생존욕구의 충족과 사회의 발전 과정에서 고도로 발달된 인간의 실천이 선행(善行)으로 이어진 것이기에 더 훌륭하다. 이러한 선행은 인간의 본능을 긍정하며 본능을 충족하는 가장 정상적인 방법인 노동의 가치를 숭상하는 바탕 위에 서 있다. 그러면서도 정상적인 노동의 능력이 부족하거나 기회가 주어지지 않는 이들을 소외시키지 않으려는 아름다운 마음씨이다. 우리 사회의 보물이다. 더 많은 선행을 하게 하려면 노동의 수고로움, 성공의 가치를 인정함에 인색해서는 안된다. 그래야 더 땀을 흘리고 더 성공한 사람들이 이웃에게 자발적인 사랑 즉 선행(善行)을 더 하게 된다.

---

1) 장문석, 민족주의 길들이기, 지식의 풍경, 2008, 25면 참조.
2) 최장집, 한국 민주주의의 조건과 전망, 나남출판, 1996, 185면.
3) 김상봉, '핏줄의 민족' 넘어서 '주체적인 우리' 고민할 때, 한겨레, 2007.2.21. 참고.
4) 우남숙, "사회진화론과 한국 민족주의"-박은식을 중심으로, 동양정치사상사 제7권 1호, 2008, 156면.
5) 차기벽, 민족주의 원론, 한길사, 1990, 311면; 그와 대조한다면 조선시대의 실학자들은 비록 '민족'의 기치를 내세우지는 못하였고 '민족'개념을 잘 알지 못하였으나 부국강병, 이용후생을 위해 실질적으로 노력하였다는 점에서 오히려 진정한 민족주의자였다.
6) 차기벽, 위의 책, 315면.
7) 김구, 백범일지, 역민사, 1997, 367면 참조.
8) 차기벽, 앞의 책, 316면.
9) 백남운, 조선민족주의의 진로·재론, 범우, 1947, 140면.
10) 차기벽, 앞의 책, 317면.
11) 바람직하기로는 아시아의 한국, 중국, 일본이 지리적 연대감으로써 서구 열강에 공동대처하는 것이다. 바라건대, 장차는 영토분쟁, 경제적 이해관계의 차이를 넘어 공동대처 단계로 발전하여 인접 국가로서의 협력관계를 구축하는 것이 상호간 출혈경쟁을 넘어서는 것이 된다. 그러나, 한국과 중국, 일본이 서로 '너 죽고 나 살자' 하는 식으로 투쟁하는 시기에는 3국이 협조관계를 구축하는 것이 불가능하다(김구, 백범일지, 역민사, 1997, 323면 참조). 그리고, 특히 영토, 영해, 어로 분쟁이 가시지 않는 현재로서는 우리 한민족의 독자적 활로를 모색하는 것이 시급하다.
12) 장문석, 민족주의, 책세상, 2011, 132면.
13) 고구려, 신라, 백제의 동질성을 망각한 순간이 바로 민족의 에너지를 균열시킨 순간이었

다. 우리가 민족의 동질성을 무시하거나 민족 절반을 선택한다고 했을 때 정체성의 손상, 에너지의 손실이 뒤따랐다. 역사에는 가정이 없다지만 고구려가 삼국을 통일했다면 지금 어찌되었을까? 아쉽게도 고구려는 그 광대한 영토와 역량에도 불구하고 연개소문이라는 지도자의 판단과오로 그 힘을 집중하지 못하였다. 지도자 자신의 영웅적 능력에도 불구하고 일신의 영달과 독재추구에 머무른 나머지 민족 통일의 과제를 이루지 못하여 후세대를 좁다란 반도 틈바구니에 갇히게 하고 말았다. 물론 고대의 삼국 시대에 지금의 정치적 의미처럼 민족의식이 뚜렷하지 않은 탓도 있을 것이다. 그러나, 중국의 한민족과 구별되는 동이족으로서의 동질성, 언어의 유사성, 한반도를 기반으로 한 지역적 정주의 공통성에 대한 인식은 그 당시에도 충분히 있었다고 보여지기에 삼국의 영토를 모두 아우르는 통합을 이루어내지 못한 것이 못내 안타깝다.

14) 황병덕, "통일한국의 정치이념과 이론적 착상", 통일문제연구 제7권 1호, 평화문제연구소, 1995, 133면.
15) 이에 대한 설명은 정경환, 민족주의 연구, 도서출판 이경, 2009, 279면 참조.
16) 임영상, "동방 정교회의 특성과 교회의 분열", 역사문화 연구, 한국외대 역사문화 연구소, 1999, 256면.
17) 조선민주주의 인민공화국(하)(서울: 중앙일보사), 1992, 291-292면.
18) 박헌영, 현 정세와 우리의 임무(1945.8.20), 박헌영 전집(2)(서울: 역사비평사), 2004, 55-56면.
19) F. Meinike, "Ranke and Burckhardt" in Hans Kahn, German History(Boston: Beacon Press), 1954, p. 148(신복룡, "망국을 바라보는 좌파들의 시선", 동양정치 사상사 제8권 제2호, 2009.9, 182면에서 재인용).
20) 우정, 분단시대의 민족주의, 다나출판, 1996, 13-14면.
21) 그리하여 북한에서는 민족이란 '언어, 지역, 경제생활 및 문화의 공통성을 기초로 하여 생긴 역사적으로 형성된 사람들의 공고한 공동체'라는 스탈린의 개념정의를 받아들이고 있다(북한 사회과학원 철학연구소, 철학사전, 사회과학출판사, 1970, 256면).
22) 사회주의 체제가 볼셰비키 러시아와 중국에 들어선 이후 좌파는 공산주의, 사회주의 내지 사회민주주의를 의미하는 것으로 통념상 쓰인다. 그리하여 현재 통례적으로 사용되는 이러한 좌파 개념을 사용한다. 우파는 자유주의, 자유민주주의를 지칭하는 것으로 한다. 이에 대해서는 정치학적으로 논란이 있을 것이지만, 쉽게 대중에게 설명하기 위해 통념에 따른다.
23) 이정식·김학준, "혁명가들의 항일회상:장건상편(서울, 민음사), 1988, 177면.
24) 강한순, 그레슨박사 선교수기, (서울:청해 출판사), 1970, 69-73면.
25) 조선총독부 경무국, 조선공산당 사건의 검거전말(大正 15년(1926년) 8월), 38면.
26) 김정명, 명치백년사 총서, 조선독립운동(V): 공산주의운동 편)(동경: 原書房, 1967), 335면.
27) 민주주의 민족전선, 조선해방연보(서울: 문우인쇄관), 1946, 3면.
28) 신복룡, "망국을 바라보는 좌파들의 시선", 동양정치 사상사 제8권 제2호, 2009.9, 166면.
29) 여운형에 관한 경기도 경찰부 피의자신문조서(제6회, 1929.7.27), 몽양 여운형 전집(1), 446면.
30) 여운형에 관한 경성지방법원의 피고인신문조서(제2회, 1930.2.20), 몽양 여운형 전집(1), 563-564면.
31) 여운형에 관한 경성지방법원 검사국의 피의자신문조서(제6회, 1929.8.6), 몽양 여운형 전집(1), 544면.
32) 전석담, 민중조선사(서울: 범우문고), 1989, 17면.
33) 전석담, 위의 책, 124-125면; 박헌영, "3.1운동의 의의와 그 교훈", 동학농민난과 그 교훈(서울: 해방사), 1947, 41-42면.

34) Robert A. Scalapino & Chong-sik Lee, Communism in Korea: The Movement(Berkeley: University of California Press), 1972, p. 261.
35) 이만규, 여운형 선생 투쟁사(서울: 민주문화사), 1947, 82면.
36) 신복룡, 앞의 책, 170면.
37) 신복룡, 앞의 책, 171-172면.
38) 신복룡, 앞의 책, 172면.
39) 어느 시대에서나 민중노선, 계급투쟁론이 발생하는 것은 자본가-노동자의 갈등, 시장경제의 한계 노정 등으로 인한 것이다. 일제시대나 해방직후에 그러하였고 2013년 지금도 같다.
40) 그 해결의 방안을 찾기 어렵기 때문이기도 하지만, 그보다는 가치중립을 지켜야 한다는 점 때문인 듯하다(김동일, "한국사회의 아노미와 소외의식", 현상과 인식 통권 제22호, 1982.9, 104면).
41) 신옥희, "현대인과 소외", 새 가정 6월호, 1981.6, 30면.
42) 김동일, 앞의 글, 81면.
43) S. N. Eisenstadt, Modernization: Protest and Change(Englewood Cliff, N. J.; Prentice Hall, 1966)(김동일, 앞의 글, 83면에서 재인용).
44) Samuel Enoch Stumpf, Philosophy: History and Problems the Fifth Edition (New York: McGraw-Hill, 1994), p. 22(김선욱, "정치공동체 형성원리로서의 사랑에 대한 연구", 정치사상연구 제10집, 2004.5, 195면에서 재인용).
45) 김선욱, 위의 글, 195면.
46) 김태규, "아우구스티누스의 사회본질", 사회철학 대계 Ⅰ, 민음사, 1993, 106-117면.
47) 김선욱, 앞의 글, 196면.
48) H. S. Harris, "Hegel's Intellectual Development to 1807" in The Cambridge to Hegel ed. by Frederick C. Beiser(Cambridge University Press, 1993), p. 28(김선욱, 위의 글, 206면에서 재인용).
49) J. Habermas, The Philosophical Disclosure of Modemity trans. by Frederick Lawrence(Cambridge: Policy Press, 1987), p. 30.
50) 이를 환티즘이라고 부르기도 있다(이유섭, "사랑과 고통의 정신분석 소고", 라깡과 현대정신분석 제11권 1호, 2009.8, 17면).
51) 박인철, "포용과 책임: '사랑의 공동체'에 대한 현상학적 고찰", 철학과 현상학 연구 제18호, 2002, 73면.
52) 박인철, 위의 글, 73면.
53) 박인철, 위의 글, 76면.
54) 전병준, "김수영 시에 나타난 사랑의 의미 연구", 국제어문 제43집, 2008.8, 270면.
55) 박인철, 위의 글, 87-88면.
56) 이재하, "어거스틴의 삼위일체론에 나타난 사랑의 개념", 대학과 선교 제15집, 2008, 184면.
57) 유가효, "성인기 사랑의 개념적, 발달론적 이해에 대한 연구", 젠더와 문화 제3권 제2호, 2010.12, 194면.
58) 이재하, 앞의 글, 187면.
59) 전병준, "김수영 시에 나타난 사랑의 의미 연구", 국제어문 제43집, 2008.8, 256면.
60) 김동일, 앞의 글, 107-108면.
61) 유가효, 앞의 글, 210면.
62) 채연주·윤세준, "전문가들의 사회적 정체성과 친사회적 행동", 인사조직연구 제20권 2호, 2012, 223면.

63) 이상기·강민영, "웹 2.0 시대 언론 전문직 요건에 대한 재고찰", 언론과학연구 제12권 2호, 2012, 420면.
64) 이상기·강민영, 위의 글, 422면.
65) 조관성, "후설철학에서의 개체와 공동체 그리고 윤리적 사회성", 철학과 현상학 연구 제12집, 1999.2, 449면.
66) 조관성, 위의 글, 452면.
67) 조관성, 위의 글, 427-428면.
68) 우남숙, "사회진화론과 한국 민족주의-박은식을 중심으로", 동양정치사상사 제7권 1호, 2008. 161면.
69) 전병준, "김수영 시에 나타난 사랑의 의미 연구", 국제어문 제43집, 2008.8, 263면.
70) 박인철, "포용과 책임: '사랑의 공동체'에 대한 현상학적 고찰", 철학과 현상학 연구 제18호, 2002, 85면.
71) 박인철, 위의 글, 86면.
72) Leonardo Boff, trans. Paul Bums, Trinity and Society(Maryknoll: Orbis Books, 1988) (이재하, "어거스틴의 삼위일체론에 나타난 사랑의 개념", 대학과 선교 제15집, 2008, 179면.에서 재인용).
73) 민족주의란 민족이 주체가 되고 민족을 단위로 하는 국가(즉 민족국가)를 형성·유지하려는 운동, 이상, 가치의 체계이다. 민족주의는 이처럼 민족국가의 열망, 이상, 가치를 지향한다. 민족(또는 국민)은 스스로를 다스리는 주인이라는 생각에 기초를 두되, 주권재민의 이론·피치자의 동의에 의한 정부의 이론 등으로 보완된다. 민족주의의 다른 측면은 대외적인 면이다. 즉, 다른 민족과의 관계에서 민족자결주의·자주독립이라는 형태로 표현되는 것이다. 즉 민족의 자주독립의 요구이다. 이같은 민족주의 구호는 어느 측면의 것이든 그 발생초기에는 기존질서를 부인하는 혁명구호로 나타난다. 프랑스혁명 당시에는 절대군주질서에 대한 것이었다. 20세기 피식민지 민족은 제국주의 식민질서에 대한 혁명구호를 외쳤다. 민족주의 구호는 정치분야에 있어서의 참여, 자기결정에만 머물지 아니하고 경제와 문화분야에 있어서의 참여, 자기결정에까지 이르고 있다. 이 내용은 민족주의를 이끌고 나가는 주체세력의 성격에 의하여서도 결정된다. 프랑스 혁명 당시의 주체세력인 시민계급의 매개에 따라 프랑스의 민족주의는 루소를 대변자로 하여 민주주의를 그 내용으로 하는 자유주의적인 민족주의의 형태로 표현되었다. 제3계급의 성장이 느렸던 독일의 민족주의는 Herder, Fichte 등을 대변자로 하여 문학, 예술, 역사탐구 등을 통한 문화적 민족주의로서 전개되었다. 제3계급이 독일이나 이탈리아 그리고 여러 슬라브 민족에 있어서처럼 아직 약하거나 단지 발아단계에 불과하였던 곳에서는 민족주의는 지배적으로 문화적 영역을 통하여 표현되었던 것이다. 이들 민족간에는 처음부터 민족주의적 관심의 중심적 대상이 되었던 것은 민족국가가 아니고 민족정신(Volksgeist) 및 문학과 민속 그리고 모국어와 역사를 통한 표현이었던 것이다. 민족주의의 극히 다양한 표현형태에도 불구하고 위에서 본 바와 같이 민족주의의 최고의 프로그램은 민족국가의 형성 그리고 그 유지임에 틀림없다. 이같은 내용의 민족주의는 조금도 수그러질 기미가 없이 오늘의 세계를 지배하는 가치로 통용되고 있다. 오늘날의 국제질서는 이같은 민족주의 가치체계 위에 서 있다. 즉, 국제법상의 주권평등의 원칙은 그 한 표현형태이다. 권력정치와 세력균형의 논리도 따지고 보면 민족주의의 적나라한 적용의 결과이다(최대권, 헌법학-법사회학적 접근, 박영사. 1989, 121-125면).
74) 이희창·강정희, "나라사랑 정신과 사회자본의 관계: 한·중·일 3국 비교분석", 한국보훈논총 제10권 제3호, 2011, 13면.

75) 김의수, "찰스 테일러에서 공동체와 민족주의", 범한철학회 논문집(범한철학) 제44집, 2007 봄호, 221면.
76) 김방출·권순용, "스포츠 민족주의 재인식: 전지구화, 스포츠, 기업 민족주의", 체육과학연구 제18권 제1호, 2007, 82면.
77) 유럽의 경우 민족주의는 프랑스의 영광으로 무장된 나폴레옹의 프랑스 군대 말발굽 아래 다른 민족들이 눈을 뜨게 되는 것이 계기가 되었다. 그리하여 민족국가가 출현하였다. 그런데 오늘날에 이르러서는 민족국가를 뛰어넘어 유럽 전체의 통합현상이 진행되고 있기도 하다. 그러나 범세계적으로 눈을 돌릴 때 민족국가의 퇴장이 아니라 민족주의·민족국가의 재발견과 확산이 적어도 상당 기간 동안 우리를 지배할 것 또한 분명하다(최대권, 헌법학강의, 박영사, 2001, 137면 참조).
78) 김방출·권순용, 위의 글, 82면 참조.
79) Hargreaves, J., Globalization theory, global sport, and nations and nationalism, In J. Sugden and A. Tomlinson(Eds.), Power games: A critical sociology of sports(pp. 25-43). London: Routedge, 2002, p. 42.
80) 양승태, "똘레랑스, 차이성과 정체성, 민족정체성, 그리고 21세기 한국의 민족주의", 정치사상연구 제13집 1호, 2007 봄호, 66면.
81) 한말 수구(守舊)세력은 그와 같이 봉건적 잔재를 수호하고자 했기에 대표적 지탄의 대상이 되었다. 오늘날 우파를 흔히 '보수(保守)'라고 지칭함으로써 한말 수구세력을 떠올리게 한다. 원래 보수주의(comservatism)는 사회의 건전한 전통과 장점을 지키려는 바람직한 사상이지만, 과거 수구세력의 행적과 그 이름의 유사성 때문에 이미지가 나쁘다. 이로써 젊은이들이 보수우파에 대한 혐오감정을 갖게 한다. 대단히 잘못된 것이다.
82) 김운태 외, 한국정치론, 박영사, 1999, 5면.
83) 우승열패란 加藤弘之가 그의 저술 '國體新論'(1882)에서 스펜서에 의해 처음으로 사용된 適者生存(suvival of the fittest)을 '우승열패 적자생존'으로 번역한 것에서 유래한 것이다. 그는 인류진화의 야만세계에서는 體力强弱의 優劣이 되지만, 世道의 開明이 진행되면 精神力의 優劣의 차가 생기게 된다고 한다. 이 정신력의 경쟁도 처음에는 사악한 경쟁이지만, 개화가 진행되면 良正한 것의 경쟁으로 전환된다고 한다. 鄭雲復의 '독습 일어정칙'(1907)에 '우승열패'라는 용례도 나타난다. ",,,,現今ノ世ノ中ハ優勝劣敗デス...今世上은 優勝劣敗올시다(제5장 人倫及人事, 48) 이 때의 '우승열패' 역시 생존경쟁과 마찬가지로 'survival of the fittest'에 대한 또 하나의 번역어로서 일본어에서 유래한 말이다(우남숙, "사회진화론과 한국 민족주의"-박은식을 중심으로, 동양정치사상사 제7권 1호, 2008, 146면에서 재인용).
84) 그는 '日 現今은 生存競爭의 시대이며 생존경쟁은 '인종', '민족', '국가' 단위의 상호작용이며, 그 원리는 '생존경쟁은 天演이요 優勝劣敗난 公例'라 한 바와 같이 우승열패는 불가피한 원리로서 국제사회는 우월한 優者, 强者의 인종, 민족, 국가는 劣者와 弱者인 인종, 민족, 국가를 우승열패, 적자생존의 세력에 의해 제패해가고 있다고 하였다(위의 全書 下, 86면).
85) 김운태 외, 앞의 책, 7면.
86) 김운태 외, 앞의 책, 8면.
87) 최대권, 헌법학강의, 박영사, 2001, 137면.
88) 최준영·김순흥, 위의 글, 90면.
89) 김차규, "비잔틴 시대에 나타난 유럽의 동서 지역주의", EU 연구 제11호, 한국외국어대 EU연구소, 2002, 75면.

90) 최준영·김순흥, 위의 글, 70면.
91) 최진영, "집단 경쟁구조와 지역주의 투표", 한국정치외교사 논총 제23집 제1호, 2001.8, 154면.
92) 안철현, "17대 총선에서의 지역주의와 정당정책", 지역사회, 2004 여름호(통권 제47호), 77면.
93) 이주영, "지역주의를 초월했던 건국대통령 이승만", 공공정책연구 제16권 2호, 2009, 115면.
94) 이주영, 위의 글, 113-114면.
95) 최영진, "한국 지역주의와 민주주의의 위기: 대표성, 통치능력, 안정성을 중심으로", 국가 전략 제8권2호, 2002, 18면.
96) 최영진, 위의 글, 18면.
97) 최영진, 앞의 글, 26면.
98) 이필원, "인도의 종교별 분포현황과 종교분쟁 고찰", 아시아연구 2호, 2008.8, 22면.
99) 현승수, "러시아연방 북카프카스 지역의 분쟁확대: '장기적 사회분쟁'의 관점에서", 슬라 브연구 제27권 제3호, 한국외국어대 러시아연구소, 2011, 41면.
100) 이서행, "동아시아의 종교문화와 평화공동체 전망", 윤리연구 제83호, 한국윤리학회, 2011, 8면.
101) 최종석, "불교와 그리스도교의 평화와 실천", 한국불교학 제60집, 2011. 8, 138면.
102) 이정복 외, 21세기 민족통일에 대한 사회과학적 접근, 서울대출판부, 2000 참조.
103) 양승태, "똘레랑스, 차이성과 정체성, 민족정체성, 그리고 21세기 한국의 민족주의", 정 치사상연구 제13집 1호, 2007 봄호, 69면.
104) 양승태, 위의 글, 73면: 공산주의자들이 경제적 이해관계의 대립에 기초한 계급적 대립 을 인간해방이라는 역사발전의 이름으로 조장한다. 이는 계급 갈등을 내세워 민족주의 또는 민족의식을 깎아내리는 것이다.
105) 양승태, 앞의 글, 73면.
106) 김방출·권순용, "스포츠 민족주의 재인식: 전지구화, 스포츠, 기업 민족주의", 체육과학 연구 제18권 제1호, 2007, 84면.
107) 이서행, "이념논쟁을 통한 민족주의 분열과 통일지향" 북한 학보 25호, 2000, 북한학회, 144면.
108) 홍관희, "반미, 반전 평화정서와 맞물려 있는 북한의 "민족" 선전공세를 강화해야", 북 한, 2007.3월, 60면.
109) 한주희, "모택동의 민족주의와 대외정책", 통일전략 제6권 1호, 2006, 294면.
110) 위의 글, 304면.
111) 위의 글, 304면.
112) 김종욱, "베트남 식민지 근대사 연구동향", 한국베트남학회 제8권, 2007.6, 37-38면.
113) 그리하여 베트남에 대한 일본지배시기만 하더라도 지나친 전쟁물자 조달과 1944년 2백 만 아사사건 등으로 노동자, 농민, 부르조아, 지주 등이 모두 저항적 민족주의에 동조하 는 공동체 심리가 이미 형성된 상태였다.
114) 정재욱, "북베트남의 대미전쟁수행 전략연구", 평화연구 제13권 1호, 2005, 159면.
115) Gareth Porter, Vietnam, The Definitive Documentation of Human Decisions, Vol. 2, p. 154.(정재욱, 위의 글, 165면에서 간접인용).
116) 김종욱, 위의 글, 41면.
117) 문남권, "안데스 좌파정권의 자원민족주의 비교 연구", 국제지역연구 11권4호, 한국외국 어대학교 국제지역연구센터, 2007, 116면.

118) 문남권, 위의 글, 99면.
119) 북한에서 공산정권이 탄생한 것은 소련군정의 지도 아래 각종 정치세력과의 연대를 순수형 연립단계-> 사이비 연립단계-> 단일주적 정권단계로 발전시킨 결과물이다(김학준, 한국문제와 국제정치, 박영사, 1999, 178-185면). 북한에서는 정권 수립당시부터 민족주의 세력이 철저히 배제된 것이다. 이는 대한민국 건국시에 민족주의 세력이 광범하게 참여한 것과 대조를 이룬다.
120) 스칼라피노. 이정식, 코리아에 있어서의 공산주의, 제1권(운동편), 버클리 대학교 출판부, 1973. 380면.
121) 김학준, 앞의 책, 185면.
122) 이서행, 앞의 글, 152면.
123) 이서행, 앞의 글, 143면; 따라서 북한에서는 민족 개념에서 스탈린식을 본받아 "민족이란 언어, 지역, 경제생활 및 문화의 공통점을 기초로 하여 생긴 역사적으로 형성된 사람들의 공고한 공동체"라고 복사하듯 정의하고 있다(북한 사회과학원 철학연구소, 철학 사전, 사회과학출판사, 1970, 256면).
124) 우정, 분단 시대의 민족주의, 다나 출판, 1996, 13_14면.
125) 우정, 위의 글, 428면.
126) 엄호석, "조선문학과 애국주의 사상", 문학의 전진, 1950.8(현대문학 비평자료집 1), 477면.
127) 한 효, 민족문학에 대하여, 문화전선사, 1949(현대문학 비평자료집 1), 428면.
128) 이서행, "이념논쟁을 통한 민족주의 분열과 통일지향" 북한 학보 25호, 2000, 북한학회, 157면.
129) 북한의 1985년 철학사전에는 "민족주의는 근로대중의 계급적 이익을 떠난 '전민족적 이익'을 내세움으로써 로동계급을 비롯한 광범한 근로대중이 진정한 계급적 리익과 민족적 리익을 자각할 수 없게 한다.... 민족주의는 결국 계급적 모순을 은폐하고 로동계급이 자기의 근본리익을 위하여 투쟁할 수 없게 한다"고 하고 있다(서재진, "주체사상과 민족주의의 관계", 통일이념으로서의 민족주의, (민족통일연구원, 1993.4), 60면). 이는 민족주의에 대한 모순적 인식을 여지없이 드러내는 것이다.
130) 이서행, 앞의 글, 158면.
131) 민중 개념을 중심으로 전개한 민족주의는 좌경(좌파) 민족주의다. 민중이라는 개념을 써서 전개하는 것은 주로 민중이 주인이 되지 않으면 민주주의가 아니라고 하고, 민중이 주도하는 민족주의만이 진정한 민족주의라고도 한다. 이는 절대로 올바른 주장이 아니다(최대권, 헌법학-법사회학적 접근, 박영사. 1989, 129면 참조).
132) 최대권, 헌법학강의, 박영사, 2001, 138면.
133) 역사적으로 민족주의와 자유민주주의는 그 담당자를 공통으로 하여 결합되었다. 영국, 미국 및 프랑스에서는 그 시민계급을 공통의 담당자로 하여 역사적으로 민족주의는 또한 자유민주주의적 민족주의로서 전개되어 왔다. 우리 사회에도 그 세력은 미약하고 그 수 또한 열세이나 자유민주주의적인 가치로 무장한 중산층이 존재한다. 그리고 그 한도에서 자유민주주의는 이미 우리 사회의 한 부분이 되었다. 무엇보다도 우리 헌법(이 성문헌법의 선언 자체가 우리 민족주의의 한 표현이다)은 민족주의가 동시에 자유민주주의(그리고 사회복지주의)일 것을 요구하고 있다. 베트남의 적화는 우리에게 여러 가지의 교훈을 준다. 대내외적인 전복기도로부터 목숨을 걸고 지켜나갈 의지가 되어있는 자유민주적인 민족운명공동체가 형성되어 있느냐, 우리가 이같은 운명공동체로서 뭉쳐 살고 있는가 하는 질문을 던진다. 공산화 이전의 베트남은 바로 이러한 운명공동체로서 실패

하였었다. 사이공 함락의 근본 원인이 되었다. 공산주의자와 베트콩 동조자를 제외하더라도 문제가 많았다. 위기에 직면한 엄중한 국면에서도 대다수 국민 사이에 팽배한 냉소주의와 무관심, 그리고 좀 더 심각하게는 고관(高官)과 돈 있는 사람들의 해외도피가 사이공 함락을 불러왔다. 또, 베트남 지식인 사이에서는 민족통일만 되면 되었지 공산주의에 의한 통일이라고 해서 나쁘다고 할 이유가 없다는 얕으막한 생각이 자리하고 있었다. 개인의 인간으로서의 존엄과 가치라는 자유민주주의적인 이상(理想)이 민족의 생존과 번영의 가치와 함께 지켜야 할 중요한 것임에도 베트남의 지식인들은 그렇게 생각하지 않았다. 오로지 민족주의에만 시각을 고정시켜 결국 좌파 민족주의에 흡수되고 말았다(최대권, 헌법학-법사회학적 접근, 박영사. 1989, 139-140면 참조).

134) 경기문화재단, 경기도 현대사, 2013, 13면.
135) 다문화가정은 인종, 언어, 종교, 문화, 기후, 관습 등을 달리하는 사람이 대한민국 국적을 가진 사람과 결혼하여 생긴 가정이다. 우리나라에서는 1950년 이후 주한미국과 결혼한 한국인 여성으로 인하여 다문화가정이 생긴 것이 시발점이다. 그러나 1990년대 이후에는 한국사회의 성비 불균형, 노동력 부족 등 새로운 요인으로 다문화가정이 생겼다. 그 외에도 유학, 취업, 해외파견으로 인한 중상류 여성의 국제결혼으로 생긴 다문화가정도 있다. 다문화가정을 더 넓게 보아 북한을 탈출하여 대한민국에 정착한 새터민 가정까지 포함하는 견해도 있지만(김경우, "한국 다문화가정 실태와 정책과제에 관한 연구", 21세기 사회복지연구 제9권2호, 2012, 37면), 논의의 편의상 이러한 예는 제외하고 설명한다.
136) 김경우, 위의 글, 32면.
137) 강기정·정천식, "다문화가정 부부의 가정생활 적응 요인에 대한 연구", 한국가정자원경영학회지 제13권 2호, 2009.5, 159면.
138) 강기정·정천식, 위의 글, 159면.
139) 차성란, "다문화가정의 가정생활문화 통합의 지향성", 한국가족자언경영학회지 제13권3호, 2009.8, 94면.
140) 다문화 가정이 해체되는 구체적 원인으로는 한국인 배우자나 가족의 폭행, 폭언, 불성실한 가부장의 권위주의, 경제적 문제, 나이의 격차, 언어소통문제, 외국인 배우자의 친정과의 관계설정, 새로운 환경과 사람에 대한 불신, 국제결혼중개회사의 불성실한 행위, 공공기관의 관심부족 등이다. 이러한 점은 다문화가정이 발생하기 전에 사전에 충분히 예측할 수 있었다. 우리 사회가 정교한 대비책을 소홀히 했다. 또, 다문화가정의 자녀들이 어머니나 아버지로부터 이해받지 못한다는 느낌이 든다면 사회불안심리가 강해진다. 이러한 점은 언어소통문제로부터도 많이 발생하는만큼 한국어 소통교육도 절실하다(황미경·허균, "동북아 지역의 다문화가정에서 부모의 애착관계가 아동의 사회불안심리에 미치는 영향-중국, 일본, 러시아 다문화 가정을 중심으로-", 동북아문화연구 제23집, 2010, 285면).
141) 김경우, 앞의 글, 38면.
142) 같은 취지: 양승태, "똘레랑스, 차이성과 정체성, 민족정체성, 그리고 21세기 한국의 민족주의", 정치사상연구 제13집 1호, 2007 봄호, 75면.
143) 헌법지지적인 중산층의 세력이 아직 미약하고 사회적 다원주의가 확립되어 있지 아니한 사회에서는 민족주의는 헌법파괴적인 극우민족주의나 헌법파괴적인 극좌민족주의로 발전될(양극화할) 가능성이 크다. 남미 아옌데(Allende)의 좌경민족주의와 이를 쓰러뜨린 군사정부에 의한 우경민족주의를 경험한 칠레는 그러한 실례다. 사실 나치(Nazi)가 등장하던 당시의 독일에서는 극좌 사회주의·공산당의 활동도 극성스러워서 독일사회는 양극화의 길을 걷고 있었다(최대권, 헌법학-법사회학적 접근, 박영사. 1989, 137-138면).

144) 이정배, "저항적 민족주의에서 문화적 민족주의로", 한국조직신학논총 제18집, 2006, 36면.
145) 양승태, 앞의 글, 73면.
146) 같은 취지: 이정배, "대안적 세계화를 위한 동아시아 종교문화의 역할과 제언", 신학논단 제43집, 연세대출판부, 2006, 459-478면. 김영명, "세계화와 민족주의", 우리 정치학 어떻게 하나, 오름, 2004, 26면.
147) 김영명, 위의 글, 122면은 "열린 민족주의라고 하면 민족주의가 본질상 어느 정도 배타적일 수 밖에 없다는 점에서 형용모순으로 보일 수 있다. 그러나, 우선 민족주의의 배타성도 정도 문제이며 민족내부의 결속이 반드시 다른 민족과의 대립을 가져온다는 법도 없다. 따라서 열린 민족주의의 핵심은 민족의식의 약화라기보다는 '상대방에 대한 동등한 권리 인정'이다. 민족의 정체성과 주체성을 유지하면서 동시에 다양성과의 조화를 모색하는 것, 이것이야말로 열린 민족주의의 핵심이며, 이런 열린 민족주의가 다양한 민족 사이의 공존을 도모하는 다원적 세계화와 자연스럽게 결합하는 것이다."라고 설명한다.
148) 주봉호, "통일한국의 정치이념 구상", 한국동북아논총 제44집, 2007, 213면.
149) 이정배, "저항적 민족주의에서 문화적 민족주의로", 한국조직신학논총 제18집, 2006, 37면 참조.
150) 양승태, 앞의 글, 68면.
151) 같은 취지: 양영자, "분단·다문화시대 교육이념으로서의 민족주의와 다문화주의의 양립가능성 모색", 교육과정연구 제25권 3호, 2007, 27면.
152) 자유주의는 보수주의와 구별된다. 보수주의는 기존 체제를 유지하려는 것이다. 그리하여 시대에 따라 그 추구하는 바가 다르다. 19세기 유럽의 보수주의자는 산업혁명과 시장경제를 반대했다. 사회주의가 나타난 이후 자유주의와 보수주의가 비슷하게 보이기는 하지만, 보수주의는 작은 정부가 아니라 큰 정부를 선호한다.
153) 안재욱, 응답하라! 자유주의, FKI미디어, 2013, 204면.
154) 김수환추기경, "예수께서는 가난한 하느님을 드러내신다", 함께 하는 삶(마닐라 국제선교대회), 가톨릭신앙연구소, 2001, 461-468면: 예수님은 가난한 이들 가운데 사셨습니다. 그 분은 가난한 이들의 삶의 상황을 함께 나누셨습니다. 그 분은 가난했습니다. 즉 그 분은 가난하게 태어났고 가난하게 죽으셨습니다. 예수님이 이처럼 사셨기 때문에 그 분은 하느님께서 가난한 이들의 하느님이시라는 구약성서의 계시를 새롭게 하셨고 경이롭게 성취하셨습니다.
155) 중세 수도사 요안네스의 편지: "환대와 구제명령을 힘써 행하되 감당할 힘에 맞춰 하십시오. 그대가 손 안에 더 많은 것을 지니고 있을지라도, 습관에 빠져 궁핍해져 도움을 요구하지 않도록 균형을 유지하십시오. 방문자가 무엇 때문에 오는지를 자세히 살피십시오. 그대에게 부담을 주러 이 곳에 오는 자들도 있으므로 그들이 마음대로 하지 못하게 하십시오. .... 방탕한 삶 때문이 아니라 하나님 때문에 참되게 가난한지 궁핍한지 진실을 살피고, 그를 긍휼히 여기십시오.(서원모, "6세기 가자 수도원의 가난 담론", 한국기독교신학논총 82호, 2012, 214면에서 재인용).
156) 마음의 가난, 영적인 가난의 근본은 믿음에 있는 것이지, 이는 결코 물질적 가난 자체와 동일시될 수는 없다(유정원, "김수환 추기경이 바라본 가난과 경제정의", 종교문화연구 18호, 한신대 종교와 문화연구소, 2012, 176면).
157) 유혜영, "미래를 고사시키는 아동빈곤", 열린 전북, 2010, 29면.
158) 양철호, "어르신 빈곤과 일자리 개선방안", 한국노년학연구 제21호, 2012, 7면.
159) 우리나라 노인의 자살율은 2009년 10만명당 81.8명이다. 일본의 17.9명, 미국의 14.1명, 그리스 3.4명보다 훨씬 많다(양철호, 위의 글, 7면).

160) 김영제·이규재, "탄자니아 경제개혁과 빈곤퇴치전략", 지역발전연구 제20권 1호, 연세대학교 지역발전연구소, 2011, 10면.
161) 종교의 영역에서 사제가 경제(돈)에 대해 때로 비난하는 것은 그 자체가 악이라는 점보다는 그로 인해 타락하는 현상이 종종 있기 때문일 것이다. 돈을 우상화하거나 영적 세계에 대해 무관심해질까 봐 경고한 것으로 보인다. 우리는 성직자들이 종교적 관점에서 경제(돈)에 대해 경고하는 것을 겸허하게 받아들이되, 경제(돈)가 가난한 이들을 질병, 기아, 죽음에서 구할 수 있는 긍정적 힘까지 부정한 것으로는 해석하지 않는다. 사유재산을 부정하는 공산주의에 대해 반대하고 생산수단의 국유화가 오히려 노동자에게 먼저 피해를 준다고 비판하는 것도 같은 이치이다.
162) 그런데 최근 우리나라는 노동시간에 비해, 노동생산성이 점점 떨어지는 문제가 있다(우석진, "경제성장과 사회통합", 한국경제연구원 세미나자료, 2013, 29면).
163) 물론 경제(돈)가 전부는 아니다. 그러나, 이 부분이 취약해지면 다른 부분도 발전할 수 없고 건전한 문화도 없으며 가난한 이웃도 돌볼 수 없다. 흔히 신자본주의, 신자유주의를 비판하는 의견은 자본주의의 폐해를 고치라는 것일 뿐 자본주의, 자유주의를 근본부터 부정하는 것은 아니다.
164) 學規新論, 박은식全書(단국대학교 부설 동양학연구소, 1975), 29-30면.
165) 박은식, 선집 4. 193면: "... 정치가 문명한 나라는 그 백성의 납세가 많고 적음에 따라 권리의 우열을 정하여 납세를 할 수 없는 자는 국민의 자격을 전혀 잃게 되거늘...." 참조.
166) 그리하여 군부대에서는 용기, 용맹, 담력 등이 중시되고 이러한 군인에 대해 시상을 하기도 한다(민 진, "군대조직문화 특성의 도출과 분석", 한국조직학회보 제8권3호, 2011, 109면). 궁극적으로 이러한 군대의 문화는 국가 방위라는 상위의 목적을 달성하기 위해 사사로운 이해관계를 넘어서야 한다는 공익우선 목표에서 나온다.
167) 경기문화재단, 앞의 책, 89면.
168) 정성임, "북한의 민군관계: 군의 성격을 중심으로", 북한연구학회보 제16권1호, 2012, 36면.
169) 당시 북한의 시인들은 사회주의 조국으로서 소련을 예찬하고 그 무력집단으로서의 북한 주둔 소련군대를 숭앙하고 있었다(오창은, "소련군대에 헌사한 북한 시인들의 정서적 예찬", 근대서지 제1호, 2010, 210면).
170) 중국은 1996년 이래 6년간의 준비작업을 거친 후 2002년 2월부터 이른바 동북공정(東北工程)을 추진하게 되었다. 동북공정은 역사연구를 개인 차원이 아니라 국가적 사업으로서 공개적으로 조직화하고 체계화하였다는 점, 중국 영토 안의 역사에 그치지 않고 국경을 넘어 한반도 북부, 한반도 전체의 역사까지 건드리기 시작했다는 점에서 파급효과가 컸다(송기호, 동아시아의 역사분쟁, 솔 출판사, 2007, 148-149면).
171) 김영심, "남한학계의 동북공정 대응논리에 대한 비판적 검토", 역사문화연구 제39집, 2011, 137면; 중국의 이러한 주장은 이른바 번속이론(藩屬理論)으로 뒷받침되고 있다(박대재, "고대 '동아시아 세계론'과 고구려사", 고대 동아시아 세계론과 고구려의 정체성, 동북아역사재단, 2007, 39면).
172) 조윤경, "동북공정논쟁 이후의 한중 양국의 인식차이에 대한 비교연구", 중국학 제31집, 2008.12, 577면.
173) 양지영, "동북공정에 대한 한국학계의 대응", 동국대학교 교육대학원, 2008, 11면.
174) 그리하여 중국은 북한이 짐이 아니라 전략적 자산이라는 생각을 많이 한다. 북한과 중국의 관계는 입술과 잇발의 관계로 이해되는 이유이다(박봉식, "중국도 용납할 수 없는 북핵", 북한, 2013.3, 77면 참조).

175) 그러나, 중국도 가입한 세계인권선언과 난민의 지위에 관한 협약, 난민지위에 관한 의정서는 탈북동포와 같은 난민(또는 난민에 준하는 사람)에 대해서 강제송환을 하지 못하도록 하고 있다.
176) 하도겸, "한일간 역사전쟁: 독도 그 불편한 진실-독도 영유권 문제를 둘러싼 한·일 양국간 정부입장에 대한 검토-", 한국사학사학보 제25권, 2012, 175면.
177) 윤영돈, "군대윤리의 관점에서 본 정신전력 제고방안", 국방연구 제55권 제3호, 2012, 75면.
178) 우리의 경험상 모든 군인이 이러한 이상적인 군인일 수는 없다. 그러나, 이러한 이상적인 군인상이 확립되어 있어야 군대문화를 건강하게 한다(윤영돈, 위의 글, 86면).
179) 심지어 군대가 민주적 개혁에 방해가 된다는 생각을 한다거나, 보건과 교육에 자원을 집중하는 사회민주주의를 하기 위해 군대를 없애야 한다고 한다면 참으로 있을 수 없는 이적행위이고 간첩행위이다(우리 사회의 좌파들도 이러한 주장까지는 대놓고 하지 못한다. 그러나, 남미의 경우에는 이러한 주장을 하는 경우가 있다: 오스카 알바레즈 아라야, 코스타리카 민주주의 과정의 중요한 열쇠-군대폐지, 계간 민주 제2호, 민주화운동기념사업회, 2012, 302면).
180) 신혜진, "칸트의 이성신앙에 관한 연구: 꿈꾸는 자유, 그리고 종교의 존재이유에 관해서", 종교문화비평 21호, 2012, 286면.
181) 그리하여 자유와 믿음은 각기 이성과 종교의 형태로 나타났다(신혜진, 위의 글, 310면).
182) 김영미, "고려 여성들의 불교신앙과 수행", 사학연구 제86호, 2007, 3-4면.
183) 이복규, "분단이후 북한의 민간신앙과 현대판 속담의 일단", 한국민속학 40호, 2004.12, 342면.
184) 이른바 후발(後發)의 이익을 누려야 한다(최병목·김재열, "삼민주의와 동아시아 복지: 사회복지정책 변화와 연구동향이 동아시아 3국에 주는 시사점, 한국사회복지정책학회 학술발표논문집, 2012, 24면).
185) 박철수, "명백과 허울만 남은 북한 복지정책 대해부(하)", 북한 496호, 2013.4, 109면.
186) 박철수, 위의 글, 111면; 같은 공산주의 국가라도 중국의 경우에는 "국가는 경제발전 수준에 상응하는 사회보장제도를 수립해야 한다"고 하여(중화인민공화국 헌법)차라리 솔직하고 현실적이다. 중국에서도 노동보험은 국가, 국유기업, 집체기업, 개인기업 등이 보험계약자인데 이들이 기여금(보험료)을 지급한다. 그런데 이러한 사회보험에서 대부분의 기업은 재정적으로 매우 어렵다.
187) 사회복지 전달에도 원칙이 있어야 한다. 이를 전문성, 적절성, 포괄성, 지속성, 통합성, 평등성, 책임성, 접근용이성의 원칙으로 설명하기도 한다(송영흠, "지방자치 단체의 사회복지 전달체계 개선방안에 관한 연구", 한국사회복지지원학회지 제8권 1호, 2013, 82-83면)
188) 좌승희, 新 국부론, 굿인포메이션, 2006, 224면.
189) 임원택, "문화인·정치인에게 고함", 어문연구 제17권 1호, 1989, 4면.
190) 임원택, 위의 글, 4면.
191) 허영식, "다문화세계화 시대를 위한 세계시민주의의 담론과 함의", 한독사회과학논총 제22권 3호, 2012.9, 61면; 물론 매우 사랑에 가득찬 '세계인류는 하나다'라는 사상과 운동도 있다(M. C. Nussbaum, 오인영 역, 「나라를 사랑한다는 것: 애국주의와 세계시민주의의 한계 논쟁」, 삼인, 2003, p. 31("인류전체는 모든 동심원 밖에 있는 가장 큰 동심원이다"). 그러나, 뿌리없는 세계시민주의란 거의 불가능하다는 주장도 만만치 않다(K.A. Appiah, 오인영 역, 위의 책, p. 45-76). 이는 인간이 자신과 비슷한 사람을 자기와 동일시하는 의식이 없어지기 어렵기 때문이다(문중섭, "의암 유인석 위정척사사상의 논리적 기반과 민족주의적 특성", 한국시민윤리학보, 제21집 2호, 2008, 21면).

192) 칼 오토 아펠 교수 특별대담, 철학과 현실, 1998 겨울, 183-184면(김의수, "찰스 테일러에서 공동체와 민족주의", 범한철학회 논문집(범한철학) 제44집, 2007 봄호, 208면에서 재인용).
193) 안재욱, 응답하라! 자유주의, FKI미디어, 2013, 149면.
194) 안재욱, 위의 책, 231-232면.
195) 안재욱, 앞의 책, 237-238면.
196) 양승태, "똘레랑스, 차이성과 정체성, 민족정체성, 그리고 21세기 한국의 민족주의", 정치사상연구 제13집 1호, 2007 봄호, 60면.
197) 비록 다원주의적인 법질서라고 할지라도 그 법질서의 기초를 부인하는 이데올로기에 대하여는 여러가지 자기방어 장치를 가진다. 즉 다원주의적 법질서는 그 기초를 부인하는 이데올로기에 대하여까지 개방적인 것은 아니다. 독일 기본법(서독 기본법 제18조, 제21조 제2항)에서와 같이 우리 헌법 제8조 제4항의 규정은 다원주의적 법질서의 자기방어적 장치의 하나이다(최대권, 헌법학-법사회학적 접근, 박영사. 1989, 115면).
198) 전체주의적 이데올로기는 이같은 법의 독자성을 거부하는 이데올로기를 주요 내용으로 한다(최대권, 헌법학-법사회학적 접근, 박영사. 1989, 116면).
199) 김동일, "한국사회의 아노미와 소외의식", 현상과 인식 통권 제22호, 1982.9, 105면.
200) 이지수, "북한의 단독정권 수립과정과 정치적 함의", 한국정치외교사논총 제34집 2호, 2013, 111면.
201) 이지수, 위의 글, 109면.
202) 경기문화재단, 앞의 책, 43면.
203) 이지수, 앞의 글, 104면.
204) 이지수, 앞의 글, 117면.
205) 이지수, 앞의 글, 118면.
206) 이지수, 앞의 글, 120면.
207) 경기문화재단, 앞의 책, 72면.
208) 경기문화재단, 앞의 책, 72면.
209) 경기문화재단, 앞의 책, 72면.
210) 경기문화재단, 앞의 책, 73면.
211) 김철수, 헌법학개론, 박영사, 1996, 58면.
212) 어떤 사회가 자유주의의 이념을 가지고 있다고 하더라도 정부나 정치권이 이 제도를 지켜나갈 의지가 불확실해 보이면 평등의 이념을 가진 구성원들이 기존 제도에 대해 문제를 제기한다. 그렇게 되면 기존의 자유주의 제도의 유효성에 대한 불확실성이 높아지고 잠재적 거래비용은 증가하며 경제활동은 정체에 빠진다(좌승희, 신(新) 국부론, 굿인포메이션, 2006, 178면).
213) 4.19 직후의 자유민주주의 세력과는 달리 1년 후에는 인민민주주의자가 득세했다. 즉, 1961년 3월 22일 시청 앞 광장 시위에서는 "주한 미군철수", "인민공화국 만세", "김일성 만세" 구호가 등장했다. 1961년 4월 19일 서울대 총학생회의 4월혁명 제2 선언문, 5월 5일 민족통일전국학생연맹(민통련) 준비회의의 남북회담 제안, "가자 북으로, 오라 남으로"의 구호를 보면 4. 19 혁명은 후기에 들어와 초기의 부르조아 민주혁명보다 훨씬 급진좌경화하였다. 북한의 김일성이 1960년 8월 남북연방제를 주장하자, 사회대중당, 혁신당, 사회당, 통일사회당이 민족자주통일중앙협의회(민자통)를 구성하여 즉각적 남북협상, 중립화 통일 등을 주장하기도 했다. 이러한 감정적 좌파민족주의는 해방 직후 공산주의자가 즐겨 쓰던 전술이다. 이는 자유민주세력이 조직화되지 못한 공간에서는 친북

적 통일이라도 괜찮다는 생각이 머리를 쳐들어 대중을 움직이는 마력이 있기 때문이다. 또, 통일을 이슈로 하는 좌파 민족주의 주장이 친북적으로 마음껏 펼쳐진 데는 이 때까지 자유민주주의와 공산주의의 본질에 대한 이해부족에다 건전한 자유민주세력이 아직 남한에서 자리잡지 못한 때문으로 보인다. 통일이슈는 좌파가 선점할 수 있는 것이 아닌데도, 성숙한 우파가 조직화하지 못하였기에 좌파가 먼저 이를 제기해온 것이 사실이다. 그러나, 자유민주주의 세력이 더 성숙하고 조직화한다면 통일이슈를 우파도 적극적으로 제기하여 그 논의를 주도해야 한다. 근본적으로는 좌파 통일운동의 본질이 친북적(프로레타리아 계급주의) 남북연합에 있고, 민족 전체의 이익에 반함을 꿰뚫어볼 수 있는 지혜가 있어야만 한다.

214) 이정덕, "로마의 노블리스 오블리제, 과연 사실인가?", 열린전북 2008. 9 통권 제106호, 51면.
215) http://blog.chosun.com/blog.log.view.screen?blogId=71113&logId=7038674 참조.
216) 이런 자유주의 생각이 존 로크, 룻소, 몽테스키외, 토마스 페인, 제퍼슨, 아담 스미스 등 사상가들의 생각에 스며들었다. 이들은 자유주의가 매우 자연스런 진리라고 생각했다.
217) 마르크스가 주창한 공산주의(인민민주주의)에서는 모든 사람을 둘로 나눈다. 즉, 나와 경제적(계급적) 이해관계를 같이하는 동지와 계급적 이해관계를 달리하는 적이다(우적관계(友敵關係)의 인간관). 우리 한민족이 단결하지 못하는 근본 원인은 이러한 계급적 인간관이 결정적으로 작용한 탓이다.
218) 정용하·조삼상, "서구 자유주의의 확산과 쇠퇴", 국제정치연구 제13집 1호, 2010, 6면.
219) 벤덤의 경우도 영국에서 개인주의의 토대를 인정하면서도 애타적인 공익과 공공행복을 중시했다. 이는 자유주의의 개인적 성향을 보완하려 한 것이라 생각된다. 이러한 생각에서 자본가나 정치가, 관료의 겸손, 검약이 강조되었다.
220) Peter Kwong, 'Zhang Ziyi vs. Confucius", New York Times, September 18, 2007.
221) 이 때문에 중국에서는 문화혁명 기간 동안 '아홉번 째 나쁜 계급(臭老九)으로 박해를 받은 적도 있다(이양호, "개혁개방 이후 중국 지식인들의 사조와 사상", 동양정치사상사 제3권 1호, 2004, 221면).
222) 이러한 심정은 雲夢, '두 죽엄', 경성제대 잡지「文友」, 1927.11, 108-109면에도 잘 나타나고 있다("...세상에 내 걱정만 해도 수두룩한데, 아이고! 몇 천 만 무산자(無産者)를....")
223) 이양호, 위의 글, 225면.
224) 이는 노암 촘스키의 말이다(최혜영, "고대 로마의 지식인", 서양사연구 제34집, 2006, 6면).
225) 하재연, "'문우(文友)'를 통해 본 경성제대 지식인의 내면", 한국학연구 제31호, 고려대 한국한연구소, 2009.11, 213-214면.; 경성제대에서 발간된 잡지 '문우(文友)'에서는 오히려 계급사상보다 과학숭상주의가 많이 나타난다. 이는 세계에 뒤떨어진 조선의 문제가 생존경쟁이 결핍되어 생겨났다는 의식이다. 즉, 민족의 절박한 생존문제를 해결하기 위해서는 계급갈등보다 과학발전의 필요성에 주목한 흐름이다. 이는 일국의 기초를 만들고 국민의 정신을 완성하고 만들 수단으로서의 과학의 기능에 주목한 것이다(하재연, 위의 글, 225면).
226) 샤오꽁친, "1990년대 이래 중국 지식인의 사상분화", 오늘의 문예비평, 2002. 87면.
227) 샤오꽁친, 위의 글, 88-89면.
228) 샤오꽁친, 위의 글, 92면.
229) 샤오꽁친, 위의 글, 95면.
230) '민족'이 소속이나 공유의 감각에 기초해 있는 이상, 그것을 위한 헌신은 자신은 물론 자신이 속한 집단(가족, 친척, 고향 등)을 포함한 동심원적 비전과 관련된 것으로 여겨질

수 있다. 그러나, 반면 독립운동가가 자신의 소속집단이기는 커녕 자신 경험적 지평과도 거의 무관한 무산계급의 미래를 위해 왜 나서야 하는가의 설명은 일제식민지인의 사회현실과 변화에 관한 총체적 인식을 종합적으로 제시하지 않는 이상 어려울 수 밖에 없다(이혜령, "지식인의 자기정의와 '계급'", 상허학보, 2008, 141면). 이러한 점에서 계급투쟁사상을 지닌 독립운동가가 독립운동의 주류였다는 것은 이해할 수 없는 일이다.

231) 사회주의는 감정적·선동적인 무상몰수, 무상분배 사상(1926년 사회주의의 슬로건 등)으로 반일, 반제투쟁에 어느 정도 참여하기는 하였다. 그러나, 조선의 주권탈환에 결정적인 기여한 것이 없었다. 부유한 자에 대한 증오와 갈등조장에 머물렀을 뿐이다.

232) 주대환, "나라 우습게 아는 지식인, 대중이 우습게 본다", 시민과 세계, 참여연대 참여사회연구소, 2009, 254면 참조.

233) 강진호, "한 근대주의자의 신념과 좌절", 돈암 어문학, 2004, 206면.

234) 엄호석, "리태준의 문학의 반동적 정체", 조선문학, 조선작가동맹출판사, 1956.3.; 장형준, 위대한 수령 김일성 동지 문학령도사 2, 문학예술종합출판사, 1993 등.

약력

- 서울대학교 법과대학 사법학과 졸업
- 서울대학교 법과대학원 석사, 박사(법학)
- 사법시험 위원
- 금융위원회 자체규제심사위원회 위원
- 한국소비자원 분쟁조정위원
- 한양대학교 법학전문대학원(로스쿨) 교수

저서

- 상법총칙·상행위법(박영사, 2011.3)
- 해상법(동방문화사, 2009.8)
- 보험중개사의 법률관계, (주) 학술정보, 2006.4.
- 보험법(상), 보험연수원, 2006.3.(공저)
- 보험법(하), 보험연수원, 2006.3(공저)

주요논문

- 기업(회사) 관련 소송에 관한 연구
- 한국의 회사법 개정동향에 관한 고찰
- 일제강점초기 판례에 나타난 상행위(객주업)상 고리대(高利貸)의 역사적 평가
- 생명보험 주식회사와 생명보험 상호회사의 법리비교
- 어음행위의 객관적 해석 등 다수

가짜 민족주의, 진짜 민족주의

지은이 / 전 우 현	인쇄 / 2014. 1. 20
펴낸이 / 조 형 근	발행 / 2014. 1. 20
펴낸곳 / 도서출판 동방문화사	

서울시 서초구 방배동 905-16. 101호
전 화 / 02)3473-7294   팩 스 / (02)587-7294
메 일 / 34737294@hanmail.net   등 록 / 서울 제22-1433호

저자와의 합의, 인지생략

파본은 바꿔 드립니다.   본서의 무단복제행위를 금합니다.
정 가 / 20,000원   ISBN 978-89-97569-47-2 03300